新世纪中国金融改革与发展丛书

金融业开放和
参与全球治理

朱　隽　◎　主编

JINRONGYE KAIFANG HE
CANYU QUANQIU ZHILI

中国金融出版社

责任编辑：王慧荣
责任校对：李俊英
责任印制：裴　刚

图书在版编目（CIP）数据

金融业开放和参与全球治理（Jinrongye Kaifang he Canyu Quanqiu Zhili）/朱隽主编．—北京：中国金融出版社，2018.1
（新世纪中国金融改革与发展丛书）
ISBN 978 - 7 - 5049 - 9277 - 2

Ⅰ.①金…　Ⅱ.①朱…　Ⅲ.①金融市场—经济发展—研究—中国
Ⅳ.①F832.5

中国版本图书馆 CIP 数据核字（2017）第 263180 号

出版　**中国金融出版社**
发行
社址　北京市丰台区益泽路 2 号
市场开发部　（010）63266347，63805472，63439533（传真）
网 上 书 店　http://www.chinafph.com
　　　　　　　（010）63286832，63365686（传真）
读者服务部　（010）66070833，62568380
邮编　100071
经销　新华书店
印刷　保利达印务有限公司
尺寸　169 毫米×239 毫米
印张　17.25
字数　240 千
版次　2018 年 1 月第 1 版
印次　2018 年 1 月第 1 次印刷
定价　66.00 元
ISBN 978 - 7 - 5049 - 9277 - 2
如出现印装错误本社负责调换　联系电话（010）63263947

《金融业开放和参与全球治理》
编　委　会

主　编：朱　隽

副主编：张正鑫　曹　莉　郭　凯

统　稿：张正鑫　徐彩霞

执　笔：第一章　徐彩霞　周　朔　赵　岳　白雪飞
　　　　　　　　王一飞
　　　　第二章　赵　岳　韩士皓
　　　　第三章　徐彩霞　陈　松　黄　珊
　　　　第四章　刘　云　彭雪峰　石小玲　白　杉
　　　　第五章　林　苒　黄子骥　李小平
　　　　第六章　艾　明　蔡晓莉　胡小璠
　　　　第七章　艾　明　丁　康　姜志霄
　　　　第八章　艾　明　丁　康　蔡晓莉　胡小璠
　　　　第九章　林　苒　周　烨　滕　锐
　　　　第十章　刘　晔　王正昌　刘泓呈　陈　雪
　　　　第十一章　刘　晔　土正昌　齐　喆　陈　雪
　　　　第十二章　李　辉　李小平　孔繁潇
　　　　第十三章　陶　东　滕　锐　杨春雨
　　　　第十四章　艾　明　袁春旺　丁　康

中国金融改革发展：
内在逻辑与若干经验

一、新世纪中国金融改革发展的背景和起点

自 1978 年党的十一届三中全会作出改革开放的决定以来，中国金融业开始了从计划经济体制向市场经济体制的深刻转轨。在传统的计划经济背景下，金融活动更多从属于财政活动，服从于经济计划，金融发展处于被抑制状态。随着人们对社会主义市场经济认识的逐步深化，以及改革开放进程的不断推进，需要尊重金融自身发展规律，对金融体系进行重大改革，减少干预，不断增强市场配置金融资源的作用。

（一）建立双层银行体系，引进市场经济金融体系基本结构

20 世纪 70 年代末 80 年代初，我国尚处于向市场经济转轨的早期，当时的经济体制改革主要强调改变政府直接干预市场的做法，即通过政府调控影响市场，由市场引导企业，而不是由国家直接调控企业。1979 年，国家决定在固定资产投资领域进行将财政拨款改为银行贷款的"拨改贷"试点，这要求银行改变其国家计划执行者和国家财政出

纳员的角色。

在这个背景下，按照邓小平同志"要把银行真正办成银行"的指导思想，当时金融领域改革的主要任务是引进市场经济金融体系的基本结构，厘清政府在金融领域的职能边界，重点是通过政企分开，将中央银行和商业性金融体系分开，构建一个双层银行体系。在这个体系中，中央银行专注于宏观调控、金融监管和为银行提供支付清算等金融服务；专业性金融机构则从人民银行独立出来，向企业和居民提供专业金融服务。按照该思路，自1979年开始，中国农业银行、中国银行、中国建设银行、中国工商银行等金融机构先后建立或恢复建立。建立双层金融体制是我国金融改革的第一步，具有非常重要的意义，否则后面对金融机构、市场、监管、调控的一系列改革都无从谈起。

（二）完善公司治理结构，推动国有专业银行向商业化转型

20世纪90年代早中期，工、农、中、建四大银行还是国有专业银行，分别服务于工商业、农业、国际业务和项目建设等领域，相互之间缺乏充分竞争。同时，这些银行还承担着各自领域的一些政策性业务，一旦国家有要求，银行必须予以支持，当时甚至出现"包饺子"贷款。这显然不符合竞争性市场的基本要求，也不利于金融健康发展。

1992年，党的十四大正式提出"我国经济体制改革的目标是建立社会主义市场经济体制"，第一次把"社会主义基本制度和市场经济结合起来"。1993年，党的十四届三中全会通过了《关于建立社会主义市场经济体制若干问题的决定》，初步形成了社会主义市场经济基本框架。建立社会主义市场经济必然要求推动专业银行向商业银行转型，建立市场化的金融机构。而且，按照党的十四届三中全会关于建立现代企业制度的要求，银行作为商业性机构也应像国有企业一样进行公司治理改革，剥离政策性业务，转变为市场竞争主体。

基于上述考虑，1993年12月，国务院发布《关于金融体制改革的

决定》，决定成立国家开发银行、中国进出口银行、中国农业发展银行三家政策性银行，专门承担政策性金融服务。同时，要求专业银行逐步改革转变为国有独资商业银行，只承担商业性业务，不再按专业领域划分业务，相互之间可以交叉、竞争，以便改进服务。1995 年，《商业银行法》出台，从法律上将工、农、中、建四家专业银行正式定位为国有商业银行。

（三）启动汇率改革，配合实体经济对外开放

1979 年，为吸引外资，实施对外开放战略，我国颁布了《中外合资经营企业法》。搞中外合资，必然涉及外国资本到国内兑换人民币，必然要有合理的汇率机制，否则外资不愿意进来。这些背景都要求必须对汇率以及外汇管理体制进行改革。

1981 年，我国启动汇率改革，人民币兑美元汇率从过去的 1 美元兑 1.53 元人民币改为双轨制，即贸易汇率 1 美元兑 2.8 元人民币，非贸易汇率不变。这是金融领域改革比较早的一项工作，在当时是相当大的变化。后期，企业要求取消外汇管制的呼声越来越高，但当时思想还不够解放，各方面顾忌较多，采取了过渡性措施，即开始实行外汇留成制度。实际上，外汇留成的本质仍是双轨汇率制度，容易造成价格体系扭曲，甚至寻租、腐败。

1993 年筹备党的十四届三中全会过程中，党中央、国务院开始酝酿设计新一轮外汇体制改革。1994 年 1 月 1 日，正式宣布"改革外汇管理体制，建立以市场为基础的有管理的浮动汇率制度和统一规范的外汇市场"，取消外汇留成制度和外汇兑换券的流通使用，人民币官方汇率和外汇调剂市场汇率并轨，将人民币兑美元汇率统一为 1 美元兑 8.7 元人民币。同时，决定实施银行结售汇制度，建立分层次、统一的外汇市场。这标志着人民币汇率形成机制改革迈出了重大步伐，开始转向以市场供求为基础，人民币汇率在外汇资源配置中开始发挥重要作用。

（四）加强整顿，应对亚洲金融风波冲击

到 1997 年亚洲金融风波前，金融改革发展取得不少重要进展，但由于金融标准规制不规范、公司治理结构不完善、资本金不充足等原因，金融体系出现一定程度的混乱，不仅案件频发，还普遍存在不良贷款率高、市场恶性竞争等一系列问题。在亚洲金融风波冲击下，银行业积累了大量不良贷款，相当一部分金融机构经营困难，甚至关闭破产。当时国内外一些学者和媒体认为，中国大型国有商业银行已经到了"技术性破产"的边缘，银行体系迟早会出大问题。

这一阶段金融领域的主要任务是进行整顿并支持国有企业脱困。一是调整金融体系的结构。当时，整个经济体制改革需要在适当分权的基础上，建立合理的中央与地方关系。但在金融方面，需实行垂直管理，减少地方对金融的干预，治理金融"三乱"。因此，1997 年第一次全国金融工作会议对金融体系的组织结构作了一系列调整，明确人民银行和国有商业银行分支机构党组和人事不再由地方领导。二是补充国有独资商业银行资本金。1997 年，将国有独资商业银行所得税税率从 55%（外加 7% 的调节税）下调至 33%，提升商业银行利用内源性融资增加资本金的能力。1998 年，由财政部发行 2 700 亿元特别国债筹集资金补充四家银行资本金。三是配合国家应对亚洲金融风波造成的重大冲击进行恢复。一方面，决定通过债转股减轻国企债务负担。另一方面，1999 年成立了信达、长城、东方、华融四家资产管理公司剥离大型银行不良资产，帮助国企休养生息，摆脱大量职工下岗和效益下滑的困境。

总的来看，经过二十多年的改革探索，到 20 世纪末我国初步建立了与社会主义市场经济相适应的现代金融组织体系、金融市场体系、金融调控和监管体系，市场在资金配置中的作用明显增强，也使我国成功抵御了亚洲金融风波的冲击。但同时，金融领域的转轨特征和传统计划经济色彩仍较明显，一些重大体制机制问题还有待解决。尤其是，为配合服务国企改革攻坚和应对亚洲金融风波的影响，金融体系的健康性遭受一定冲击，国有商业银行和农村金融体系形成了巨大规模的坏账，资本账户可兑换、利率汇率市场化等改革未能按计划推进。如果不妥善解决健康性问题，金融机构和金融市场就很难继续为实体经济改革发展提供支撑，如果处理不及时、不妥当，甚至可能爆发金融危机，拖累实体经济发展。而且新世纪初中国加入世界贸易组织后，扩大开放有了更高要求，金融改革开放也面临更多新的任务和挑战。

二、新世纪以来金融改革发展主要进展

新世纪以来，尤其是党的十八大以来，在党中央、国务院的正确领导下，我国金融改革开放发展取得重大进展，大型国有商业银行成功股改上市，银行业金融机构资产质量、经营效益不断提升，多家机构入选全球系统重要性金融机构，金融体系健康性明显提升；坚持市场化方向，遵循渐进可控原则，不断深化利率汇率市场化改革，基本完成利率市场化改革，人民币汇率弹性显著增强，市场配置金融资源的能力不断提高；宏观审慎政策框架不断完善，成功应对了百年一遇的国际金融危机的冲击，守住了不发生系统性金融风险的底线；以场外市场和机构投资者为主的债券市场快速发展，市场深度和广度显著提升，有效促进直接融资比重提高；金融业双向开放不断扩大，人民币国际化扬帆起航并成功加入国际货币基金组织特别提款权货币篮子，我国金融国际竞争力和影响力显著提高，整个金融业发展迈入新时代。

（一）深化银行业改革

由于长期的政企不分、产权模糊、管理低效等历史原因，我国的金融机构积累了严重的系统性风险。20世纪90年代末，按照当时较低的

会计标准，我国银行业不良率在 30% 左右，虽然 1999 年剥离了 1.4 万亿元不良资产，但大型国有商业银行历史包袱仍然很重，不良率依然过高，资本充足率依然很低，甚至为负。因此，迫切需要采取强有力措施，下大的决心，对银行业进行全面深刻的改革，清理财务不健康问题，对金融机构特别是有影响的大型金融机构进行财务重组，使其恢复到健康状态。

要真正实现我国金融机构的健康化，首要任务是引入国际上更高的标准，提高金融规制的规范化程度。过去，我国很多金融领域的法律法规、制度规则是滞后的，很多标准是在实践的摸索中建立的，有些规则一开始甚至是缺失的。当时银行的贷款分类很不合理，主要采用期限法（"一逾两呆"），结果导致大量不良资产被掩盖。基于此，2001 年颁布了《金融企业会计制度》，对会计准则进行了改进，同时开始实行贷款五级分类制度。这都是非常实质性的、基础性的工作，有助于弄清楚银行不良资产的真实情况，摸清家底，为后续金融机构健康化发展奠定基础。

大型国有商业银行股改上市

建立规范化的金融规则标准后，金融机构财务状况基本合格，但要跟上国民经济迅速发展的步伐，还需要不断增强资本实力。2002 年 2 月，朱镕基总理在第二次全国金融工作会议上指出，要对国有独资商业银行进行股份制改造，条件成熟的可以上市。对银行等金融机构而言，上市除了可以筹集资本外，更重要的是可以按照现代企业制度建立公司治理结构，提升透明度。只有受到来自广大投资者特别是股票市场投资者和战略投资者的压力和监督约束，金融机构才有足够动力加强财务和风险管理。

由于当时的财政资源十分紧张，党中央、国务院在通盘考虑国家可用于金融改革的资源以及运用这些资源对宏观经济的影响后，明确提出了"抓两头、带中间"改革总体战略，即集中有限资源重点推动政策性历史包袱较重的大型商业银行和农村信用社改革，带动政策性历史负担较轻的股份制和城市商业银行等其他金融机构立足自身进行改革发展。

2003 年 5 月 19 日，人民银行行长周小川向国务院作了关于《改革试点——国有商业银行的财务重组》的汇报。这份报告在认真总结我国经济与金融体制改革经验的基础上，研究论证各种可能的注资资源选择，创造性地提出运用国家外汇储备注资大型商业银行，并详细设计了核销已实际损失掉的资本金、剥离处置不良资产、外汇储备注资、境内外发行上市的"四步曲"方案。2003 年 9 月，党中央、国务院原则通过了关于国有独资商业银行股份制改革的总体方案。为推进该项工作，国务院成立了国有独资商业银行股份制改革试点工作领导小组，办公室设在人民银行。

推进国有商业银行股改上市的过程也是形成共识的过程。在税收方面，财政部门给予了较大支持，同意按照新的会计准则核销损失，解决国有商业银行养老退休、医疗、住房货币化等历史包袱，并暂缓银行业营改增，同时将营业税税率从 8% 降到 5%。在注资方式方面，当时也有一些争议。有观点认为，通过再贷款进行注资即可，不需要其他改革方案。最后经过反复征求意见，使用外汇储备注资这个新方案得到国内和国际社会的广泛支持。在机构选择方面，最初因担心改革花费资金太多，只定了一家进行改革。实际上如果只选择一家，其容易与中央讨价还价；选择两家改革，可以形成相互竞争的局面。最后事实证明选择两家进行改革达到了很好的效果。在战略投资者方面，当时有观点认为引进的战略投资者应是商业银行，这样可以借鉴其经营管理经验、引进新产品和客户等，但另一种观点是引进投资者应主要考虑资本，只要投资者关心资本回报率，就会通过多种方式促进银行发展。后来，大型国有商业银行也引入了高盛、淡马锡等非银行的战略投资者，事实表明它们的投资持续期反而比国外商业银行更长。

2003 年以来，交行、建行、中行、工行、农行陆续进行股份制改革，并成功上市，初步建立了相对规范的公司治理结构，内部管理和风险控制能力、市场约束机制明显增强，资产规模和盈利水平均位居全球前列。2016 年末，商业银行业资本充足率 13.3%、拨备覆盖率 176.4%，均显著提高。2011 年以来，中行、工行、农行和建行先后入选全球系统重要性银行（G－SIBs）。改革的实践充分证明，党中央、国务院关于大型商业银行改革的重大决策部署是完全正确的，正是通过改革，大型金融机构的健康性实现了质的飞跃，我国才能成功抵御 2008 年国际金融危机的严重冲击。

农村信用社改革深入推进

新世纪之初，农村信用社资产占到金融系统总量的 10% 左右，不良资产在 50% 左右。2002 年末，全国共有农村信用社 2 535 个，其中 97.8% 资不抵债。为克服农村金融服务不断萎缩和农村金融机构可持续发展能力薄弱等问题，2003 年 6 月，国务院决定在浙江等 8 个省份实施农村信用社改革试点。

考虑到农村信用社比较分散，情况参差不齐，当时改革设计了正向激励机制，把中央银行专项贷款和专项票据的兑付与农村信用社实际改革成效相挂钩，充分调动地方政府和农村信用社的积极性，引导农村信用社逐步"上台阶"。第一个台阶，参加改革的农村信用社，必须对改革计划作出承诺，然后才能获得资金支持和相关鼓励政策。第二个台阶，农村信用社必须使资本充足率上升到 0 的水平后，人民银行方可用专项票据置换其不良资产，同时向农村信用社支付专项票据利息。第三个台阶，专项票据两年到期后，农村信用社资本充足率提高到 2%，公司治理和不良资产消化也达到相应指标，经过验收确认，人民银行可以将票据兑现成现金。

在正向激励约束机制作用下，农村信用社资产质量、盈利能力、支农资金实力、可持续性经营能力均得到明显提高，"花钱买机制"的政策效应不断显现。2016 年末，全国农村信用社资本充足率 12.13%，与 2002 年末相比提高了 20.63 个百分点。农村信用社自 2004 年实现首次轧差盈利后，利润总额快速增长，截至 2016 年末，累计实现盈利 13 437 亿元。

（二）稳步推进利率汇率市场化改革

在金融机构和金融市场逐步健康化、规范化之后，金融改革发展的基础不断巩固，特别是 2013 年党的十八届三中全会更加鲜明地提出"使市场在资源配置中起决定性作用"，在认识和要求上较以往迈上了一个新的大台阶，作为资金主要价格的利率、汇率市场化改革得以再次提速。

利率市场化改革实现重大突破

利率市场化改革的要点是体现金融机构在竞争性市场中的自主定价权，通过差异化定价优化资源配置。从调控的角度看，特别是从以直接调控转向以间接调控为主的过程中，需要有一个顺畅、有效的利率传导机制，并对市场价格形成产生必要的影响。这都要求必须进行改革，形成市场化的利率定价和传导机制。

实现利率市场化是一个长期过程。1993 年 12 月，国务院发布《关于金融体制改革的决定》，提出了利率市场化改革的基本设想。1996 年 6 月 1 日，人民银行取消同业拆借利率上限管理，由拆借双方根据市场资金供求自主确定，这标志着利率市场化迈出了具有开创意义的一步。进入新世纪后，人民银行按照"放得开，形得成，可调控"的原则，"先贷款后存款、先大额后小额、先外币后本币"的总体思路，继续稳步推进利率市场化，着力完善市场化的利率调控传导机制，给予金融机构更大利率定价自主权，充分发挥市场在资源配置中的决定性作用。2006 年，人民银行组织构建了上海银行间同业拆放利率（Shibor），为各类金融产品交易定价发挥了基准作用。同时，分步有序扩大存贷款利率浮动范围，抓住成功应对 2008 年国际金融危机的有利时机，加快推进利率市场化改革，分别于 2013 年 7 月 20 日、2015 年 10 月 24 日放开贷款利率下限和存款利率上限管制。

一般而言，存款利率关系到全社会的资金成本，其市场化对国民经济的影响更加广泛而深刻，完全放开的条件也相对较高。从国际经验看，放开存款利率管制是利率市场化进程中最为关键、风险最大的阶段，一般应置于相对靠后的阶段推进。存款利率市场化这个利率市场化的最后一步，是分若干小步迈出来的。在过去的几年中，存款利率浮动上限经过多次调整直到最后放开，走了五步。2015 年 10 月存款利率上限的最终放开，标志着我国持续 20 多年的利率市场化基本完成，这在利率市场化改革以及整个金融改革历史上，都具有重要的里程碑意义。

在推动利率市场化的同时，货币政策调控框架也在逐步从数量型为主向价格型为主转型。在利率市场化逐步推进的背景下，人民银行在探索构建利率走廊机制方面取得了很好的效果。例如，为稳定短期利率，持续在 7 天回购利率上进行操作，通过开展常备借贷便利（SLF）操作，按需足额提供短期流动性支持，探索发挥其利率作为利率走廊上限的作用。

汇率市场化改革稳步推进

我国汇率市场化改革也走过了较长阶段。新世纪之初，大型商业银行改革刚刚提上议程，很多金融机构的公司治理和抗风险能力尚不足以有效抵御汇改可能带来的风险，因此一方面采取内部磋商开展金融对外交流与合作，化解外部压力；另一方面果断决定先行改革国有商业银行和农村信用社，待这两项改革取得重要进展，宏观调控走上正轨，诸多基础条件成熟之后再正式启动汇改。实践证明，这样的金融改革顺序决策和战术安排是合理的，尽可能地降低了汇改的风险。

2005 年，经过两年多的精心准备和周密部署，人民银行按照"完善人民币汇率形成机制，保持人民币汇率在合理、均衡水平上的基本稳定"的要求，遵循"主动性、可控性、渐进性"原则，再次启动人民币汇率改革。2005 年 7 月 21 日，我国宣布开始实行以市场供求为基础、参考一篮子货币进行调节、有管理的浮动汇率制度，人民币汇率不再盯住单一美元。这要求人民币汇率更多反映经济基本面尤其是国际经常项目收支平衡情况，汇率形成主要由外汇市场的供求关系决定。沿此改革思路，经过 2007 年、2012 年和 2014 年连续三次调整，人民币兑美元交易价日浮动幅度从 3‰扩大至 2%，同时央行基本退出常态外汇干预，人民币汇率弹性显著增强。随着外汇市场对外开放水平的不断提高，金融机构自主定价和风险管理能力不断增强，2015 年 8 月 11 日，人民银行宣布完善人民币兑美元汇率中间价报价机制，强调中间价报价要参考上日收盘汇率，以反映市场供求变化。2017 年 5 月，在中间价报价模型中新增"逆周期因子"，以适度对冲市场顺周期因素，使中间价更加充分地反映宏观经济等基本面因素。

1997 年到 2017 年 8 月，人民币兑美元汇率在 6.09 ~ 8.30 区间波动，波动幅度远小于其他主要经济体和新兴市场经济体货币，在合理均衡水平上保持了基本稳定。同时，汇率市场化改革对我国经济转型发展和走向均衡产生了积极影响，为宏观调控创造了有利条件，在应对国内外形势变化中发挥了重要作用。

（三）实施逆周期调控并成功应对国际金融危机

新世纪以来，在经济发展的不同阶段，货币政策根据经济金融形势和物价水平的变化情况，适时适度进行调整，始终坚持金融服务实体经济的本质要求，为经济平稳健康发展和经济体制改革营造了适宜的金融环境。

货币政策调整灵活适度

中国经济自 2003 年进入新一轮上升周期，经济增长速度加快，物价水平有所上升。人民银行及时调整货币政策操作，综合运用中央银行票据、存款准备金等多种货币政策工具，加强流动性管理和货币信贷调控，适当回收流动性，抑制了货币信贷增长偏快的势头。2003—2007

年，先后 15 次上调存款准备金率，对冲了外汇占款所投放流动性的大约 80%。其中，2007 年是调控力度最大的一年，10 次上调存款准备金率，6 次上调存贷款基准利率。2008 年美国次贷危机蔓延加深，国内外经济金融形势发生重大转变，一些金融改革发展任务被迫暂停，首要工作是配合国家应对金融危机冲击。人民银行坚决贯彻落实党中央、国务院应对危机的一揽子计划，及时调整了货币政策的方向、重点和力度，将全年新增贷款预期目标提高至 4 万亿元左右，指导金融机构扩大信贷总量，并与结构优化相结合，向"三农"、中小企业和灾后重建等倾斜；综合运用多种工具，采取一系列灵活、有力的措施，及时释放确保经济增长和稳定市场信心的信号，5 次下调存贷款基准利率，4 次下调存款准备金率，保持银行体系流动性充分供应，促进货币信贷合理平稳增长，帮助中国经济在 2009 年率先实现企稳回升。

对于应对危机的临时性刺激措施，出拳要猛、收拳也要及时。考虑到中国易热不易冷的体制特征，宽松货币条件可能产生一定的副作用，随着形势好转必须果断决策，适时调整政策取向和力度，及时退出相关刺激措施。2010 年 10 月，人民银行周小川行长在北京大学光华管理学院的演讲指出，"根据我的观察，在 2009 年第二季度，基本上已经看到中国经济强劲复苏，但这种复苏带来了一些问题。因此，在 2010 年初期，我们很快发现了超调问题，并开始反方向调整，先后三次上调准备金率，以收缩经济中的流动性"，并且强调"如果刺激措施的剂量过大，就可能产生超调问题，如果力度不足，就可能导致经济复苏缓慢"。

探索逆周期的宏观审慎政策框架

国际社会普遍认为宏观不审慎是 2008 年国际金融危机发生的重要原因。这次危机的破坏性如此之大，其中一个原因是危机传染的渠道发生了很大变化，例如金融衍生品市场缺乏清算机制，风险的跨市场传染发散非常快。另外，这次危机暴露出金融体系存在非常明显的顺周期性。当经济好的时候，各方面信心都很足，金融机构和客户的评级都比较高，资产价格特别是房价不断上涨，此时大多数金融机构是健康的，交易对手一般不会出问题。泡沫一旦破裂，就会出现连锁反应，市场的非理性行为和"羊群效应"会加剧波动。为此，需要引进一些逆周期的因素，增强系统稳定性，如逆周期资本缓冲、系统重要性附加资本以及更高的流动性要求，同时也要加强金融基础设施管理，建立中央对手方等。这些措施在概念上被命名为宏观审慎政策框架。宏观审慎政策框架的提法在国际上被写入了 G20 文件，在国内被写进了党的十八大、十八届三中全会的文件，也连续几年被写进了政府工作报告。

人民银行较早在逆周期宏观审慎管理方面进行了创新性探索。2009年下半年中国经济出现复苏迹象，在扩大内需等一揽子经济刺激政策的带动下，人民币贷款快速增长。人民银行对此高度关注和警惕，提出应按照宏观审慎政策框架的原理设计新的逆周期措施。2010 年，人民银行通过引入差别准备金动态调整措施，将信贷投放与宏观审慎要求的资本充足水平相联系，探索开展宏观审慎管理。当时大家的认识还不一致，有些事还有争论，2010 年底的中央经济工作会议明确提出要使用宏观审慎工具。此后，人民银行不断完善宏观审慎政策，将差别准备金动态调整机制"升级"为宏观审慎评估（MPA），逐步将更多金融活动和资产扩张行为纳入宏观审慎管理，并将全口径跨境融资纳入宏观审慎管理。从实践来看，宏观审慎政策框架在促进金融机构稳健审慎经营、维护系统性金融稳定等方面发挥了重要作用，向全球输出了中国经验。党的十九大报告明确提出要健全货币政策和宏观审慎政策双支柱调控框架。

（四）构建层次丰富的现代化金融体系

2003 年党的十六届三中全会《关于完善社会主义市场经济体制若干问题的决定》，明确提出要"建立多层次资本市场体系，完善资本市场结构，丰富资本市场产品"。最初建设多层次资本市场的想法相对比较简单，定义的层次少一些，当时主要考虑建设主板市场和创业板市场，后来逐步认识到，需要建立一个更丰富的多层次资本市场乃至多元化的金融体系。金融体系的多元化涉及很多方面，如金融机构多元化、金融产品创新、多层次金融市场等。新世纪以来，按照多元化的方向，全面推动由债券市场、货币市场、外汇市场、黄金市场、股票市场等构成的，分层有序、互为补充的金融市场体系规范创新发展。同时，积极探索发展开发性金融，推动设立民营银行，积极稳妥地发展互联网金融，这些都反映了当前我国金融改革发展所处阶段的多元化特点。随着金融市场体系的复杂化、多元化，金融监管也逐步迈向专业化。

债券市场实现跨越式发展

上个世纪，债券市场在支持国民经济运行发展中的作用相当有限。而且，由于市场化改革不到位、市场定位不准确、市场约束不健全、市场制度不完善，出现了 1992 年"327 国债期货风波"、银行资金违规进入股市、企业债大量违约等风险事件，使整个金融体系隐含了相当大的风险。这些挫折有其时代背景，也与经济处在转轨早期，计划经济色彩比较浓厚，市场经济的思维、环境尚未建立有关。

新世纪之初的金融改革任务非常重，党中央、国务院决定将债券市场改革任务交由人民银行牵头负责。人民银行周小川行长在 2005 年中国债券市场发展高峰会上明确提出，发展债券市场要以市场经济为思维主线，以合格机构投资者和场外市场为逻辑主线，以完善法规、会计、信息披露和破产制度为环境主线，使有较强分析能力和风险承担能力的机构能够在市场中唱主角。在认真总结经验教训的基础上，银行间债券市场明确了场外市场和定位于机构投资者的发展方向；不断加大市场化改革力度，减少不必要的行政审批，将发行审批制逐步改革为核准制、备案制和注册制；借鉴国际经验，探索行业自律组织和基础设施建设，促进发挥信息披露、信用评级等市场激励与约束机制的作用。

目前，我国债券市场初步形成了以场外市场为主体、场内市场为补充，互联互通的市场体系，2016年末，债券市场托管余额为63.7万亿元，规模位居世界前列。债券市场的发展，大大拓宽了企业和实体经济直接融资渠道，优化了社会融资结构，直接融资比重从2003年的3.9%提升到2016年的27.2%，有效分散了原来高度集中于银行体系的金融风险，增强了整个金融体系的稳定性。

开发性金融散发新活力

金融多元化的另一个重要实践就是开发性金融运用。关于是否有必要发展开发性金融，有过一些争论。最初全球思潮不太倾向于开发性金融。不过，2008年国际金融危机后，全球范围内长期公共融资难觅投资者，加之商业性金融体系"惜贷"，国际社会开始重新认识到开发性金融的重要性。新世纪以来，中国初步探索出了一条富有中国特色的开发性金融道路，即服务国家战略、依托信用支持、不靠政府补贴、市场运作、自主经营、注重长期投资、保本微利、财务上有可持续性的金融模式。一方面，这种模式能够自我权衡经济与政策目标，投向周期长、资金需求大、商业机构难以提供的项目，更有利于满足符合国家长期战略和利益以及大额项目建设资金的需求。另一方面，其在服务国家战略的同时，能坚持市场化运作，能够确保机构的长期可持续发展。近年来，以国开行为代表的开发性金融，在没有财政补贴的情况下，实现了一定回报和财务的可持续性，为"一带一路"建设等国家长期战略和利益作出了贡献，形成了开发性金融的有益实践。

金融监管专业水平和协调性不断提升

金融体系从"不健康"到"健康"的过程中，最开始往往倾向于将监管独立出来，寄希望于专门的监管机构能更好地履行监管职责，同时推动本行业更好发展。当时普遍的观点是，学西方发达国家的早期经验，实行分业经营，分业监管。

证券业监管职责是最早从人民银行分离出去的。1992年10月，国务院决定成立国务院证券委员会和中国证券监督管理委员会，后来证券委员会的发行审核功能合并纳入了证监会。一般而言，资本市场与传统的银行业务相差甚远，而且涉及上市公司监管等专业工作，多数国家的证券业监管大多是独立的，不属于中央银行职责范围，这是比较容易理解的。随后，1998 年设立了保监会，加强了对保险业的统一监管。2003 年，分设银监会，进一步完善了金融监管体系，明确了银监会、证监会、保监会三家专业性监管机构的目标责任，理清了金融监管和宏观调控之间的责任关系。总体看，分业经营和分业监管模式在提高监管专业性、培养监管人才、防范和化解金融风险、促进金融业改革发展等方面发挥了积极作用。

近年来，随着金融业的改革发展，金融创新活动增多，理财或资产管理类交叉性金融产品加速发展，金融综合经营发展步伐加快。"铁路警察，各管一段"的传统分业监管模式较难适应金融发展新趋势，监管缝隙较大，加大了防范和化解跨市场、跨行业的金融风险的难度。按照国务院的要求，2013 年 8 月人民银行牵头成立了金融监管协调部际联席会议制度。2017 年 7 月召开的第五次全国金融工作会议决定成立国务院金融稳定发展委员会，强化监管协调和监管问责，指定人民银行承担委员会办公室工作，牵头防范化解系统性金融风险。

（五）推动人民币国际化和资本项目可兑换实现新突破

在持续多年的市场化改革基础上，金融改革发展开始加大国际化的步伐，以前是不具备这个条件的。最近几年，尤其是 2008 年国际金融危机以后，我国抓住有利时机，顺应市场需求，稳步有序推进人民币国际化和资本项目可兑换。

人民币国际化迈上新台阶

人民币国际化起步比设想得要早，主要是因为 2008 年国际金融危机期间西方国家金融市场一度非常疲弱，加之由于金融危机导致的货币不稳定，市场上缺乏美元，且对美元信心不足，欧元、日元也比较不稳定，国际社会要求改革现有国际货币体系的呼声越来越大，对人民币的欢迎程度超过预期。最早是韩国出于稳定需要，主动要求和我国开展人民币互换。随后陆续有 20 多个发展中国家提出货币互换，一些发达国家也加入进来。

在国际社会需要，同时于我有利的情况下，人民银行按照党中央、国务院部署，顺势而为，沿着"逐步使人民币成为可兑换的货币"的长期目标，进一步减少不必要的行政管制和政策限制。2009 年 7 月，在上海和广东四市率先启动跨境贸易人民币结算试点，随后逐步扩大至全国。陆续推出人民币合格境外机构投资者（RQFII）、人民币合格境内机构投资者（RQDII）、沪港通、深港通、基金互认、债券通等创新制度安排，完善人民币国际化基础设施体系。经过不懈的努力，人民币国际化取得一系列积极成效。据环球银行金融电信协会（SWIFT）统计，2017 年 8 月，人民币为第五大国际支付货币，市场份额为 1.94%。

随着中国经济和人民币国际地位的不断提升，国际上建议将人民币纳入 SDR 的声音日益增强。人民银行周小川行长在 2009 年发表文章《关于改革国际货币体系的思考》，激发了国际社会对改革国际货币体系的热烈讨论，以及对增强 SDR 作用的关注。2015 年适逢 IMF 五年一次的 SDR 审查，人民币加入 SDR 面临难得的历史性机遇。党中央、国务院高瞻远瞩、审时度势，及时作出了推动人民币加入 SDR 的重要战略部署。2015 年 11 月 30 日，IMF 执董会认定人民币为可自由使用货币，决定将人民币纳入 SDR 货币篮子，并于 2016 年 10 月 1 日正式生效。这是人民币国际化的重要里程碑，代表了国际社会对中国改革开放成就的高度认可，对中国和世界是双赢的结果。

资本项目可兑换改革持续推进

1996 年实现经常项目可兑换以后，正当我国研究如何进一步推进资本项目可兑换时，亚洲金融风波爆发了，一些受到较大冲击的国家和地区开始采取资本项目管制抵御风波。我国自身遭受金融风波的冲击也比较严重，国内金融稳定形势比较严峻，资本项目可兑换进程不得不暂停。从2002年下半年开始，我国经济和外贸形势明显改善，国际收支交易规模急剧增加，有经常项目和资本项目双重属性的跨境交易日益增多。在这种背景下，资本项目可兑换进程再次被提上日程。2003年10月，党的十六届三中全会正式重新提出"在有效防范风险前提下，有选择、分步骤地放宽对跨境资本交易活动的限制，逐步实现资本项目可兑换"。但当时我国的银行体系不良资产率非常高，亏损严重。如果微观基础不牢固，推进资本项目可兑换的风险就会非常大，因此没有给出具体的改革时间表。由于涉及资本项目可兑换的各方面条件不太成熟以及2008年国际金融危机爆发的影响，我国的资本项目可兑换改革进程一直比较缓慢。国际金融危机后，随着我国经济逐步稳定复苏，党中央、国务院关于资本账户可兑换的提法开始出现积极变化，多次强调要"逐步实现人民币资本项目可兑换"。2013年11月，党的十八届三中全会进一步提出，要"建立健全宏观审慎管理框架下的外债和跨境资本流动管理体系，加快实现人民币资本项目可兑换"。

从实际效果看，这些年人民币资本项目兑换的方便性取得了很大的进展，并已经体现在我国对外贸易、投资和其他国际经济往来的各个方面。从IMF资本项目交易分类标准下的40个子项来看，目前可兑换和部分可兑换的项目37项，占92.5%，仅剩3项尚未放开。应该说，人民币资本项目可兑换仍是我国经济金融改革开放的一个重要方向，是下一步要重点研究和积极推进的工作。经过这么多年努力，资本项目可兑换已经迈出了相当大的步子，具备了进一步推进的条件。

三、中国金融业改革发展的内在逻辑及经验总结

作为整个经济体制改革的重要组成部分，中国的金融改革发展始终伴随着社会主义市场经济体制改革尤其是实体经济改革开放而持续

推进，与整体经济体制改革进程相衔接、与之配套并为之服务，呈现出一个内部连贯、逻辑一致的过程。新世纪以来的中国金融改革发展的巨大成就来之不易，其间虽有过反复、搁置，但总体进程是不断向前发展的，有很多值得总结的经验。

（一）坚持市场化取向，稳步推进金融改革发展

自1992年党的十四大正式提出"建立社会主义市场经济体制"目标以来，中国金融始终坚持市场化取向，按照界定产权、政企分开、依法治国、激励相容、社会监督五个市场经济特征，稳步推进各项改革。

市场经济要求等价交换，前提是界定产权。过去只有人民银行一家银行，现在成立了几百家银行和几千家相对独立的农村信用社，而且很多银行都完成股改上市，产权不断清晰，经营效率大幅提升。在市场经济中，经济决策是分散的，主要由企业和家庭选择和决策，因此必须将政府和企业分开，过去银行是政府和财政的出纳，一切听从于政府，现在自主经营，是发挥资源配置作用的市场主体。产权清晰了，决策分散了，如果没有规矩，就乱了，还得要依法治国。在金融领域，陆续颁布了《中国人民银行法》《银行业监督管理法》《商业银行法》《证券法》《保险法》等法律法规，为宏观调控、监管和金融机构经营提供了重要依据。

在法治框架下，市场经济主体的努力和创造力与其物质利益挂钩，能最大限度调动市场主体的积极性，这也是市场经济效率的源泉。过去银行领导干好干坏只体现在政治升迁上，现在银行业已经有了相当的经济激励。但仅有激励是不够的，缺乏现代公司治理和内在约束机制的情况下，单纯的经济激励改革最终不会成功。为此，我国进一步完善了会计准则和披露制度，现在银行每年要披露年报，尤其是上市银行必须接受来自内部和外部的更加严格的监督。

同时，很多市场化改革在推进过程中，难免会面临一些争议。例如，在进行利率市场化改革时，初期可能出现利率中枢上移，对中小微

企业的融资有一定影响。再例如，在进行汇率市场化改革时，汇率弹性增强可能放大外贸出口类企业的风险敞口，对一些缺乏经验的企业可能会造成一定冲击。尽管改革或多或少都存在一些成本代价，但与整体经济通过市场机制获得效率改进相比，推进改革是利大于弊的。在推进改革时需要综合权衡利弊，总体大的方向是要坚持有利于优化资源配置和效率改进，不能因"小弊"而失"大利"。

（二）坚持问题导向，一切从实际需要出发

从实践来看，我国的金融改革一直立足国情实际，坚持问题导向，缺什么、补什么、建什么。从计划经济向市场经济转轨，首先是缺资本，资本不足将严重影响金融机构的健康性，因此需要针对金融机构资本不足、治理不完善问题，对国有专业银行进行商业化和股份制改造，推进农村信用社改革。其次是缺竞争，对于市场经济而言，其本质是在建立激励约束机制的基础上，通过竞争发现价格，进而通过价格引导资源优化配置，促进经济走向均衡，进而提升经济整体效率，这就需要推进利率、汇率市场化改革，发展多元化、多层次金融机构体系，通过竞争提升效率。再次是缺开放，市场经济本质是打破封闭，走向开放型经济，通过扩大开放可以促进竞争，也会倒逼国内改革，因此需要推动贸易与投资自由化和便利化、汇率市场化、放宽外汇管制三大政策改革，降低市场准入门槛，逐渐使竞争和市场成为普遍使用的机制。最后是缺金融市场，现代化的金融体系必然要求高效、富有深度和广度的金融市场，否则金融的价格发现功能就缺乏基础，因此我国加大建设力度，发展了债券市场、衍生品市场、交易所市场、黄金市场、外汇市场、货币市场等。

另外，有些改革过去曾经打算做，却由于遇到危机等各种各样的原因，被耽搁了下来，需要及时补齐改革短板。比如存款保险制度。2015年5月1日，出台了《存款保险条例》。存款保险制度是市场经济条件下银行体系健康发展的一个重要要素，按道理存款保险制度早就应该建立，但因为各种原因没有做。既然允许大家办银行，现在又提出允许民营资本发起设立中小型银行，改善对社区、农村等薄弱环节的金融服务，就需要建立存款保险制度，按照市场化原则处置银行倒闭问题。

（三）坚持以稳促进，通过有力有效调控营造良好金融环境

每一项金融改革的成功推进都离不开良好的经济金融环境。没有良好的环境，金融改革就会遇到较大阻力；当环境比较好时，改革就会事半功倍。为经济稳定发展、金融改革营造稳定良好的经济金融环境，宏观调控尤其是货币政策调控必须有力，必须根据经济形势变化灵活适度调整，加强逆周期调控。在经济过热或资产价格出现泡沫时，必须采用适当工具"慢撒气""软着陆"，实现平稳调整；在经济衰退或遭遇外部冲击时，必须及时出手，稳定形势，增强信心。例如，在1997年亚洲金融风波期间，很多国家货币竞相贬值，有些货币贬值在30%、40%甚至50%以上，但党中央、国务院审时度势，认为人民币贬值虽然有利出口，但会加剧东南亚以及全球金融动荡局面，也不利于国内经济金融稳定，所以坚持人民币不贬值，为国内金融改革稳定发展奠定了坚实基础。2008年国际金融危机期间，我国"出手快、出拳重、措施准"，成功应对了金融危机冲击，当经济在全球率先复苏并初显过热苗头时，又及时启动货币政策正常化，防止政策过冲，同时探索建立完善宏观审慎政策框架。这些措施为经济社会稳定发展营造了良好的货币金融环境，也守住了不发生系统性金融风险的底线。可以说，正是我国成功应对了1997年亚洲金融风波，才能启动国有大型商业银行股改，也正是基本完成了国有大型商业银行股改和农村金融改革，才又成功抵御了2008年国际金融危机冲击，才有可能进一步推进利率汇率市场化等改革，推动现代金融体系健康发展。

（四）坚持立足国情实际，走渐进式改革道路

转轨经济的"休克疗法"和渐进式改革的目标一样，都希望市场起主导作用，把企业搞活，但不同模式效果截然不同。"休克疗法"倾向于全面否定过去的体制，在此过程中，新的机制尚未建立，涉及金融业的法律法规都直接从西方国家照搬引入。在国内缺乏相应的经济背景、实践经验以及人才储备的背景下，这么做可能导致业界和公众一般都很难理解，往往是部分先理解的人占到很大便宜，从中牟利，最终可能导致贫富差距过大，偏离改革初衷。另外，"休克疗法"不太倾向救助濒临倒闭的金融机构，苏联的金融机构在"休克疗法"后基本全垮了，之后国内先后成立了1 000多家私有制的商业银行，几乎没有一家是国有的，都是小银行，这种市场结构不利于抵御金融危机冲击。同时，像中国这么大的国家全世界也没有几个，在如何处理中央与地方关系等问题方面，可借鉴的国际经验比较少，诸多改革很难参照标准模式一步到位，只能坚持走渐进式改革道路。

相比而言，我国的渐进式改革更符合人的一般认识规律。从过去的计划经济转向市场经济体制并谋划下一步发展时，总有个逐步转变、逐步适应的过程，很多传统思想理念很难在短期消除。有的时候，往前走两步甚至会往后退一步，但总体仍是向前的。从金融和实体经济关系的角度看，通常实体经济的改革开放步子走得快一些，或者说实体经济改革开放发展到一定程度，金融业就要加快推进自身的改革开放，跟上实体经济改革开放的步伐，更好地提供金融服务。反之，如果在实体经济的企业改革还没有充分展开，企业还没有获得充分自主权、公司治理还没有充分建立的情况下，金融企业要实现自主经营、建立现代企业制度、形成规范的公司治理等，也是不现实的，有的时候甚至会因为实体经济遭受重创，一些金融改革不得不暂停。另外，从我国实践来看，"摸着石头过河"还体现在对自下而上式改革的重视，因为很多改革造

成的影响可能很大，"试错"成本很高，采取小范围试点，可以减少这种成本，一旦发现有问题，也可以很好地控制风险、吸取经验教训。

坚持渐进式改革，还体现在协调配合，把握改革发展的节奏和机会窗口方面。从过去经验看，一般会先提出一个单子，列出需要推进的重大的改革开放任务，同时研究其横向配合关系和优先顺序。例如，有些工作需要财税部门配合，有些则需要商务部门配合，还有些需要外交部门或者国际组织配合等。实际上，经济转轨过程中推进金融改革，各项政策的选择、设计和配套的形成过程也是各方面达成共识的过程。

新世纪以来，尤其是党的十八大以来，在党中央、国务院的正确领导下，我国金融改革发展蹄疾步稳，重要领域和关键环节改革取得突破性进展。金融体系市场化、双向开放水平明显提高，现代化金融体系更加完善，对经济社会平稳健康发展形成了有力支撑。展望未来，中国特色社会主义进入新时代，我国社会主要矛盾已经转化为人民日益增长的美好生活需要和不平衡不充分的发展之间的矛盾，金融体系改革发展开放面临诸多新的挑战和任务。我们坚信在党中央、国务院的坚强领导下，中国金融事业的巨轮将继续扬帆远航，行稳致远，再创金融改革发展新辉煌！

《新世纪中国金融改革与发展丛书》编委会
2017 年 11 月

中国经济的对外开放：从制造业扩展到服务业①

周小川

中国建设社会主义市场经济，就是要通过参与竞争，优化资源配置，实现经济社会的进步和繁荣。在此过程中，对外开放起到了重要作用。这里，我想结合国际、国内的有关经验和背景，就对外开放问题谈几点理解，供大家参考。

一、制造业开放让中国成长为世界工厂

制造业在我国开放较早，早期也有争议，但相对易于形成共识，使制造业成为开放充分的产业。对制造业开放的一条观察是，较早参与开放和竞争的大多数行业最终都发展壮大得快、竞争力强。开放是资源配置优化的进程，通过市场和竞争机制带来优化配置。

---

① 本文为周小川行长在 2017 年陆家嘴论坛上的主旨演讲。本书编委会谨以此文作为本书导读。

1

具体来说，在"引进来"方面，通过进口和引进国外企业到国内投资办厂，与国内企业形成竞争。回想改革开放之前，国内企业就没有来自外资企业的竞争，只面临少量的国内竞争。参与竞争给工业企业带来了巨大的动力、压力和进步。

在"走出去"方面，通过出口和国内企业走出国门，参与国际竞争。开始时国内企业也不大参与国际竞争，出口也只是一些大宗资源类产品。20世纪80年代，很少有人相信中国制成品出口能有什么太大的前途。然而对外开放后，从加工贸易到工业制成品都参与国际竞争，随后"走出去"办企业，中国的制造业和企业不仅没有被冲垮，反而快速发展，中国成长为全球制造业强国、世界工厂，不少领域正迈向全球产业链的中高端。

通过竞争消除了垄断。过去国内竞争也不充分，外贸企业之间也缺乏竞争，中化、五矿、中粮、土畜产、纺织、轻工、机械、仪器仪表等外贸公司都是按行业切块，分别负责各自领域的进出口，相互之间财务规则不同，不允许竞争。为了吸引外资，1979年，中国专门颁布了第一部《中外合资企业法》，外资企业对国内企业形成了竞争压力，制造业的行业切分和垄断开始消散。

有了竞争之后，国内企业有了很大进步。越是开放充分、竞争激烈的行业，进步就越快。制造业开始走向繁荣和强大。

二、开放促进了国内的政策改革

开放过程强烈冲击了传统的集中计划型政策体系，并引发了国内一系列重大改革，包括价格体制改革、增值税改革、出口退税、汇率市场化、开启关贸总协定及世贸组织谈判等影响深远的改革。20世纪80年代初，要想吸引外资，国内政策体系就要加快向市场经济规则靠拢，要进行平等竞争，随后还要考虑与其他国家的企业在国际市场上平等竞争。

平等竞争和开放是相互关联的，不仅是国内企业与外资企业竞争，而且必然包括国内企业之间的公平、充分竞争。对外开放促进了放开国内民营资本的准入，随后引入了国民待遇的概念。无论是对内资还是外资，准入条件应该是一致的。对外开放推动了贸易与投资自由化和便利化、汇率市场化、放宽外汇管制三大政策改革，其中包括降低市场准入门槛等，渐使竞争和市场变为普遍适用的政策机制。

三、服务业开放的类似历程

过去，经济学把服务业列为非贸易或不可贸易行业，但随着信息、交通运输的大幅进步，随着全球化的进展，有不少服务已变成可贸易，人们开始说"世界是平的"。我国服务业开放体现了与制造业类似的规律，也是通过对外开放，引入竞争，推动经营效率和服务质量提升，并带动国内相关政策改革。

在工业领域，除国防等个别行业不适用于一般的市场竞争原则，绝大部分行业都是可以开放引入竞争的。服务业也有一些领域涉及敏感行业，还有一些服务难以跨境递交，市场机制难以全部覆盖。但大多数服务业是可以开放的。对服务业开放的认识和政策改革进程与制造业也相似。在"引进来"方面，服务业先从酒店、餐饮、交通等行业吸引外资起步，随后不断向其他服务行业拓展。在"走出去"方面，一开始是工业企业的出口产品和售后服务一起"走出去"，后来扩展至银行、保险、医疗、航运、旅游、软件、零售、支付、文化等多领域。上海的航运业是比较典型的例子。

四、地区性试点的经验增强了开放的信心

我国决定开放、开发四个经济特区的初期，有不同意见，后来经济

特区取得了效果，推广到其他地区。中国加入世贸组织时也很有争议，但事实证明加入世贸组织对中国产生了深刻的积极影响。本届政府成立以来，有力推动上海自贸区试点，开始也有不同声音，现在自贸区数量已扩大到 11 个，很多先行先试的经验也推向了全国，说明大家看到开放带来了实实在在的好处。

五、金融服务业是竞争性服务业

金融是服务业的重要组成部分。不管是从世贸组织谈判的内容，还是中国统计体系对服务业的分类都可以看出，金融是服务业的重要组成部分。人们经常说，金融是现代经济的核心。1993 年党的十四届三中全会将金融业描述为国民经济的命脉行业。我理解当时的背景有：一是金融业特别是银行业对资源配置的作用很突出；二是银行业尚是四大专业银行各管一个专业，相互竞争较少；三是大金融机构尚承担少量政策性业务，未充分市场化；四是金融如不稳定，往往出大乱子。这是否妨碍了金融业的市场性质？金融业是否属于竞争性服务业？

应该看到，20 世纪 90 年代，按十四届三中全会确定的社会主义市场经济"五十条"，已将专业银行的政策性业务剥离另设；四大专业银行全面转入竞争性市场中的全方位商业银行。十八届三中全会明确提出市场在资源配置中起决定性作用，说明越是重要角色，越要靠市场化。国际经济危机告诉大家，要防金融危机，首先要保证金融机构的健康性，高杠杆、低资本、不良贷款等现象均不得宽容，而不开放、不竞争往往纵容了低标准。为此，金融服务业作为市场经济中的竞争性服务业的属性已十分清晰。

从全球经验看，绝大多数金融行业都是竞争性服务业。当年我国引入外资银行，最开始只期望引入资本，回头来看，国内商业银行从竞争中学到了很多内容，为我国金融业带来了产品演变、市场建设、业务模式、管理经验等一系列变化。后又通过竞争性股份制改革上市，国内银行的经营效率、资产质量、公司治理等都有了较大提高。外资银行的进入也对国内政策带来改革压力，包括会计准则、监管标准以及"营改增"等。

个别人从自身利益出发，主张对金融业进行保护，等成长壮大了再开放，再参与国际竞争。各国经验（包括我国自身经验）都表明，保护易导致懒惰、财务软约束、寻租等问题，反而使竞争力更弱，损害行业发展，导致市场和机构不健康、不稳定。其中一个例子是亚洲金融危机前后所发生的那些现象。

现在，国内很多金融机构都已经"走出去"了，适应了国际竞争，特别是在风险管理、定价、反洗钱方面都有了实质性变化。目前，已有五家金融机构跻身全球系统重要性金融机构，成为资本金充足、经营稳健的市场化经营主体。金融市场的发展和健康化已受到国际债市、新兴市场股票指数机构的关注。这些均说明，金融服务业是竞争性服务业，受益于对外开放，还要进一步扩大开放。

六、"一带一路"为中国金融业开放提供了新机遇

中央提出建设"一带一路"号召以来，各方面都积极响应，推动各项政策落地生效。"一带一路"是开放之路，涉及大量的新型金融合作，会带来进一步开放的需求，也为我国金融开放和国际合作提供了新的机遇。

开发性金融可以在"一带一路"建设中发挥积极作用。我国首先探索的开发性金融是以服务国家战略、市场运作、自主经营、注重长期投资、依托信用支持、不靠政府补贴、保本微利、财务上可持续性的金融模式。这种模式可在"一带一路"中有更好的发挥。该模式不会形成对财政资源的挤占，避免滋生道德风险和导致市场扭曲等问题。"一

带一路"建设也为金融机构开展海外布局，为贸易、投资、资本运作等提供更好金融服务拓展了发展空间。

总之，回顾国内外的改革历程，应该提高认识，坚定信心，坚定不移地走对外开放的道路。从制造业、服务业开放的经验可以推导出，金融行业不是例外，同样适用于竞争与开放规律。金融服务业在对外开放过程中，由竞争机制带来压力、动力、进步和繁荣，会发展得更好。

我相信，在各方的大力支持和共同努力下，中国的对外开放一定能再上新台阶，上海自贸区的实验与推广、上海国际金融中心建设也将取得新成就。

中国金融改革开放及其展望[①]

易　纲

　　1978 年以来，我国保持了三十多年的高速经济增长，已成为全球第二大经济体。与此同时，中国经济体制经历了从计划经济向市场经济转轨的过程。金融业作为现代经济社会运转的关键产业，也在改革开放中取得了巨大发展成就。当前，中国金融业发展站在新的历史起点上，习近平主席在多个重要场合阐述了坚持全方位对外开放、继续推动贸易和投资便利化的重要思想，为中国金融下一步改革开放指明了方向。展望未来，中国必将顺应历史潮流，坚定不移地深化金融改革，实现更大范围、更高层次的金融业双向开放，切实防范和化解金融风险，更好地维护金融稳定与安全。

一、改革开放是中国金融发展的强大动力

　　从过去三十多年金融发展历程看，对外开放伴随着整个改革过程。

---

　　①　本文原载于《中国金融》2017 年第 11 期。本书编委会谨以此文作为本书导读。

1979 年我国就起草了第一部《中外合资经营企业法》，设立了中国国际信托投资公司作为引进外资、开展国际金融合作的窗口，并成功发行了第一笔外债。一些外资银行也开始在华设立代表处和营业机构。2001年 11 月我国加入世界贸易组织，标志着我国经济金融领域的对外开放进入了一个新阶段。正是在这一背景下，金融改革的迫切性日益增强，直接推动了 2004 年以来国有商业银行的股份制改革。

对外开放对改革的促进作用，首先在于认识到差距的存在。如果没有对外开放，就连信息都没有，也不知道自己落后，就很难产生改革的动力。改革开放以来，我国积极参与全球金融治理，主动、深入了解金融监管的国际准则，更加客观地认识到我国金融发展存在的差距。比如我们接受国际货币基金组织和世界银行联合推出的金融部门评估规划（FSAP），通过评估可以了解我国在金融结构和金融发展、金融部门、金融监管和金融基础设施等方面存在的差距，进而推动对相关领域进行改革。

其次是对外开放能在很大程度上促进竞争。计划经济往往不讲竞争，竞争往往被视作重复建设。经过多年改革，竞争的原则在制造业和大多数服务业已被普遍接受，并且后来的实践证明，当初一些开放较早、程度较深的行业，如电子行业等，现在不但没垮，反而成为具有全球竞争优势的行业。在对外开放的过程中，我们不仅引进了技术和管理，也引入了竞争机制，特别是有助于改善公司治理和减少外部行政干预，也会促进会计准则、透明度和信用评级等中介服务领域的改革。如果没有境外投资者一定的股权，尽管改革后股权多元化，内资股东仍然难以摆脱外部不当的行政干预。

再次，也是很关键的一点，开放能对国内改革形成约束。开放了我们需要接受相关国际准则，按照国际标准完善相关制度安排。比如，我们加入巴塞尔银行监管委员会，就需要根据《巴塞尔协议》确定的银行资本和流动性监管新标准，重构维护银行体系长期稳健运行的审慎监管制度安排。又如，人民币加入 SDR，标志着人民币国际储备货币地位获得确认，但这也不是一劳永逸的，要接受每五年一次的评审。要巩固人民币储备货币地位，就要不断完善与储备货币发行国地位相适应的宏观政策框架，提高宏观调控能力，使之更加市场化、更加灵活、政策透明度更高、政策沟通更有效，从而增强国际社会对人民币的信心。

最后，需要客观认识金融开放与金融安全的关系。在自身基础不好的情况下，开放过快的确会有安全风险。但开放只是影响安全的一个因素，并无直接因果关系。金融开放程度高的国家并不一定金融安全程度低，反之亦然。一个国家金融是否安全，关键是宏观经济的稳健性、法治的完善程度和金融体系的健康程度，特别是金融市场的基础设施如交易、支付、清算、托管、信息功能是否健全。从某种意义上讲，不开放导致金融业落后、没有竞争力，才是最大的金融不安全。

二、中国金融改革开放展望

总体来说，中国金融业改革开放始终保持自主、渐进、可控，取得的成就世所公认。但也需要认识到，中国金融业开放水平与国际相比仍有一定差距，外资金融机构在我国的市场份额总体不高，我国在持股比例和业务范围等方面对内外资金融机构仍有不平等对待的规定。与此同时，我国金融市场广度和深度尚显不足，会计、审计以及税收等制度环境便利度有待改善，金融监管框架还有较大改革提升空间。

当前，国际上民粹主义、保护主义思潮盛行，全球自由贸易和投资面临较大冲击和挑战。中国作为发展中大国，是全球自由贸易和投资便利化的受益者，也是经济全球化的倡导者和支持者。就金融领域而言，尽管改革开放的节奏、时机可能有选择，但市场化的方向和扩大开放的趋势不会也不可能逆转，这既是过去三十多年经济金融改革开放的基本经验，也是今后深化金融改革开放的基本原则。随着"一带一路"

战略的实施，相关的贸易和投资合作会产生大量配套的金融服务需求，这为金融业扩大开放和上海国际金融中心建设带来难得的机遇。金融系统应紧紧抓住这一历史机遇，在为"一带一路"建设提供长期、可靠的金融支持过程中进一步深化改革开放。具体而言，今后一段时期还可以在以下方面继续推进改革开放。

（一）按照准入前国民待遇和负面清单开放模式，放松在市场准入等方面对外资的限制

只有按照准入前国民待遇和负面清单的原则扩大金融业对外开放，才能使外资金融机构公平、充分地参与市场竞争，真正由市场经济规则选择金融服务的提供方和出资方，从而最大限度地允许和鼓励创新。在准入和监管要求上，应充分与国际接轨，放松对外资的不合理限制，改善外资经营环境，为外资金融机构营造更加公平、平等的竞争环境，更好服务改革开放的需要。

（二）持续推进市场机制改革，更好地发挥市场在资源配置方面的决定性作用

市场对金融资源配置的决定性作用必然要求利率、汇率等宏观价格由市场决定。要继续坚定不移地完善人民币汇率形成机制，增强人民币汇率弹性。坚持以建立健全由市场供求决定的利率形成机制为总体方向，以完善市场利率体系和利率传导机制为重点，以提高央行利率调控能力为基础，进一步深化利率市场化改革。

（三）拓展金融市场的广度和深度，完善金融制度环境

进一步提升金融市场开放程度，不断丰富投资主体，建立多层次、多元化的金融体系。更好利用两个市场，两种资源，提升金融对实体经济的服务能力。进一步完善"沪港通"、"深港通"，落实好"债券通"

的相关安排，提升境内外资本市场联通程度和跨境监管水平。同时，完善境外投资者在境内投资的会计、审计、税收等制度环境，提升金融制度安排与国际标准的兼容性，降低境外投资者投资我国金融市场的各类隐性成本。

（四）完善跨境资金流动管理，逐步减少管制

我国已经实现的外汇管理开放政策不会取消。我国仍将有序推进人民币资本项目可兑换，进一步提升跨境贸易、投资的便利化水平。为更好应对资本流动，应着眼于实施更加市场化、更加灵活、更加透明的宏观经济政策，如增加汇率灵活性、建立更具包容性的金融体系等，进一步提升中国经济金融体系的稳健性和对国际投资者的吸引力。

（五）加强宏观审慎管理和监管协调，有效防范金融风险

积极稳妥推进金融监管体制改革，加快建立符合现代金融特点、统筹协调监管、有力有效的现代金融监管框架。健全宏观审慎监管框架，统筹监管系统重要性金融机构和金融控股公司、统筹监管重要金融基础设施、统筹负责金融业综合统计。加强金融监管协调，提高和改进监管能力，有效防范金融风险。

目　　录

第一章
中国金融业开放的历程与经验

新世纪以来，中国始终协同推进扩大金融业开放、完善人民币汇率形成机制和减少资本管制"三驾马车"，取得了令人瞩目的成就。当前，中国面临的国内外形势错综复杂。国际上，全球化面临重大挑战，民粹主义、保护主义盛行。国内看，经济仍面临一定的下行压力，内生增长动力尚待增强。展望未来，应坚持金融业是竞争性行业这一基本认识，遵循竞争开放的规律，根据准入前国民待遇和负面清单的原则，继续协同推进"三驾马车"，更加主动地融入全球金融体系，实现更大范围、更高水平的开放。

第一节　中国金融业开放的几个重要方面

进入新世纪以来，随着中国正式加入世界贸易组织（WTO），中国金融业进入全方位对外开放的新时期。中国协同推进金融业开放、完善人民币汇率形成机制和减少资本管制"三驾马车"，取得突破性进展。

金融业开放方面，中国不仅履行了 WTO 承诺，在机构设立、业务范围、持股比例等方面不断提升开放力度，而且在特定金融服务领域作出了一系列超越 WTO 承诺的特殊安排，为吸引境外投资者提供了良好的制度保障。与此同时，中国在汇率形成机制改革方面取得重要进展，汇率市场化程度显著提高，弹性明显增强。资本项目可兑换程度也实现较大提升，管制不断放松，投资便利化程度不断提高。"三驾马车"并驾齐驱，成就斐然。

一、中国加入 WTO 时的承诺

加入 WTO，是中国完善对外开放格局、发展开放型经济的重要举措。WTO 一直积极推动金融服务贸易自由化，于 1997 年确定了金融服务贸易的具体内容，并签署《金融服务贸易协定》作为《服务贸易总协定》的附件。其中，有关银行业、证券业、保险业等金融服务业的开放承诺是该协议最为核心也最为重要的文件。在中国加入 WTO 的谈判进程中，考虑到中国本土金融服务业的实力仍有待发展，WTO 成员同意中国在服务贸易领域对外国服务提供者实行逐步开放。根据这一原则，中国从各个行业的实际出发，在银行业、证券业和保险业对外国服务提供者的市场准入和享受国民待遇等方面作出了一系列承诺。

（一）银行业开放承诺

银行业是我国金融业开放起步较早的行业，也是加入 WTO 时承诺开放比较全面的行业。具体而言，在银行业开放上，中国加入 WTO 时的承诺主要体现在以下三个方面。

首先，逐步取消对外国银行的地域限制。对外国银行在中国经营外币业务不作任何地域限制，对外国银行在中国经营人民币业务将按时间表逐步取消地域限制，并在 5 年后完全取消这种限制。

其次，逐步取消客户限制。对于外币业务，允许外国银行自中国加入 WTO 时起在中国提供服务，无任何客户限制。对于人民币业务，自中国加入 WTO 第 2 年起，允许外国金融机构向中国企业提供服务。第 5 年起，允许外国金融机构向所有中国客户提供服务。只要获得在中国某一区域从事人民币业务的资格，就意味着同时被允许在其他区域内从事此类业务。

最后，逐步放宽准入限制。在中国加入 WTO 5 年后废除所有现存的针对所有者、经营和外国金融机构商业存在的法律形式的限制。只要外国金融机构在提交申请前的年末资产总额超过 100 亿美元，就被允许在中国建立外国银行或者金融公司的子公司，或者在中国设立中外合资银行或者中外合资金融公司。外国金融机构在提交申请前的年末资产总额超过 200 亿美元，就被允许在中国设立分行。外国金融机构申请前在中国境内经营 3 年，且连续 2 年盈利，就被允许在中国从事人民币业务。

（二）证券业开放承诺

加入 WTO 时，证券业在我国的发展历史还不长，证券市场发展很不成熟，因此在证券业的开放上总体比较审慎。在证券业开放上，中国承诺的内容主要包括以下三个方面。

首先，外国证券机构驻华代表处可以成为中国证券交易所的特别会员。

其次，在持股比例方面，我国加入 WTO 时，允许合资证券管理基金公司的外资持股比例不超过 33%。第 3 年后，合资基金公司的外资持股比例可放开至 49%，合资证券公司的外资持股比例不超过 33%。

最后，在业务范围方面，允许外国证券公司不通过中介直接从事 A 股的承销，B 股、H 股、政府和公司债券的承销和交易以及发起设立基金。

（三）保险业开放承诺

在保险业开放上，当时的政策取向是比较积极的，开放的力度也比较大。中国的承诺主要体现在以下四个方面。

首先，在设立资格方面，外资保险机构在华开业不再有数量限制，只要申请设立的机构具备以下资格条件即可：（1）投资者应为在 WTO 成员有超过 30 年经营历史的外国保险公司；（2）必须在中国设立代表处 2 年以上；（3）提出申请前一年年末总资产不低于 50 亿美元。

其次，在地域范围方面，自中国加入 WTO 时起，允许外资寿险和非寿险公司及保险经纪公司在上海、广州、大连、深圳和佛山提供服务，第 2 年内增加开放北京、成都、重庆、福州、苏州、厦门、宁波、沈阳、武汉和天津 10 个城市，第 3 年内取消地域限制。

再次，在持股比例方面，允许非寿险公司在华设立分公司或合资公司，合资公司的外资股比可以达到 51%；允许设立的外国寿险合资公司的外资股比不超过 50%；合资保险经纪公司的外资股比可以达到 50%。第 3 年起，外资经纪公司在合资公司的最高股比可由 50% 增加到 51%，第 5 年起，允许外资保险经纪公司设立全资子公司。

最后，在业务范围方面，允许外国非寿险公司向境外企业和外商投资企业提供财产险和信用险。第 2 年后，允许外国非寿险公司向外国和国内客户提供除法定保险外的全部非寿险服务。第 3 年后，外国寿险公司可向中国公民和外国公民提供健康险、团体险和养老金/年金险服务。

二、中国履行 WTO 承诺情况

中国作出的金融业开放承诺，并不仅仅是因为加入 WTO 的需要，不是一种谈判的让步，而更多地是来自中国对外开放整体布局的需要，是中国金融业自身发展的需要。因此，中国坚定地履行了自己的承诺，先后修改和颁布了一大批法律法规，不断完善相关制度。中国履行WTO承诺的情况获得了国际社会的广泛认可。我国从机构设立、业务范围和持股比例三个方面分别介绍银行业、证券业和保险业履行WTO承诺的情况。

（一）银行业方面

首先，在机构设立方面，2001年12月，中国颁布《中华人民共和国外资银行管理条例》，允许满足一定条件的外国金融机构申请在华设立外商独资银行、中外合资银行和外国银行分行。2006年12月起，在外资银行自主选择商业存在形式的前提下，鼓励具备一定条件并准备发展人民币零售业务的外资银行分行转制为在中国注册的法人银行。转制后，外资法人银行在注册资本、设立分支机构、营运资金要求以及监管标准方面，完全与中资银行相同。实行法人导向政策主要是为了保护中国存款人利益和维护金融稳定。

其次，在业务范围方面。在外币业务方面，自中国加入WTO之日起，就取消了外资银行经营外汇业务的地域和客户限制，外资银行可在全国范围内对中资企业和中国居民办理外汇业务。在人民币业务方面，对外资银行经营人民币业务的限制不断放松，开放速度符合加入WTO时的承诺，部分领域有所提前。在人民币业务资格方面，2001年《中华人民共和国外资银行管理条例》允许具备一定条件且满足审慎性监管条件的外资金融机构申请开展人民币业务，并允许外资银行吸收中国境内公民每笔不少于100万元人民币，期限不少于3个月的定期存款。2006年12月起，取消了外资银行吸收人民币存款的期限要求，允许外资法人银行经营全面的人民币业务。在人民币业务地域和客户范围方面，2004年底，较加入WTO承诺提前一年向外资银行开放西安和沈阳的人民币业务；2005年底，较加入WTO承诺提前一年开放哈尔滨、长春、兰州、银川和南宁的人民币业务。2006年12月起，取消外资银行经营人民币业务的地域和客户限制。

最后，在持股比例方面，2003 年 12 月颁布的《境外金融机构入股中资金融机构管理办法》规定，允许单个境外机构入股中资金融机构，入股比例从 15% 提高至 20%。多个境外机构对非上市中资金融机构投资入股合计比例大于或等于 25%，对该非上市金融机构按外资金融机构实施监管；多个境外机构对上市中资金融机构投资入股合计比例大于或等于 25%，对该上市金融机构按中资金融机构实施监管。

（二）证券业方面

首先，在机构设立方面，自中国加入 WTO 时起，外国证券机构驻华代表处可申请成为中国证券交易所的特别会员；允许外资机构设立合资证券投资基金公司。2002 年中国证券监督管理委员会（以下简称证监会）颁布《外资参股证券公司设立规则》，允许外资机构参股证券公司。

其次，在业务范围方面，加入 WTO 之后，外国证券机构即可直接从事 B 股交易。外资参股证券公司、基金公司和期货公司开展相关业务的限制也逐步放开。2002 年起，外资参股证券公司可从事股票和债券的承销、外资股的经纪、债券的经纪和自营。2007 年《外资参股证券公司设立规则》修订后，外资参股证券公司还可参与股票和债券的保荐业务。

最后，在参股比例方面，2002 年的《外资参股证券公司设立规则》要求，境外股东持股比例或者在外资参股证券公司中拥有的权益比例，累计（包括直接持有和间接持有）不得超过 1/3。2012 年 10 月《外资参股证券公司设立规则》修订后，参股比例上限提升至 49%，已高于加入 WTO 时的承诺。2004 年 10 月《证券投资基金公司管理办法》要求，中外合资基金管理公司外资出资比例或者拥有的权益比例，累计（包括直接持有和间接持有）不得超过国家证券业对外开放所作的承诺

（即49%）。根据《内地与香港关于建立更紧密经贸关系的安排（CE-PA）》以及历次补充协议，2005年1月1日起，允许符合条件的港澳服务提供者参股内地期货经纪公司，外资参股比例不超过49%。

（三）保险业方面

首先，在机构设立方面，2003年末，取消对外资非寿险公司在华设立机构形式的限制。2004年末，取消外资保险公司机构设立的地域限制。

其次，在业务范围方面，2003年末，向外资非寿险公司开放所有业务。2004年末开始，除有关法定保险业务外，向外资参股/合资寿险公司开放所有业务。2005年末取消法定分保。2012年5月向外资保险公司开放机动车交通事故责任强制保险（以下简称交强险）业务。

最后，在参股比例方面，2004年5月颁布的《外资保险公司管理条例实施细则》规定，寿险公司外资持股比例不超过50%。

迄今为止，中国不仅全面落实了加入WTO时作出的承诺，而且在特定金融服务领域作出了一系列超越WTO承诺的特殊安排。例如，在银行业方面，放宽外资金融机构经营人民币业务的限制条件，将外资银行营业性机构经营人民币业务的资格要求由WTO承诺中的"在中国境内开业3年"调整为"在中国境内开业1年"。在证券业方面，将合资证券公司的外资持股比例从WTO承诺的33%提高至49%。在保险业方面，2012年对外资开放交强险这一法定保险业务市场，超出了WTO承诺中"外国保险机构不得从事法定保险业务"的限制，被认为是保险业开放进程中的一项重大举措。

三、中国金融业开放的其他重要方面

在对外开放过程中，为提高银行业竞争力，中国国有大型商业银行经历了引入境外战略投资者等一系列改革历程，成为金融业开放的重要受益者。亚洲金融危机前，国有大型商业银行不良资产比例居高不下，被一些人认为已经"技术性破产"。中国政府充分认识到其中风险，决定对银行体系进行大刀阔斧的改革，打出一系列改革组合拳，如剥离处置不良资产、引进境内外战略投资者、外汇储备注资、设立股份公司和择机上市。其中，引入境外战略投资者是银行业改革的重要举措。2003 年末开始，国有大型商业银行纷纷引入境内外战略投资者。例如，汇丰银行入股交通银行，美国银行、淡马锡公司入股中国建设银行，苏格兰皇家银行等入股中国银行，高盛集团、安联保险公司、美国运通公司等入股中国工商银行。引入境外战略投资者推动了中国银行业改革，协助国有银行建立起了现代公司治理制度。国有银行财务状况实现了根本好转，资本充足率显著提高，公司治理结构不断完善，并最终发展为系统重要性银行，为更广泛的金融改革奠定了坚实的微观基础。

受益于金融业开放的各项举措，中国金融机构开放水平取得了长足进步，金融体系整体竞争力不断增强。外资银行在华机构网络不断扩张，业务规模迅速增长；本土银行在竞争中锐意改革，在公司治理、经营管理上不断向国际标准靠拢，获得了跨越式发展。四大国有商业银行已经成功跻身全球系统重要性银行。政策性银行、农村金融体制改革取得重要阶段性成果，股份制银行、地方中小银行蓬勃发展，中国金融体系更加健康、更加完善。

在金融机构开放程度提高的同时，中国金融市场的改革开放进程也在深入推进，金融市场双向开放程度大幅提升。中国银行间债券市场发行和投资主体不断丰富，目前，境外中央银行/货币当局、金融机构、非金融企业、外国政府等均可在银行间债券市场发行人民币债券，债券市场投资主体也已涵盖境外中央银行或货币当局、人民币清算行、跨境贸易人民币结算境外参加行、主权财富基金、国际金融机构、合格境外机构投资者（QFII）、合格境内机构投资者（QDII）以及人民币合格境外机构投资者（RQFII）等各类市场参与者；越来越多的境内主体赴中国香港、伦敦发行人民币债券，拓宽了融资渠道。与此同时，QFII、QDII、RQFII、"沪港通""深港通""债券通"等金融市场各项制度创新促进了境内外资本市场联通，提高了金融资源配置效率。金融基础设施也不断完善，人民币跨境支付系统（CIPS）、境外人民币清算行等安排提供了安全和高效的支付服务，促进了贸易投资便利化。

中国金融业开放的重要内容之一是让市场在资源配置中发挥决定性作用。汇率反映了两国货币的相对价格，灵活、有弹性的汇率制度有助于更好发挥市场作用，提升资源配置效率。2005 年 7 月 21 日，中国人民银行进行人民币汇率形成机制改革，实行以市场供求为基础、参考一篮子货币进行调节、有管理的浮动汇率制度。2006 年以来，中国在银行间即期市场引入了询价交易方式，市场在资源配置中的作用进一步提升，此后中国多次扩大人民币汇率浮动区间，汇率弹性明显增强。虽然 2008 年国际金融危机使人民币汇率改革进程经历了短时间停滞，但改革方向始终未变。2010 年随着金融危机的缓解，人民银行适时重启汇率改革。2015 年以来，中国进一步强化了以市场供求为基础、参考一篮子货币进行调节的汇率形成机制。"8·11 汇改"进一步完善了人民币兑美元汇率中间价报价机制，2015 年 12 月 11 日中国外汇交易中心发布人民币汇率指数，引导市场将观察人民币汇率的视角由双边汇率转为有效汇率。2016 年 2 月，人民银行明确了"收盘汇率＋一篮子货币汇率变化"的人民币兑美元汇率中间价形成机制，进一步提高了汇率政策的规则性、透明度和市场化水平。

通过多年的人民币汇率形成机制改革，人民币汇率弹性大幅增强。人民币对美元汇率双向浮动，对一篮子货币汇率稳中有升，人民币汇率在合理均衡水平上保持了基本稳定，在全球货币体系中表现出稳定强势的特征。同时，人民币汇率弹性的增强在促进中国经济内外平衡和经济的均衡增长方面也发挥了积极作用。中国经常项目顺差与 GDP 之比由 2007 年最高时的 9.9% 下降至目前低于 2% 的水平，处于国际公认的合理区间之内。

逐步实现资本项目可兑换也是中国金融业开放的重要内容。加入 WTO 以来，中国在推进资本项目可兑换方面采取了一系列重要措施，极大提高了跨境投融资的便利性。资本项目开放主要包含四个大的领域：直接投资与不动产、证券投资、对外债权与债务以及个人交易。按照可兑换程度从高到低，一国资本项目开放程度可划分为可兑换、基本可兑换、部分可兑换与不可兑换四档。根据国际货币基金组织（IMF）《汇兑安排与汇兑限制年报》对资本项目交易的分类标准（共 7 大类 40 项），目前中国已实现可兑换、基本可兑换、部分可兑换的项目共计 37 项，占全部交易项目的 92.5%。除了股票一级市场发行、货币市场工具发行、衍生工具发行项目仍不可兑换外，其余大部分项目均实现基本可兑换或完全可兑换。

纵观加入 WTO 以来的金融业开放进程，中国金融业正在深度融入全球化、全方位对外开放的道路上不断迈进。外资纷纷来华设立金融机构，形成了具有一定覆盖面和市场深度的金融服务网络。多层次、多元化的金融市场初具规模，双向开放程度不断提升。QDII、QFII、"沪港通""深港通""债券通"等制度安排拓宽了投融资渠道，促进了境内外资本市场联通。汇率市场化程度显著提高，弹性明显增强。人民币正式加入 IMF 特别提款权（SDR）货币篮子，国际储备货币地位获得确认。与改革开放初期金融业较为落后的发展水平相比，中国金融业已发展到了更高层次的市场准入，以及更广泛参与国际、国内金融市场的新阶段。

第二节 中国金融业开放的经验

中国金融业开放是根据具体国情，不断探索的一项伟大实践。经过多年摸索、积累和总结，我国金融业开放中的一些成功经验逐渐清晰并展现出来。

中国金融业对外开放的第一条经验是，应协同推进扩大金融业开放、完善人民币汇率形成机制改革和减少资本管制"三驾马车"。多年来，"三驾马车"并驾齐驱，相互配合，为中国经济增长创造了良好的金融环境。扩大金融业开放有助于丰富国内金融体系，优化资源配置，提高金融体系竞争力；完善人民币汇率形成机制有助于自动调节跨境资本流动，增强宏观经济弹性和回旋余地；减少资本管制有助于稳定市场预期，为引进外资提供便利。上述任何"一驾马车"出现问题，都会影响整个开放进程。如果汇率形成机制僵化、汇率偏离合理均衡水平，为防止资本大进大出引发的金融风险，就需要进行严格的汇率和资本管制，进而影响金融业开放进程。如果资本管制不放开，资本自由流动受到限制，资源就无法实现有效配置，金融业开放程度也会大打折扣。如果汇率趋于合理均衡，资本管制也放开，但外资金融机构在市场准入和业务范围方面受到较多限制，在实践中也是行不通的。

从中国实践看，加入WTO以来，中国金融业进入全方位对外开放的新时期，在金融业对外开放、汇率形成机制改革和减少资本管制方面均实现了突破性进展。由于各个领域实际情况不同，一些改革遇到了合适的时间窗口，改革步伐较快，而另一些改革没有适宜的时间窗口，改革步伐相对缓慢。尽管"三驾马车"实际推进的速度有快有慢，参差不齐，但人民银行统筹协调推进扩大金融业开放、完善人民币汇率形成机制、减少资本管制的大方向始终是明确的。

中国金融业对外开放的第二条经验是，开放有助于促进竞争，竞争有助于提高效率。从中国加入 WTO 之后的表现看，凡是对外开放比较彻底、积极引入外资、参与全球资源配置的领域，都是发展较好、竞争力强的领域，如家电等制造业在全面开放后发展迅速，行业竞争力和出口份额不断扩大。就金融业来看，外资金融机构的进入丰富了国内金融体系，促进了金融产品的多元化。无抵押信用贷款、村镇银行、保险销售个人代理模式等新业务、新形态，都是由外资机构引入的。外资金融机构先进的经营管理方式，有助于促进竞争，提升金融服务实体经济的能力和水平。外资银行在治理结构、信贷管理、风险定价等方面的经验也可对中资银行起到良好的示范作用，促进国内金融机构降低投机和套利活动，回归服务实体经济的本源。

中国金融业对外开放的第三条经验是，中国金融市场容量足够大，中国金融机构实力足够强劲，完全可以应对外资金融机构的竞争。中国金融业开放的经验表明，中资金融机构客户基础雄厚，网点密集，熟稔监管政策，快速反应能力强，外资进入不会威胁中资金融机构。外资入股中国商业银行主要采取以下三种模式。一是相对控股模式，外资在董事会中起主导作用，全面掌控银行的日常运营。二是协议控股模式，外资与中资并列第一大股东，但根据投资协议，外资掌握经营管理权，中资股东对重大决策具有否决权，两者相互牵制。三是参股模式，外资对日常经营无决定性影响，主要与中方开展技术合作和业务合作。从合作效果看，模式一和模式三中，各方定位清晰，权责明确。模式二中，股权结构相对均衡，协调成本相对较高。

但无论是哪种模式，中资商业银行通过引入外国投资者，积极学习和借鉴国际先进经验，竞争力都得到了全面提升。即使是在外资相对控股、外资主导银行经营管理权的合作模式下，中国商业银行依然实现了自身的良好发展，而外资银行也获利颇丰，实现了"双赢"。目前，中国已是全世界第二大经济体，金融市场容量也大，足以容纳更多的外资金融机构进入。因此，我们应有足够的信心，通过引进外资金融机构，进一步提升中国金融体系的国际竞争力。

中国金融业开放的第四条经验是，金融业开放应遵循主动、有序的原则。20世纪90年代末中国启动加入WTO谈判时，亚洲金融危机余波未平，国内对金融危机爆发与外资金融机构准入的关系仍有不同认识，一些人对金融业开放心存疑虑，担心对外开放可能会造成"外资通吃"，对本土金融机构造成严重冲击。因此，在其他行业大幅提高开放程度的同时，金融业开放尺度掌握相对较严。加入WTO之后，中国面临的经济金融形势发生了变化。国有银行不良贷款率居高不下，被普遍认为处在技术性破产的边缘，成为当时金融体系的主要矛盾。在此背景下，中国把握住开放的主动权，积极扩大金融业开放，以开放促改革。通过引入境外战略投资者等一系列措施，国有银行成功实施核销、剥离、注资和上市"四部曲"财务整改，经营管理水平和国际竞争力大大改善，金融体系韧性不断提升。

第三节　展　望

回顾新世纪以来中国金融业全方位融入全球化的历程，正是得益于坚定的改革开放，得益于扩大金融业开放、完善人民币汇率形成机制和减少资本管制这"三驾马车"的协同推进，金融业才不断发展，金融体系才得以不断优化和繁荣，人民币国际化也取得了重大进展。

尽管中国在协同推进"三驾马车"方面取得了不少成绩，但在当前复杂多变的国内外环境下，随着外资对中国诉求不断增加，中国金融业开放程度与实现自身发展的需要相比仍存在一定差距，主要体现为：外资金融机构在中国的市场份额总体较低，近年来不升反降。与大多数国家平等对待内外资金融机构的做法相比，中国是极少数在持股比例和业务范围等方面对外资金融机构仍有不同限制性规定的国家。一些基于量化指标的监管标准也使外资金融机构受到各类"隐性"不公平待遇。与此同时，中国金融市场对外开放仍处于起步阶段，深度和便利性有待提升。股票市场开放仍以合格机构投资者、"沪港通""深港通"等管道式开放为主，开放程度较低、行政审批色彩较浓。金融业制度环境仍有待改善，会计准则和审计机构的选择、税收政策和法律规定的透明度与国际标准仍有较大差距。人民币汇率弹性仍显不足，偏离均衡的现象时有发生，各方对汇率波动的容忍度仍有待提高。资本流动管理政策的透明度和一致性仍有待改善。

中国是一个经济大国，但无论是从各类量化指标（如外资金融机构占比、境外投资者占比、人民币在国际上的交易量占比等），还是中国金融体系中仍存在的各种"显性"和"隐性"限制来看（如持股比例限制、业务范围限制），中国的金融开放程度与经济大国的地位仍不相称。随着中国深度融入全球经济金融体系，金融体系应进一步与国际接轨，将中国金融体系打造成具有国际竞争力、能与中国的经济规模与影响力相匹配的金融体系。从这一角度讲，中国金融业开放之路仍然任重道远。

近年来，由于外资金融机构在华资产占比持续偏低，加入 WTO 前"外资通吃"的担忧并未变成现实，一些人由此产生"自满情绪"，认为进一步扩大金融业开放带来的附加值较低。2017 年，人民银行召开中外资金融机构座谈会，与会机构普遍认同，外资金融机构虽然在中国市场"墨守成规"、似不进取，但外资金融机构立足长远，不会"野蛮生长"，在合规领域具有明显优势，而这是中资金融机构目前亟须的。金融业开放有助于促进合规和风险控制文化的传递和扩散，进而提高金融监管的有效性，促进金融稳定。

与此同时，随着人民币加入 SDR，国际投资者对人民币的需求大幅提升，而国内投资者的跨境资产配置需求也不断增加。外资金融机构在跨境资产管理业务、高净值业务、精细化管理和风险控制等方面具有先进经验和独特优势，有助于通过优势互补，提升中资金融机构的整体实力和竞争力，从而更好地利用两个市场、两种资源，在更大范围、更高层次上实现资源优化配置。

尽管外资金融机构在华发展速度较慢，但外资机构仍非常看重在华业务。事实上，外资金融机构在中国仍然盈利，且利润增长率仍快于绝大多数国家。虽然外资金融机构在华利润占全球利润比重不大，但中国市场在全球具有战略重要性，地位不可替代。很多外资机构纷纷表示，只要中国金融市场进一步开放，会积极扩大在中国市场的投资。因此，在当前形势下，进一步扩大金融业开放依然大有可为。

金融业本质上是竞争性行业，应遵循准入前国民待遇和负面清单的开放原则。竞争性行业的参与主体是企业，以市场化运作为原则，由企业自主决策。在市场准入方面，竞争性行业往往实施负面清单制度，允许各类市场主体依法平等进入清单之外领域，将清单之外的"剩余决定权"赋予企业，以确立企业的投资主体地位，更好发挥市场的决定性作用。在负面清单制度下，清单内透明依法，清单外公平开放，有助于各类市场主体形成明确预期，确保中外资金融机构在同一起跑线上公平竞争。

短期内，应按照准入前国民待遇和负面清单原则，在持股比例、设立形式、股东资质、业务范围、牌照数量等方面实现中外资平等对待。在中长期，应注重市场培育和产品创新，大力改善营商环境和制度环境。完善"沪港通""深港通"，研究通过"沪伦通"等方式联通境内外资本市场，促进境内外资本市场深度融合。稳步推进人民币国际化，提高人民币可自由使用程度，有序实现人民币资本项目可兑换。

在扩大开放的同时，应注意做好风险防范，有效维护国家安全。过去三十年，中国金融业开放程度总体较低，做好风险防控相对容易。但现在形势已经发生变化。当前，中国金融领域仍面临一定风险，金融机构杠杆率较高，交易不透明和多层嵌套特征明显、违法违规金融乱象时有发生。在此背景下，应将扩大金融业开放与加强金融监管密切结合起来，确保监管能力和对外开放水平相适应。一方面，应做好自身功课，继续强化金融监管，补齐制度短板，促使金融业发展模式从追求规模扩张转向质量优先、效率至上；另一方面，应继续扩大开放，引入竞争，充分利用外资在治理结构、资本管理、风险管理等方面的良好示范作用，不断提升中资金融机构抵御风险的能力，促进国内金融机构降低投机和套利活动，回归服务实体经济的本源。

总之，协同推进扩大金融业对外开放、完善人民币汇率市场化改革、减少资本管制"三驾马车"开弓没有回头箭，是我们继续前进的方向。我们应坚持主动、有序的原则，制定好开放的时间表和路线图，按照准入前国民待遇和负面清单管理模式，以更透明、更符合国际惯例的方式，平等对待内外资金融机构，营造公平、透明、可预期的制度环境和营商环境，实现更大范围、更高层次的对外开放，为提升中国金融实力和改善人民福祉作出更大贡献。

第二章
金融业对外开放的成就和现状

新世纪以来，中国金融机构及金融市场对外开放程度不断加深。金融机构逐渐发展壮大，国际化经营水平提升，银行业、证券业、保险业的整体实力大幅增强。金融市场境内外参与主体日益多元化，金融产品不断丰富，金融市场的深度和广度得到较大提升。资本项目开放和人民币国际化稳步推进。

第一节　金融机构的开放成就

中国金融业开放的一个重要方面是金融机构的双向开放。"引进来"和"走出去"并举，全方位提升了金融服务水平，较好地满足了中国经济融入全球化进程的需要。

一、"引进来"方面

随着外资准入限制的放宽，外资金融机构在华分支机构数量、资产规模和业务经营范围逐步扩大。

（一）银行业

在分支机构设立方面，随着外资银行准入和经营人民币业务条件的放宽，越来越多的外资银行进入中国市场。截至 2016 年末，外资银行在中国 27 个省份的 70 个城市设立了营业机构，形成了具有一定覆盖面和市场深度的总行、分行、支行服务网络，营业网点达 1 031 家，较10 年前增加超过 1 倍。其中，14 个国家和地区的银行在华设立了 37 家外商独资银行（下设 314 家分行）、1 家合资银行（下设 1 家分行）和1 家外商独资财务公司；26 个国家和地区的 68 家外国银行在华设立了121 家分行。另有 44 个国家和地区的 145 家外国银行在华设立了 166 家代表处。在银行资产规模方面，外资银行总体资产规模逐年上升，但在中国市场份额占比始终很小，且近年来逐年萎缩。截至 2016 年末，在华外资银行资产总额为 29 286 亿元，同比增长 9.2%，较 10 年前增加超过 2 倍；占中国银行业总资产比例为 1.29%，同比减少 0.09 个百分点，主要是受金融危机冲击外资银行资产质量和资产规模下降等因素影响。此外，外资银行在资产质量、盈利能力和资本充足方面都表现得更加稳健，其中 2016 年不良贷款率为 0.93%，较中国商业银行平均水平低 0.8 个百分点；实现净利润 127.97 亿元，资产利润率为 0.45%。

（二）证券业

自 1995 年第一家中外合资证券公司——中国国际金融股份有限公司（以下简称中金公司）成立以来，中国持续推进证券业对外开放。证券业开放在促进资本市场优化资源配置、服务经济和社会发展方面发挥了不可替代的作用。从机构设立来看，截至 2016 年末，证监会已批准 13 家中外合资证券公司、45 家中外合资基金管理公司（其中 15家合资基金公司的外资股权已达 49%）和 2 家中外合资期货公司（其中 1 家合资期货公司的外资股权已达 49%），占比分别为 10%、41%、1.34%，此外，境外证券类机构在中国已设立 103 家代表处。从市场份额来看，据初步估计，截至 2016 年末，合资证券公司占全国证券公司总资产的比重约为 5%，合资基金公司总资产占全国基金公司总资产的比重约为 48%，合资期货公司总资产占全国证券公司总资产的比重约为 4%。从投资额度来看，截至 2016 年末，305 家外资机构获得了 QFII 资格；217 家机构获得 RQFII 资格，获批额度为 15 100 亿元人民币。

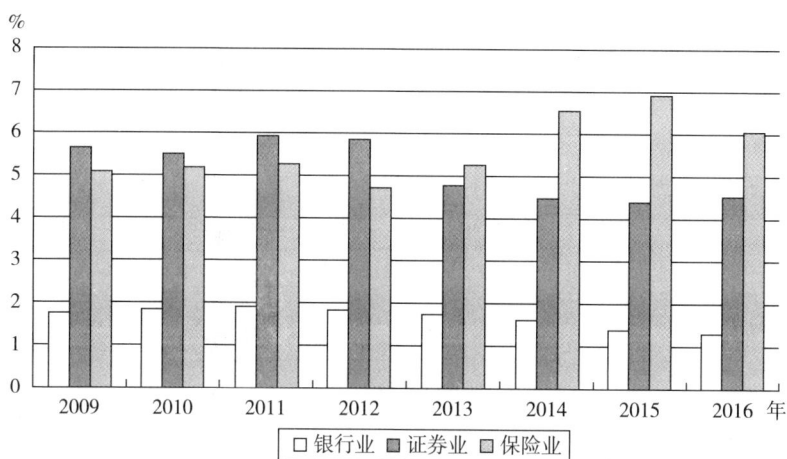

资料来源：中国银行业监督管理委员会、中国证券监督管理委员会和中国保险监督管理委员会。

图 2－1 中国银行业、证券业、保险业外资资产占比变化情况

（三）保险业

保险业是中国金融业中开放较早的一个行业，外资保险公司在华数量增长迅速，经营范围不断扩大，业务增长较为迅速。截至 2016 年末，外资保险公司数量合计占全国保险公司总数的比重为 28%，其中外资产险公司数量占全国产险公司的比重约为 27%，外资寿险公司数量占全国寿险公司的比重约为 36%。从外资保险公司在华市场资产份额来看，截至 2016 年末，外资保险公司总资产占全国保险公司总资产的比重为5.93%，过去十年间基本上呈稳步上升的态势。其中，外资保险公司原保费收入占全国保险公司保费收入的比重为5.10%，外资寿险公司保费收入占全国寿险保险公司保费收入的比重为6.40%，外资产险保险公司保费收入占全国产险保险公司保费收入的比重为2.04%。

尽管现阶段金融机构开放已经取得了较大成绩，但中国金融业对外开放的水平仍然偏低，外资金融机构的资产规模和市场份额占比始终很小。从"引进来"方面来看，存在的突出问题主要表现在中国对外资持股比例有严格限制：银行业方面，要求单个境外机构持股比例不得超过20%，外资累计持股比例不得超过25%；证券业方面，要求上市证券公司外资持股比例合计不超过25%，非上市证券公司外资持股比例合计不超过49%；保险业方面，要求外国保险公司与中国公司、企业合资在中国境内设立经营人身保险业务的合资保险公司中，外资持股比例不得超过公司总股本的50%。此外，中国对外资在业务范围、设立形式、股东资质等准入方面设有严苛要求。2017年8月，国务院印发《关于促进外资增长若干措施的通知》（国发〔2017〕39号），要求进一步扩大银行业、证券业、保险业准入对外开放范围，明确对外开放时间表、路线图，这彰显了中国坚定开放的决心，为外资进入中国市场提供更适宜的环境。

二、"走出去"方面

近年来，中资企业"走出去"和海外项目建设迅速发展，对中国金融机构提出了多样化的金融服务需求。除了融资、支付结算、银行保函等传统业务之外，"走出去"企业对并购、衍生品交易、财务咨询等投行服务和保险服务的需求也日渐上升。与此同时，2008年国际金融危机以来，许多发达国家的跨国金融机构启动了全球布局战略的调整，对海外业务进行收缩，为中国金融机构"走出去"提供了发展机遇。在此背景下，中国金融机构积极拓展海外业务，在国际化发展方面进展明显，海外分支机构持续增加，金融服务能力不断增强。

目前中国主要的商业银行和国家开发银行、进出口银行等政策性银行均已在海外布局设点。据统计，截至 2017 年初，中国工商银行、中国农业银行、中国银行、中国建设银行、交通银行、招商银行、上海浦东发展银行、广发银行、民生银行、光大银行、平安银行、中信银行、兴业银行、国家开发银行和进出口银行等 15 家主要中资银行共在 50 多个国家和地区设立了 220 多家机构。其中，前五大商业银行共设立海外机构 180 家（中国银行和工商银行最多，分别为 56 家和 49 家）。同时，许多银行已经制订了进一步海外发展的计划，目前正在筹建 39 家新机构，主要集中在亚洲和欧洲地区，其中拟在亚洲（含港澳台）设立 18 家、欧洲 18 家、美洲 9 家、非洲 2 家。此外，国家开发银行等金融机构还计划将多家海外工作组升级为代表处，从而为中资企业"走出去"提供更为全面的金融服务。

与此同时，中国投资银行也加快了海外布局步伐。中金公司、中信证券、海通证券、招商证券、华泰证券、广发证券、光大证券、工银国际、农银国际、中银国际、建银国际、交银国际等机构是中资投资银行"走出去"的主力，其在海外的分支机构目前主要集中在美国、英国、新加坡和中国香港等金融市场较为成熟的国家和地区。

由此可见，中国金融机构在"走出去"方面已经取得诸多成绩，海外布局结构日益完善，业务水平不断提高，业务范围和种类持续拓宽，目前已经初步建立了系统、有效的投融资体系、财务咨询体系、保险体系和资金风险管理体系。但中国金融机构在"走出去"的过程中也面临着一些问题，如面向发展中国家和新兴市场经济体的机构布局仍有拓展空间，海外金融服务能力有待进一步提高，国际银团贷款业务有待进一步完善等。

第二节　金融市场的开放成就

中国加入 WTO 以来，金融市场的深度和广度取得明显改善，金融市场的层次和产品不断丰富，逐渐形成与全球金融深度融合的双向开放新格局。对外开放意味着与国际惯例接轨，在对外开放的过程中，中国不断学习国外金融市场的运作机制、金融工具和监管手段，从整体上提升了中国金融市场的吸引力，有利于实现社会资源的合理配置。

一、资本市场

资本市场的对外开放必然涉及资本项目可兑换。在过去十几年间，中国不断简化境外机构投资者准入及资金汇出、汇入手续，建立更加灵活的额度管理制度，便利境外长期资金投资。在逐步实现资本项目可兑换的同时，中国稳步推进 QFII 资格审批，扩大 RQFII 试点范围，努力在减小国际资本的短期冲击和扩大证券期货市场对外开放之间取得平衡。此外，中国还不断扩大人民币债券境外发行主体，债券投资品种日益丰富，已初步建立多层次、多元化的金融市场。

通过不断创新，中国通过"沪港通""深港通"等机制扩大了证券市场的对外开放程度。"沪港通""深港通"标志着内地与香港两地资本市场的互联互通迈出了切实的一步，是中国资本市场对外开放的重要内容，有利于加强两地资本市场联系，推动资本市场双向开放。"沪港通"于 2014 年 11 月 17 日开通，总体运行平稳有序，为两地投资者相互买卖股票带来了便利，对于优化投资者结构，促进两地市场互联互通协同发展发挥着重要作用。2016 年 12 月 5 日，"深港通"正式启动，这是在"沪港通"之后中国资本市场对外开放的又一个里程碑，是中国资本市场持续对外开放的一个明确信号。在期货市场方面，中国逐步扩大对外开放程度，逐步引入境外投资者参与国内商品期货交易。中欧国际交易所股份有限公司的成立是期货市场国际化的重要标志。2015年5月，上海证券交易所（以下简称上交所）、中国金融期货交易所（以下简称中金所）与德意志交易所集团合作在欧洲建立离岸人民币证券产品交易平台，并合资成立中欧国际交易所股份有限公司（以下简称中欧国际交易所）。2015年10月，中欧国际交易所正式成立，11月开始运行。中欧国际交易所成立初期，挂牌产品以证券现货产品为主，包括境外企业发行或境内企业境外发行的人民币债券、股票、以A股指数为基础的交易型开放式指数基金（ETF）产品，以及人民币计价的资产证券化产品。

二、银行间债券市场

作为资本市场的重要组成部分，银行间债券市场的对外开放是中国经济体制改革的重要内容，对于推动人民币国际化、完善中国货币政策传导机制、促进利率汇率改革等具有重要意义。银行间债券市场的开放也是促进中国金融市场自身发展壮大的重要力量，有利于丰富银行间市场的投资者结构，扩展银行间债券市场发展空间。

中国稳步推进境外机构在银行间债券市场发债。2005年，人民银行、财政部、国家发展和改革委员会（以下简称发展改革委）和证监会联合发布了《国际开发机构人民币债券发行管理暂行办法》，明确了国际开发机构在境内发行人民币债券的制度安排。同年，国际金融公司和亚洲开发银行两家国际开发机构率先在银行间债券市场发行人民币债券（熊猫债），启动了境外机构在境内发行人民币债券试点。此后，相关工作稳妥推进，发债主体不断扩大。2013年，戴姆勒股份公司注册发行人民币债务融资工具50亿元人民币，这是首家境外非金融企业在华发行人民币债券进行融资，是中国银行间债券市场进一步对外开放的一个体现。2015年，汇丰银行、中国银行（香港）有限公司以及渣打银行（香港）有限公司获准在银行间债券市场发行人民币债券，共计30亿元人民币，银行间债券市场进一步向金融企业开放。2015—2016年，加拿大哥伦比亚省和韩国政府在银行间债券市场发行人民币债券，规模总计90亿元人民币，进一步丰富了银行间债券市场的发行主体和债券市场品种。截至目前，银行间债券市场境外发债主体已包括境外非金融企业、金融机构、国际开发机构以及外国政府等，累计发行规模超过2 000亿元人民币。

与此同时，中国还不断推进境外机构投资银行间债券市场，并简化相关流程，为投资者提供更多便利。2010年以来，先后允许境外中央银行或货币当局、人民币清算行、跨境贸易人民币结算境外参加行、主权财富基金、国际金融机构、QFII以及RQFII投资银行间债券市场。2015年6月，允许境外人民币清算行、境外参加行在银行间债券市场开展债券回购交易；7月，对于境外央行类机构进入银行间市场投资推出更为便利的政策，简化其入市流程，取消投资额度限制，扩大投资范围。截至2016年末，共有407家境外机构投资银行间债券市场。

"债券通"是中国银行间债券市场对外开放的又一个"助推器"。2017年5月16日，人民银行与香港金融管理局联合公布了开展香港与内地债券市场互联互通合作的计划，即"债券通"。在"债券通"推行初期，境外投资者将首先获准通过香港与内地金融基础设施连接进入中国银行间债券市场，原则上在很多方面与现行的"沪港通""深港通"类似。"债券通"实施后，一方面，将允许外国投资者通过香港交易所购买中国债券，有利于维护和巩固香港作为国际金融中心的地位。另一方面，"债券通"也有利于中国债券市场引入外资，尤其是优质机构投资者，进一步扩大对外开放程度。

在"引进来"的同时，中国金融机构也在"走出去"，参与境外证券市场。一是中国积极推动境内金融机构赴香港发行人民币债券。2007
年人民银行与发展改革委共同发布了《境内金融机构赴香港特别行政
区发行人民币债券暂行管理办法》，允许符合条件的金融机构赴香港发
行人民币债券。截至 2016 年末，境外人民币债券投资总额已达 5 540
亿元。二是积极支持符合条件的境内金融机构赴境外其他国家或地区
发行人民币或外币债券。2013 年，工商银行、国家开发银行先后赴伦
敦试点发行人民币债券，总计 40 亿元人民币；2015 年，国家开发银
行、中国人寿保险股份有限公司等 7 家境内金融机构获批赴境外发行人
民币或外币债券。三是积极支持并配合财政部落实国务院关于推动中
央政府在香港发债的精神。2009 年至 2016 年，财政部在香港累计发行
人民币国债共计 1 640 亿元。

三、黄金市场

近年来，中国加强顶层设计，结合国内黄金市场实际情况，顺应了
中国金融对外改革开放的需求，先后推出黄金"国际板"、黄金"沪港
通"、上海金定盘价机制，黄金市场已经成为中国市场开放程度较高的
金融子市场。

中国的黄金市场建立于 2002 年，以上海黄金交易所的成立为标志。
在 2002 年之前，中国黄金市场由人民银行统购统配统收，没有形成统
一的市场；2002 年国务院批准建立上海黄金交易所，由此逐渐形成了
黄金现货交易和黄金期货交易、商业银行柜台业务等共同组成的多层
次、多元化黄金市场体系。

2014 年 9 月 1 日，上海黄金交易所在中国（上海）自由贸易试验
区（以下简称上海自贸区）设立国际交易平台，迈出了对外开放的实
质性步伐。上海黄金交易所持续推进黄金"国际板"建设，黄金国际
板发展态势较好，国际会员积极参与，交易规模稳步攀升，市场功能初

步显现。

上海黄金交易所"国际板"是中国黄金市场对外开放的试验田和先行者,对于进一步提高中国黄金市场的容量和扩大黄金市场国际影响力具有重要意义。此外,"国际板"以人民币进行计价结算,有效衔接了人民币在岸市场和离岸市场,扩展了人民币跨境使用范围并提供了新的资金回流渠道,是扩大人民币跨境流动,稳步推动人民币国际化的有益探索。

四、外汇市场

2005 年人民币汇率形成机制改革启动后,外汇市场在交易方式、时间、品种、清算等各个方面都进行了配套改革,市场上的产品不断丰富,市场化机制逐步完善。为推动中国外汇市场对外开放,人民银行于2015 年发布公告,允许境外央行或货币当局和其他官方储备管理机构、国际金融组织、主权财富基金参与中国银行间外汇市场交易,开展包括即期、远期、掉期和期权在内的各品种外汇交易,并且无额度限制。2016 年 1 月,允许人民币购售业务规模较大、有国际影响力和地域代表性的境外参加行在银行间外汇市场参与即期、远期、掉期、货币掉期及期权交易。自 2016 年起,银行间外汇市场交易系统每日运行时间延长至北京时间 23:30,进一步推动了市场开放,同时,符合一定条件的人民币购售境外参加行也可以申请成为银行间外汇市场会员,参与全部挂牌的交易品种的交易。2017 年 2 月,为便利参与银行间债券市场的境外投资者管理外汇风险,允许具备代客人民币对外汇衍生品业务资格的银行间市场结算代理人,基于实需交易原则对境外投资者办理外汇衍生品业务,限于对冲以境外汇入资金投资银行间债券市场产生的外汇风险敞口。

至此,银行间外汇市场已向不同类型机构实现不同程度的开放,各交易产品全面覆盖，市场国际化水平明显提升。境外投资者的入市既丰富了银行间外汇市场交易主体类型，也成为增进市场流动性和市场融合的重要力量。截至 2017 年 5 月底，参与境内银行间外汇市场的境外机构共计 66 家，包括 18 家境外清算行、19 家境外参加行、29 家境外央行类机构。

第三节　人民币国际化

2008 年国际金融危机前，人民币国际化进展有限。国际金融危机为人民币国际化提供了历史机遇。危机爆发后，一些亚洲国家和地区的国际收支和外汇市场都受到了较大冲击。同时，主要国际储备货币汇率也出现了大幅波动，严重损害了对国际贸易和投资的信心。国际金融危机充分暴露出全球过于依赖美元等主要国际储备货币的弊端。在主要国际储备货币汇率大幅波动的情况下，国际上亟须寻找稳定的"货币锚"。

虽然国际金融危机对中国经济和金融市场也产生了一定的冲击，但由于经历了长时期的改革与开放，中国金融体系韧性和抗风险能力大幅提升，中国经济率先复苏并成为世界经济增长的重要引擎，对稳定和提升全球经济金融信心起到了重要作用。中国对外贸易在全球贸易中的份额也从 2008 年的 7.9% 快速上升至 2014 年的 12.2%，并在 2013 年成为世界第一大货物贸易国。作为全球大多数国家和地区的主要贸易伙伴，中国企业在跨境贸易中使用人民币作为结算货币获得了越来越多的认同。同时，中国金融体系相对稳健，外汇储备持续快速增长，外汇市场上也形成了较强的人民币升值预期，刺激了外国投资者投资中国金融市场的需求。综合各种有利因素，国际上对使用人民币的需求快速增加，人民币国际化迎来了难得的历史机遇。

人民银行顺势深化双边货币合作。从 2008 年到 2016 年，顺应有关国家和地区要求，人民银行先后与韩国、马来西亚、中国香港、白俄罗斯、阿根廷、印度尼西亚、冰岛、新加坡、新西兰、乌兹别克斯坦、蒙古国、哈萨克斯坦、泰国、巴基斯坦、阿联酋、土耳其、澳大利亚、乌克兰等 32 个国家和地区的中央银行和货币管理当局签署了双边本币互换协议，总规模约 3.4 万亿元人民币。通过货币互换获得的人民币不仅可以起到缓解流动性紧张、增强本国金融安全网的作用，也能很好地满足双边贸易和投资的需求。在上述本币互换安排的实际执行过程中，人民银行往往作为资金提供方对其他国家和地区的货币当局提供支持。资金接受方可以直接将人民币作为外汇储备发挥流动性作用，也可以将获得的人民币额度用于本国企业对华进出口的贸易结算。危机后，跨境贸易中人民币使用需求增多，受汇率波动影响，贸易企业寻求套期保值的需求也大幅增加，人民币外汇市场与衍生品市场逐渐活跃并日趋成熟。随着人民币在境外私人部门的接受程度逐步提高，一些国家央行或地区的货币当局开始主动储备人民币资产。

在境外人民币需求显著增加的历史机遇面前，中国顺应市场需求，尊重市场规律，顺势推动人民币在跨境贸易和投资中的使用。从 2009 年开始，人民银行会同有关部门对人民币跨境使用中存在的制度障碍有步骤地进行清除。从贸易结算到投资结算、从直接投资到证券投资、从国内市场开放到离岸市场建设，人民币跨境使用从各个方面迅速发展起来。为促进双边贸易和投资发展，满足经济主体降低汇兑成本的需要，人民银行还积极研究人民币对新兴市场经济体货币的双边直接汇率形成机制，推动人民币对新兴市场经济体和周边国家货币汇率在银行间外汇市场挂牌。

同时，中国金融实力的增强和居民财富的增加，也使金融机构、企业和居民在境外投资人民币金融产品的需求增加。为了满足境内外机构投资者开展人民币证券投资的需求，2011 年 12 月和 2014 年 11 月，人民银行相继启动了人民币合格境外机构投资者（RQFII）和人民币合格境内机构投资者（RQDII）机制，允许符合条件的境外机构进入银行间债券市场投资。截至 2016 年末，18 个国家和地区获得 RQFII 额度共计 1.51 万亿元人民币。

为了便于境内外企业和金融机构的人民币跨境交易，促进贸易和投资便利化，中国也在积极完善与人民币跨境清算和结算有关的金融基础设施，支持离岸人民币市场平稳发展。理论上，也可以在中国设立外币的清算行，但由于人民币更受欢迎，所以很多国家和地区希望设立人民币清算行。2003 年和 2004 年，人民银行在香港特别行政区、澳门特别行政区分别指定了当地的人民币清算行。危机后，随着国际上人民币跨境使用的快速增加，迫切需要设立更多的人民币清算行来便利人民币跨境交易和结算。不仅是邻国和发展中国家，英国、德国、法国、澳大利亚等一些发达国家也要求设立人民币清算行。截至 2016 年末，全球范围内共设立人民币清算行 23 家，清算网络初步建立，进一步促进了贸易投资便利化，为人民币跨境使用和结算提供了支持。

在全球布局上，香港是规模最大的离岸人民币中心，伦敦、新加坡、法兰克福等其他国际金融中心离岸人民币业务也得到了快速发展，全球人民币离岸市场的网络体系最终形成。截至 2014 年末，以人民币标价的国际债券余额为 5 351.18 亿元人民币，其中境外机构在离岸市场上发行的人民币债券余额为 5 304.8 亿元人民币，在中国境内发行的人民币债券（熊猫债）余额为 46.3 亿元人民币。离岸人民币市场的发展使人民币使用和结算在国际上得到了更多的认可，也为境内外金融市场互联互通和人民币跨境使用创造了更好的条件，促进了人民币国际化。

市场需求是人民币国际化的驱动力，但如果没有顺应市场需求而大力推进相关改革，努力做好"家庭作业"，人民币国际化不可能行稳致远。国际金融危机后，中国抓住机遇、顺应市场需求大力推进改革，逐步消除人民币跨境使用的各种制度性障碍，大大促进了人民币的国际化。根据环球银行金融电信协会（SWIFT）最新统计，2016年人民币的全球支付金额在国际支付排名第六位。2016年，跨境贸易人民币收付金额合计9.85万亿元人民币，全年跨境贸易人民币结算业务累计发生5.23万亿元人民币，国际贸易人民币结算全球份额为2.11%。跨境贸易人民币结算占中国货物及服务贸易总额（国际收支口径）的18.08%。

展望未来，人民币国际化的道路不会是一帆风顺的，但这一进程是不会逆转的。从中国经济和金融市场发展的趋势看，人民币国际化的潜力很大。中国将不断提高金融业对外开放的深度和广度，不断提高人民币可自由使用的程度，充分释放人民币国际化的潜力。

第三章
"一带一路"框架下的投融资合作

2013年秋天，习近平主席提出了"一带一路"重大倡议，目标是共同发展，理念是合作共赢。"一带一路"倡议是近年来中国发起的最重要的国际合作倡议之一，奉行开放合作、和谐包容、市场运作、互利共赢的原则，重点在政策沟通、设施联通、贸易畅通、资金融通和民心相通等方面加强合作。其中，资金融通是"一带一路"建设的重要支撑。"一带一路"沿线区域多为发展中国家和地区，经济建设和社会发展的资金需求量巨大，非某一国所能独立负担。搞好"一带一路"建设的投融资合作，需着力搭建利益共同体，充分调动沿线区域资源，加强政府和市场的分工协作，坚持以企业为主体，市场化运作，保持投融资的可持续性，真正实现"共商、共建、共享"。

第一节 "一带一路"投融资合作的原则

"一带一路"贯穿亚欧非大陆，一头是活跃的东亚经济圈，一头是发达的欧洲经济圈，中间众多区域的经济发展潜力巨大。从需求端看，沿线国家多为发展中国家和地区，发展程度低，需要大量的基础设施投入，而这种投入期限长、规模大。从供给端看，国际社会私人部门对长周期、大规模的基础设施项目投资意愿不高。因此，在"一带一路"框架下加强投融资合作对于顺利推动建设项目落地，加强沿线国家和地区的互联互通至关重要。然而，"一带一路"建设涉及经济、文化、社会、民生等多个领域，存在多种多样的资金需求。只有构建合理的投融资框架，有效防范风险，才能为"一带一路"建设中其他领域的合作提供可持续的资金支持。

促进"一带一路"地区的资金融通，需要充分考虑沿线国家和地区金融发展的不同阶段和水平，广泛动员各类金融机构和市场主体积极参与。因此，在"一带一路"框架下开展投融资合作应该遵循以下原则。

一是应坚持"共商、共建、共享"。"一带一路"倡议提出的目的是与沿线国家共同打造互利共赢的利益共同体和共同发展繁荣的命运共同体，着眼于整体，而非某一国的发展，因此"一带一路"框架下的投融资合作应坚持"共商、共建、共享"原则。"共商"是各国一起商量，集思广益，共同为投融资合作出谋划策；"共建"即各方可以共同参与投融资项目建设，只要有意愿参与，任何国家和国际组织都可以参与进来；"共享"即投融资合作成果由参与"一带一路"建设的所有国家共同享有。"共商"有利于凝聚共识，是合作取得成功的前提，"共建"有利于发挥各方所长，是成功合作的保障，"共享"可以让合作成果惠及各方，是不断推动合作的动力来源。"共商""共建""共享"三者是一个有机整体，应贯穿投融资合作的讨论、落实和开花结果的不同阶段，缺一不可。

二是应坚持"企业为主体、市场化运作、互利共赢"。坚持企业为主体，就是要让企业自主作出投融资决策，充分发挥企业能够根据市场变化及时调整投融资战略的优势，同时采取市场化、商业化运作方式，即谁投资、谁受益，则由谁承担风险。只有这样，资金提供方才能在使用资金时重效益，不会盲目、随意投放资金；资金使用方才会考虑将资金投入到真正为市场所需要的领域，才可能产生效益。此外，投融资合作不能是单向的资金支持，而应是互利共赢的双向合作，需充分利用市场化运作的可持续资金。从长期看，坚持市场化、商业化运作，有利于保证投融资合作的可持续性。

三是应更多使用本币，积极发挥本币在"一带一路"建设中的作用。在"一带一路"建设中，使用本币开展投融资具有许多优势：其一是有利于动员当地储蓄和全球资金。"一带一路"建设必须充分利用当地和全球资源。使用本币开展对外投融资，可调动当地储蓄资源，并通过合理的回报形成示范效应，撬动更多当地储蓄和国际资本，形成正反馈。其二是有利于降低换汇成本。资金接受国可直接使用他国本币购买本币发行国的产品，节省换汇成本。随着资金接受国和资金提供国联系越来越密切，本币收入越来越多，未来也可直接使用资金提供国的本币偿还融资债务，节省换汇成本。其三是有利于维护金融稳定。更多使用本币会逐渐增强对本币的信心，提升本币吸引力，有助于发展本币计价的资本市场，丰富投资工具和风险管理手段，维护金融稳定。同时，本币的使用会逐渐减少对美元等主要货币的依赖，降低汇率波动引发的风险。

四是坚持"引进来"与"走出去"并举，协同推进双向开放。改革开放以来，中国一直将对外开放作为重要国策。当前中国正在经历从"引进来"的阶段转向"引进来"与"走出去"并重的阶段。在中国改革开放实践中，"引进来"政策，包括对外资、技术、设备以及国外先进管理方式和人才等方面的引进，为推动中国经济腾飞、各行各业走向世界立下了汗马功劳。

2000年3月全国人大九届三次会议正式提出"走出去"战略，要求中国企业充分利用国内和国外"两个市场、两种资源"，鼓励符合国外市场需求的行业有序向境外转移产能，支持有条件的企业开展海外并购，深化境外资源互利合作，积极参与国际竞争与合作。"一带一路"的宏伟蓝图为中国金融业"走出去"提供了广阔的空间，对金融部门进一步加强海外布局、提升国际竞争能力提出了要求，同时也为中国金融业进一步扩大对外开放提供了难得的历史机遇。"一带一路"建设必须坚持"引进来"和"走出去"并举，充分立足于国内经济发展现状，切实结合沿线国家的需求，加强同国际组织和金融机构合作，吸引国际资金共建开放、多元、共赢的金融合作平台。

第二节 "一带一路"投融资合作应注意的问题

"一带一路"建设资金需求量大，很多项目建设周期较长，风险管理难度大。为了实现长期可持续发展，在推动"一带一路"投融资合作时，除了要切实落实上述四条原则外，还应注意以下问题。

第一，应防止过度依赖减让式资金。长期以来，国际社会在发展中国家开展的投融资合作强调减让式资金支持，包括利率、期限、宽限期等方面条件的减让，不可避免地需要财政补贴和政府支持，但使用财政资金会受到种种约束且财政资源有限，多数国家无法长期、大规模对外提供减让式资金。减让式资金不仅存在总量不足的问题，还可能引发一系列其他问题。一是带来道德风险。过度依赖减让式资金可能导致被支持国家缺乏挖掘自身资源禀赋来发展经济的动力。此外，国与国之间还可能在争取减让式资金支持方面出现竞争和攀比，不利于有效发挥资金的作用。二是可能导致一些国家的依赖心理，缺乏对等、互利共赢的合作意识。三是可能造成市场扭曲，限制资源的有效配置。因此，应该正视减让式资金可能引发的一系列问题，避免过于依赖此类资金。

第二，应充分发挥开发性金融优势。开发性金融既不同于减让式贷款，又不同于商业性金融，是一种独特的金融形态。思想上，国际社会对开发性金融的认识经历了不同的阶段。最初全球思潮不太倾向于开发性金融，但 2008 年国际金融危机后，全球范围内长期公共融资难觅投资者，尤其是基础设施、公用设施和一些重要的战略领域的融资。人们开始重新讨论对开发性金融和政策性金融的认识，认为可能还是需要开发性金融和政策性金融，而非全部都靠商业性金融机构。实践中，国际社会长期以来强调优惠贷款等减让式资金支持，不可避免地过度依赖各国财政补贴。而随着长期公共资源紧缺，全球开发性金融机构的优惠贷款呈现下降趋势，国际社会从过去较多运用减让式融资转向更加强调可持续开发性融资机制。

目前，中国已初步探索出一条开发性金融的道路。开发性金融成为服务国家战略、依托信用支持、不靠政府补贴、市场运作、自主经营、注重长期投资、保本微利、财务上又可持续的金融模式。在 20 世纪 90 年代开发性金融发展之初，由于财政资源十分有限，税收仅占 GDP 的 10% 左右，中国较少向开发性金融机构提供补贴和援助。在此背景下，国家开发银行逐渐摸索可持续的开发性金融道路。20 世纪 90 年代后期，国家开发银行支持的基础设施、基础产业、支柱产业以及后来支持的企业"走出去"、普惠金融、助学贷款、扶贫等项目都属于开发性金融的范畴，不依靠财政补贴就实现了可持续发展。2003—2005 年国有银行改革时，与国有商业银行一样，国家开发银行经历了外部审计，结果显示其资产质量显著改善，不良资产比例低，实现了可持续发展，也印证了开发性金融多年实践的探索是有成效的。

自"一带一路"倡议发起以来，国家开发银行发挥长期积累的基础设施建设、中长期投融资和国际业务经验和优势，提供了全方位、多产品的综合金融服务支持。截至 2016 年末，国家开发银行向"一带一路"沿线国家和地区累计发放贷款超过 1 600 亿美元，储备外汇项目 500 余个。同时，国家开发银行的成功经验也为中国进出口银行提供了借鉴。从 2014 年至今，中国进出口银行在"一带一路"沿线国家和地区累计签约项目 1 100 余个，签约金额逾 7 000 亿元人民币，涉及设施联通、经贸合作、产业投资、能源资源合作等重点领域。

上述实践充分显示，与商业性和政策性金融相比，开发性金融具有多重优势：一是有效契合了"一带一路"投融资项目的特征，即项目周期长、资金需求大等；二是不靠政府补贴，自主经营，同时还能连接政府与市场，整合各方资源；三是注重长期，可为特定需求者提供中长期信用支持；四是可对商业性资金起引领示范作用，以市场化方式予以支持，对商业性金融和政策性金融进行有益补充。因此，在"一带一路"建设中，开发性金融有着巨大的施展空间，可发挥重要作用。未来，丝路基金、中非产能合作基金①、中拉产能合作投资基金②等有关金融机构和各商业银行也可继续探索经营模式，积极用好开发性金融业务模式，最大限度地发挥商业性金融和开发性金融的协同效应。此外，国内相关金融机构还可继续加强与世界银行、欧洲复兴开发银行、非洲开发银行等全球和区域多边开发银行的合作，创新融资模式，通过可持续的投融资服务好"一带一路"沿线区域的经济和社会发展。

第三，应积极推动股权投融资合作，避免投融资体系单一化。以前中国开展的融资多以贷款为主，但为了给"一带一路"建设提供更多资金支持，通过全面促进资金融通来打通政策、贸易、基础设施和民心等几个层面的联通，"一带一路"建设还应积极发展股权投融资合作，

---

① 中非产能合作基金是由外汇储备、进出口银行共同出资设立的中长期开发投资基金。在北京注册，于 2016 年 1 月起步运行，首期规模 100 亿美元。中非产能合作基金秉承商业化运作、合作共赢、共同发展的理念，尊重国际经济金融规则，通过以股权为主的多种投融资方式，坚持市场化、专业化和国际化原则，服务于非洲"三网一化"建设，覆盖制造业、高新技术、农业、能源、矿产、基础设施和金融合作等各个领域，通过资本运作、资金支持实现中国和非洲共同发展、共同繁荣。

② 中拉产能合作投资基金于 2015 年 6 月 16 日在北京注册成立并开始运行，首期规模 100 亿美元，是中国面向拉丁美洲地区的中长期开发投资基金，主要投资于制造业、高新技术、农业、能源矿业、基础设施和金融合作，通过股权、债券等多种投资方式，支持中国产业优势与拉丁美洲国家需求相契合，推进中拉产能和装备制造合作，实现互利共赢。

从而建立一个涵盖贷款、股权投资、担保和联合融资等在内的多元化的投融资体系。

股权融资有几大优点：一是可以与已开展的贷款、债权融资等形成互补；二是有利于扩大私人资本的投资渠道，从而引入更多私人资本参与"一带一路"建设；三是股权融资的长期性正好契合"一带一路"项目周期长的特点，有利于为项目建设提供长期、可靠的资金支持；四是有助于降低杠杆率。中国及"一带一路"沿线不少国家和地区都面临杠杆率高的挑战，增加债务空间有限，因此债务融资受限。股权融资可在不增加债务负担的情况下为沿线国家和地区提供所需的长期资金，同时也有助于中国降低杠杆率。

第四，应践行"南南合作"精神，积极开展出口信贷业务。出口信贷一般被定义为出口国为支持和扩大本国大型设备等产品的出口，提高国际竞争力，由本国出口信贷机构通过直接向本国出口商或外国进口商（或其银行）提供利率较低的贷款，或者通过担保、保险或贴息等方式鼓励本国商业银行为本国出口商或外国进口商（或其银行）提供中长期贷款。出口信贷也是为"一带一路"建设提供融资服务的重要方式之一。

在21世纪之前，发达国家一直是出口信贷的主要提供方。20世纪70年代，主要发达国家为争夺发展中国家出口订单展开激烈竞争。为协调发达国家之间的出口信贷政策，经过多次谈判，经济合作与发展组织（OECD）于1978年2月制定了《关于官方支持的出口信贷指南的安排》，也即目前出口信贷领域所指的"君子协定"。

随着经济全球化的迅猛发展，发达经济体竞争力相对下降，而新兴市场经济体日益兴起，竞争力大幅上升，在全球经济、贸易等领域的分量和影响力明显提高。虽然"君子协定"也在不断地调整和变化，也确实在减少恶性竞争、促进公平贸易方面发挥了一定作用，但其本身并非国际惯例或最佳实践原则，在最低利率、偿还期等方面也存在一些难以克服的局限性和弊端。例如，"君子协定"的档次划分较为单一，如预付款只有 15% 一个档次，优惠水平除对最不发达国家规定最低为 50% 外，也只有 35% 这一个档次等，无法很好地满足不同发展水平的沿线国家需求。此外，21 世纪以来，发达国家不断将政府治理、环境、人权、民主政治状态等新的内容和目标加入"君子协定"中，实际上这些内容与竞争的关系较弱。总体上，"君子协定"终究只是发达国家之间为避免恶性竞争而出台的约定，而新兴市场经济体和发展中国家之间是"南南合作"关系，强调互利、互补，合作共赢。这种关系决定了发达国家间"君子协定"的有关规则不能照搬适用于新兴市场经济体和发展中国家。

与"君子协定"相比，中国在"南南合作"下开展的出口信贷有助于满足沿线国家和地区连续性、多样性的需求，可有力支持这些国家和地区的经济建设和发展。例如，根据国家和地区发展水平、出口支持行业或产品的不同，中国在出口信贷的预付款、官方支持的最大限度、最长还款期、宽限期等方面划分了多个档次，可以灵活多样的方式满足不同的需求。此外，中国出口信贷业务不附加政治条件，被发展中国家普遍接受。

近年来，国家开发银行和中国进出口银行等金融机构的出口信贷业务发展迅猛，在支持"走出去"、"一带一路"建设等方面发挥了重要作用，也积累了不少成熟的经验和做法。在未来一段时期内，中国应主动了解"一带一路"沿线国家和地区的发展水平、行业特点以及具体融资需求，积极开拓创新，继续通过"南南合作"下的出口信贷服务"一带一路"投融资合作。

第五，应警惕并有效防范风险。从全球层面看，贸易和投资保护主义抬头，逆全球化思潮升温，主要发达经济体已经开始或正在酝酿货币政策正常化，这些都会给"一带一路"投融资合作带来宏观经济与金融风险。从国家层面看，"一带一路"沿线区域中，许多是正处于社会和经济结构转型时期的发展中国家和地区，特别是有些国家和地区仍存在政局不稳问题，由此引发的政治风险不可小觑。从企业层面看，由于不熟悉当地经济环境与法律法规，企业面临投资风险，主要包括因文化差异以及对当地市场了解不足可能产生的企业经营风险，因汇率、利率变动等出现的市场风险，以及各类违约风险等。为此，在大力推动投融资合作的同时，应警惕并有效防范风险：一是加强风险监测与分析，建立风险早期预警机制，尽早发现风险苗头；二是强化企业风险防范与管理意识，提高企业进行事前风险评估和事中、事后风险管理的能力；三是探索制定有效的风险防范与应对措施，防止风险持续恶化，尽量将风险的影响降至最低。

第三节 "一带一路"投融资合作的主要成果

自"一带一路"倡议提出以来，投融资合作已经在多个层面全面展开，为政策、贸易、基础设施和民生等多个层次的互联互通提供了重要支持。2017 年 5 月，"一带一路"国际合作高峰论坛宣布了包括鼓励金融机构开展人民币海外基金业务、丝路基金增资，以及与 IMF 联合建立能力中心等一系列重要成果。

一、鼓励金融机构开展人民币海外基金业务

人民币加入 SDR 后，国际化程度提高，国内商业银行、开发性金融机构和政策性银行主动表达了希望更多开展人民币投融资业务的想法。而且，中资企业"走出去"也需要配套的人民币资金和金融服务，存在人民币融资需求。既然市场有积极性和呼声，而且又符合当前法律和监管框架，就应该，予以鼓励。习近平主席在"一带一路"国际合

作高峰论坛上宣布鼓励金融机构开展人民币海外基金业务。

金融机构在"企业为主体、市场化运作、互利共赢"的原则下开展人民币海外基金业务，具有多重意义。一是可以更好地利用中国储蓄资源，并通过合理回报形成示范效应，从而撬动沿线国家更多的当地储蓄和国际资本，为"一带一路"建设提供有力、可持续的投融资支持。二是符合"一带一路"建设中使用本币开展投融资的原则，有助于节省换汇成本。资金接受国能直接使用得到的人民币购买中国产品，节省换汇成本。随着这些国家与中国联系越来越密切，人民币收入越来越多，还能直接使用人民币收入偿债分红，再次节省换汇成本。

二、成立并增资丝路基金

2014年，中国出资成立丝路基金，这是利用中国资金实力直接支持"一带一路"建设的具体体现，也是中国对国际投融资模式进行的有益探索。自成立以来，丝路基金依照"开放包容、互利共赢"的理念，按照市场化、专业化、国际化的原则，不断推进与"一带一路"相关国家在基础设施、资源开发、产业合作和金融合作等项目上的合作。

截至2017年6月末，丝路基金已签约16个项目，承诺投资金额累计约68亿美元，投资覆盖"一带一路"沿线的俄罗斯、蒙古国，以及中亚、南亚、东南亚、西亚、北非及欧洲等地区。此外，丝路基金还先后设立了中哈产能合作基金、中欧共同投资基金等子基金。

丝路基金成立近三年来在对外投融资方面逐渐显示出几大特点。一是具有高效的决策机制，在遇到重大投资项目时，可以主动快速作出决策，把握市场机遇，在风险可控的基础上实现经营的可持续性和盈利性。二是通过以股权为主的多种投融资方式，可根据地区、行业或项目类型分设子基金，坚持互利共赢，商业化运作。三是能灵活开展联合融资，发挥杠杆撬动作用。丝路基金通过与国际开发机构、境内外金融机构等发起设立共同投资基金等方式开展合作，既扩展了融资来源，有助于更好地推动"一带一路"建设，也可以更好地降低融资风险。四是发挥中长期投资对项目的支持作用，为一些建设和运营期限较长、私人资本进入较少的项目提供比较稳定的资金来源。

为充分发挥丝路基金特点，化解"一带一路"建设资金难题，调动沿线国家资源和国际金融机构资金，习近平主席在"一带一路"国际合作高峰论坛上宣布向丝路基金新增资金 1 000 亿元人民币，加上 300 亿美元待缴资金，合计约 3 100 亿元人民币。这将有助于丝路基金进一步发挥其杠杆撬动作用，促进中国与沿线区域的贸易投资合作，分享"一带一路"建设成果。

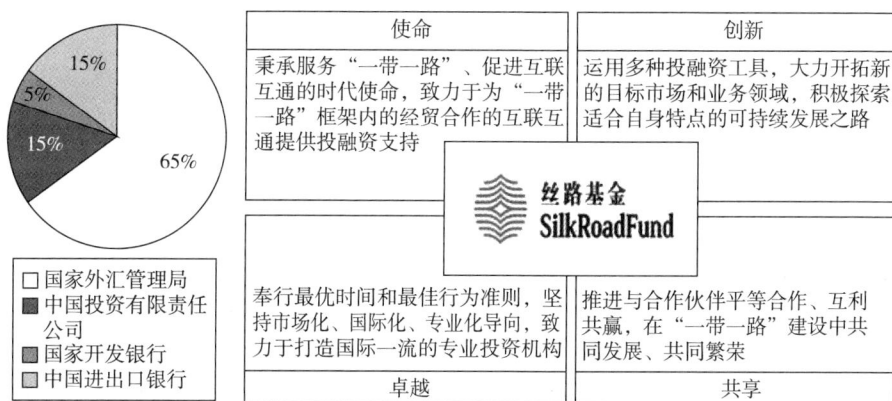

使命	创新
秉承服务"一带一路"、促进互联互通的时代使命，致力于为"一带一路"框架内的经贸合作的互联互通提供投融资支持	运用多种投融资工具，大力开拓新的目标市场和业务领域，积极探索适合自身特点的可持续发展之路
奉行最优时间和最佳行为准则，坚持市场化、国际化、专业化导向，致力于打造国际一流的专业投资机构	推进与合作伙伴平等合作、互利共赢，在"一带一路"建设中共同发展、共同繁荣
卓越	共享

饼图图例：
□ 国家外汇管理局
■ 中国投资有限责任公司
■ 国家开发银行
■ 中国进出口银行

饼图数据：65%、15%、5%、15%

资料来源：丝路基金网站。

图 3 - 1　丝路基金股东结构和企业文化理念

三、不断推进金融机构和金融服务的网络化布局，全方位保障"一带一路"建设

网络化布局指互设机构并相互提供服务，在全球形成网络。在

"一带一路"投融资合作中推进金融机构和金融服务的网络化布局很有必要。一是"一带一路"相关的贸易和投资合作会产生大量配套的金融服务需求。据测算，未来十年，中国与"一带一路"沿线区域的年均贸易增长额将超过20%，与之相关的贸易结算、资金汇兑、贸易信贷、出口保险等配套金融需求也将大幅增加。与此同时，中国"走出去"企业也会产生大量的金融服务需求，既包括一般的基础性金融服务，也包括上市融资、并购、风险管理等资本市场服务。二是"一带一路"国家和地区相互之间的金融布局非常有限。例如，目前中国政策性银行和商业银行在"一带一路"沿线区域的分支机构数量平均每个国家和地区还不足一家。金融机构较为滞后的"走出去"步伐和相对单一的金融服务很难满足贸易和投资相关的基础性金融需求，更难满足"走出去"企业亟需的资本市场服务。这在一定程度上制约了"一带一路"贸易和投资合作的发展，成为金融支持"一带一路"建设中必须解决的关键问题。三是传统上"一带一路"沿线国家的金融服务主要依赖西方金融机构的海外分支机构，但由于发达国家金融机构动力不足、国际金融危机后忙于自保等原因，它们难以为"一带一路"建设提供充足的资金支持。

具体而言，金融机构和金融服务网络化布局主要包括金融机构互设、金融服务对接、资本市场联通、金融基础设施联通、发挥国际金融中心的作用和金融监管当局之间的交流与合作六个方面的内容。2017年5月，人民银行行长周小川在《当代金融家》刊文对这六个方面进行了全面而深入的论述①。

总体而言，金融机构和金融服务网络化布局意义重大。一是有助于促进贸易畅通。"一带一路"建设中的很多项目和投资都是为贸易服务的，贸易畅通离不开大量配套的金融服务，如资金汇兑、贸易结算、项

---

① 周小川. 共商共建"一带一路"投融资合作体系［J］. 当代金融家，2017（5）.

目贷款等。健全金融机构网络布局，完善金融服务，有利于提高贸易的便利程度。二是可以为对外直接投资提供更好的金融服务。随着"一带一路"建设的开展，中国对发展中国家和地区开展的对外直接投资会越来越多，但"一带一路"沿线大部分区域的金融服务较为薄弱，制约了中国对外直接投资的发展。加快完善金融机构和金融服务的网络化布局，有利于充分发挥中资金融机构对开展对外直接投资的企业母公司更加熟悉的优势，灵活运用多种融资方式，为中国对外直接投资提供更好的金融服务。三是促进当地金融市场发展，有效动员当地储蓄，更好地实现资金融通和风险共担。"一带一路"沿线国家和地区的金融机构融资效率不高，金融市场欠发达，当地储蓄无法有效聚拢。通过互设金融机构、互鉴业务经验，可以更好地弥补当地金融服务缺口，动员更多当地储蓄参与"一带一路"建设，从而有效发挥合力，实现风险共担。四是有助于推进人民币在对外投融资中的使用，助力人民币国际化。加快推动金融机构"走出去"，有助于开展对外投融资时更多使用人民币，有助于提升"一带一路"沿线区域持有人民币的意愿。

四、与 IMF 合作建立能力建设中心

要做好"一带一路"投融资合作，仅仅依靠政策与资金支持还不够，还需加强相关能力建设。所谓能力建设，主要指通过培训、技术援助等方式，提高一国的宏观经济管理能力。"一带一路"沿线区域的发展中国家和新兴市场经济体，除急需资金支持国家建设外，还存在巨大的能力建设需求。加强沿线区域的能力建设对于维护当地经济金融稳定，保障投融资合作至关重要。习近平主席在"一带一路"国际合作高峰论坛上宣布中国将同 IMF 合作建立能力建设中心。同日，人民银行行长周小川和 IMF 总裁克里斯蒂娜·拉加德签署了《关于建立中国—IMF 联合能力建设中心的谅解备忘录》。

作为宏观经济金融领域的权威机构，IMF 能够借助其专业优势和国际层面的丰富经验，在经济转型、宏观经济管理以及应对资本流动冲击等方面为沿线区域提供有益的政策建议。同时，中国在过去三十多年来通过改革开放和融入世界经济的方式，成功实现了经济增长方式的转变，许多经验可以为沿线国家提供有益借鉴。与 IMF 这样在全球范围内受到广泛信赖的国际组织合作，有助于推动沿线区域经济繁荣和增长，还有利于分享中国转型经验，增进政策交流，是共赢之举。

"一带一路"倡议是一个具有划时代意义的重要倡议，是中国在新形势下进一步扩大对外开放的重大举措，也是中国在全球经济格局发生巨大变化背景下深度参与全球治理的体现。回顾过去四年，投融资合作在"一带一路"建设中发挥了重要支撑作用，顺利推动了众多关键项目的落地。未来，随着"一带一路"建设的纵深推进，相关投融资合作也应跟上步伐。在合作原则上，继续坚持"共商、共建、共享"；在资金使用上，充分利用好开发性金融，遵循市场化运作，同时积极推动本币使用。特别值得指出的是，"一带一路"建设是一项系统工程，只有各方携手努力，本着互利互惠、共同发展的目标相向而行，才能不断取得辉煌成果。

第四章
金融开放中的港澳台金融合作

党中央、国务院一直高度重视港澳经济发展和民生改善，进入21世纪以来出台了一系列支持港澳发展的金融政策措施。特别是党的十八大以来，在人民币国际化进程中，内地积极推动与香港金融市场互联互通，进一步支持香港人民币离岸中心建设，积极支持港澳参与"一带一路"建设，积极支持澳门建立葡语国家人民币清算中心，协助澳门发展特色金融业，不断深化与港澳金融合作，共同维护港澳金融稳定。同时，在海峡两岸实现"三通"和签署《海峡两岸经济合作框架协议》的基础上，两岸人员交往和经贸往来呈现快速增长，建立了货币清算机制，金融合作逐步迈向制度化。

第一节　内地与香港金融合作

根据中国金融业改革开放的客观需要和总体布局，以及"十三五"规划提出的"支持香港巩固和提升国际金融、航运、贸易三大中心地位"的要求,中央政府及相关部委出台了一系列支持香港发展的金融政策措施,特别是党的十八大以来,进一步支持香港人民币离岸中心建设,推动两地金融市场互联互通,积极支持香港参与"一带一路"建设,不断深化两地金融合作,巩固和提升香港国际金融中心地位,共同维护香港金融稳定。

一、协助香港抵御外部冲击

回归以来,香港经历了 1997 年亚洲金融危机、非典型肺炎(SARS)和 2008 年国际金融危机等一系列冲击。在香港抵御两次金融危机以及 SARS 等外部冲击过程中,中央政府给予了香港大力支持,维护了香港的金融稳定。

在抵御亚洲金融危机过程中,中央政府给予了香港有力支持。一是坚持人民币不贬值的政策,避免了亚洲货币危机进一步扩大,维护了地区经济秩序,从而为稳定香港金融市场发挥了重要作用。二是公开表示将不惜一切代价维护香港的繁荣稳定,为稳定人心发挥了积极作用。为共同应对危机,人民银行与香港金融管理局建立了双边高层定期会晤机制,这一机制一直延续至今。

2003 年,当香港面临 SARS 冲击时,人民银行及时推出香港银行在港办理人民币存款、兑换、银行卡和汇款四项个人人民币业务,以满足两地居民个人往来和小额旅游消费需求。此外,人民银行还授权中国银行(香港)有限责任公司(以下简称中银香港)作为香港银行,办理个人人民币业务的清算行,并与中银香港签署《关于人民币业务的清算协议》,这是人民银行第一次与境外机构建立清算安排制度。这些措施都给香港经济和金融发展注入了新的动力。

2008 年 9 月,香港发生了由雷曼兄弟公司破产引发的雷曼"迷你债券"风波,发端于美国的国际金融危机蔓延到香港,香港的金融稳定再次面临严重冲击。中央政府不但支持香港特区政府的危机应对举措，同时还伸出援手，在七个方面推出了支持香港金融稳定和经济发展的十四条措施。其中金融支持事项包括以下四项：一是允许符合资格的企业在香港以人民币进行贸易支付；二是同意人民银行与香港金融管理局签订货币互换协议，以在有需要时为香港提供资金支持；三是鼓励内地机构利用香港平台开展国际金融业务，支持中国投资有限责任公司、国家开发银行等机构在香港设立或扩大分支机构；四是继续支持内地企业到香港上市。这些措施有力支持了香港的金融稳定，促进了香港的经济发展。

2009年1月，人民银行与香港金融管理局签署了总额为2 000亿元人民币/2 270亿港元的货币互换协议，有效期三年，这是人民银行与境外货币管理当局正式签署的第一份货币互换协议。2011年11月该互换协议规模扩大至4 000亿元人民币/4 900亿港元，有效期三年，以帮助香港有效应对资本外流。2014年11月，人民银行与香港金融管理局再次续签货币互换协议，协议规模为4 000亿元人民币/5 050亿港元，有效期三年，可以展期。货币互换安排的建立，有效增强了各界对香港金融市场稳定的信心，在支持香港应对金融危机方面发挥了积极作用。

二、巩固并提升香港国际金融中心地位

随着内地经济的不断发展以及金融体系的不断成熟，内地金融行业需不断与世界金融体系融合、接轨。在内地金融市场"引进来"、"走出去"的开放进程中，香港一直扮演着"桥头堡"的重要角色。改革开放以来，香港作为沟通内地与世界的桥梁，充分发挥"一国两制"的制度优势和作为国际金融中心的优势，在扩大内地资本市场开放进程中发挥了先行者和试验区的积极作用。2007年，香港成为第一个发

行人民币债券的境外地区；2009 年，香港成为跨境人民币结算境外第一批试点地域；2010 年，香港金融管理局成为第一家进入内地银行间债券市场的境外机构；2011 年，RQFII 的试点工作首先从香港开始；2012 年，香港银行机构率先开展向深圳前海企业发放人民币借款业务试点。

作为连接内地与世界的桥梁，港资银行是最早进入内地的外资银行。目前，港资法人银行（含直属分行）数量在外资法人银行中占比最高，达 25%；中资银行也愿意将香港作为"走出去"的第一站，目前在香港设立的机构数量在中资银行所有海外机构数量中的占比最高，达 11%。中资银行赴境外上市往往将香港作为首选地。根据香港交易及结算所有限公司（以下简称香港交易所）网站公开信息，截至 2017 年 8 月末，在香港上市的内地企业数量（含 H 股、"大红筹"和"小红筹"）占香港上市公司总数的 50%，市值占香港市场总市值的 65%。

为促进两地资本市场融合，内地与香港金融管理部门于 2007 年成立了"两地金融工作小组"，积极研究建立和完善两地金融市场互联互通基础设施，以香港为平台实现国际发展战略。党的十八大以来，人民银行会同相关部门出台了一系列重要政策，通过"沪港通"、"深港通"以及"债券通"，全方位促进两地股票市场和债券市场的互联互通，既促进了内地金融市场的开放，又有效发挥了香港的优势，巩固和提升了香港国际金融中心地位。

一是推出"沪港通"直接投资对方股票市场。为进一步丰富跨境投资方式，促进内地与香港资本市场双向开放和健康发展，2014 年 4 月 10 日，国务院总理李克强在出席博鳌亚洲论坛年会时表示，中国将积极创造条件，建立上海与香港股票市场交易互联互通机制。同日，证监会和香港证券及期货事务监察委员会（以下简称香港证监会）发布联合公告，表示原则批准上交所、香港联合交易所有限公司（以下简称联交所）、中国证券登记结算有限责任公司（以下简称中国结算）、香港中央结算有限公司（以下简称香港结算）开展沪港股票市场交易互联互通机制试点，即"沪港通"。试点初期，对人民币跨境投资额度实行总量管理，并设置每日额度。其中，沪股通总额度为 3 000 亿元人民币，每日额度 130 亿元人民币；港股通总额度为 2 500 亿元人民币，每日额度 105 亿元人民币。

在两地相关部门多次沟通、充分准备的基础上，经国务院批准，2014 年 11 月 17 日，"沪港通"正式开通。"沪港通"指在上交所和联交所的技术系统之间建立连接，两地投资者通过当地证券公司经由特设的技术连接买卖对方交易所挂牌的证券。

"沪港通"的顺利开通，体现了中央政府扩大开放的重大决心、魄力和信心。"沪港通"在投资方向性、货币、投资标的、投资者限制、交易渠道以及监管等多个方面都作出了较完善的安排，该机制下的资本项目开放所带来的风险相对可控。主要原因是，2014 年以来宏观经济环境已有较大改善，一是内地经济增长速度已经从高速增长转至中高速增长；二是人民币升值的预期已明显弱化，人民币汇率形成机制也更加具有弹性、更加市场化；三是资本流动的四个试点渠道（QFII、QDII、RQFII 以及三类机构可投资银行间债券市场）更加通畅，规模也大幅提升，部分机构的额度甚至还未用满；四是各界对内地宏观经济的风险认识增强；五是国际资本出现了从新兴市场经济体回流发达经济体的趋势。

"沪港通"开通后，总体运行平稳有序，为资金在香港和内地双向流动搭建了新的桥梁，既增加了境外人民币的投资渠道，又提高了香港离岸人民币的流动性，对扩大人民币使用以及离岸市场建设都有助益。2016 年 8 月 16 日，证监会与香港证监会发表联合公告，取消"沪港通"总额度。在保留每日额度的前提下，取消总额度既能有效管理跨境资金流动，又能向国际投资者传达中国资本市场不断改革开放的信号，增强其投资中国资本市场的信心。

二是推出"两地基金互认"制度满足两地投资者需求。"沪港通"开通后运行良好，投资者不仅增强了对于两地资本市场互联互通的信心，同时也对互联互通提出了更多诉求。鉴于此，相关部门又研究推出了"两地基金互认"。"两地基金互认"指允许一定条件的公募基金在内地与香港之间跨境进行销售，满足两地投资者投资对方市场的需求。

2015年5月22日，《中国证券监督管理委员会与香港证券及期货事务监察委员会关于内地与香港基金互认安排的监管合作备忘录》正式签署。《香港互认基金管理暂行规定》同时发布，确定自2015年7月1日起正式实施。2015年11月6日，人民银行发布《内地与香港证券投资基金跨境发行销售资金管理操作指引》。"两地基金互认"完成制度层面设计工作，实际启动已无技术障碍。2015年12月18日，首批两地互认基金同步注册，其中内地正式注册了3只香港互认基金，香港证监会同日正式注册了首批4只内地互认基金，业界反响强烈。

两地基金产品互认是内地资本市场对香港开放先行先试的重要体现，具有重要意义：一是有利于推动两地金融市场的相互开放，实现两地金融市场在规则、制度、标准方面的协调和对接，提高国际竞争力，增强跨境投融资的便利性；二是有利于稳步扩大金融服务领域的对外开放，有利于实现投资的自由化和便利化，拓展金融服务业对外开放深度和广度；三是有利于提高内地资本市场的国际竞争力，也有利于提高内地基金管理人的投资管理能力和客户服务水平；四是有利于深化两地经济金融合作，巩固和加强香港国际金融中心地位，满足居民跨境投资需要。

三是推出"深港通"进一步便利两地投资者。鉴于"沪港通"实现了预期目标，为进一步加强内地与香港的互联互通，相关部门进一步研究推进了"深港通"。"深港通"是境内交易所再度与香港交易所建立连接机制，便利深圳、香港两地投资者相互买卖对方交易所规定范围的股票。2016年3月，国务院总理李克强在《政府工作报告》中提出适时启动"深港通"。

2016年8月16日，证监会与香港证监会发布"深港通"联合公告，表示原则批准深圳证券交易所、联交所、中国结算、香港结算建立深港股票市场交易互联互通机制，这标志着"深港通"实施准备工作正式启动。公告指出，"深港通"不再设总额度限制。"深港通"每日额度与"沪港通"现行标准一致，即深股通每日额度130亿元人民币，"深港通"下的"港股通"每日额度105亿元人民币，同时取消了"沪港通"总额度。经国务院批准，2016年12月5日，"深港通"正式开通。

"深港通"复制"沪港通"试点的成功经验，扩大了股市互联互通标的规定范围与额度，更好地满足了投资者多样化投资和风险管理需求，同时也有利于发挥深港区位优势，强化香港全球离岸人民币业务枢纽地位。

"沪港通"和"深港通"开通以来，总体运行平稳。2016年，"沪股通"和"深股通"资金流入总金额为1 105.5亿元人民币，流出总金额为528.5亿元人民币，净流入金额为577.0亿元人民币；"港股通"（沪）和"港股通"（深）流出总金额为2 287.6亿元人民币，流入总金额为276.1亿元人民币，净流出金额为2 011.5亿元人民币。2017年1月至7月，"沪股通"和"深股通"资金流入总金额为1 317.6亿元人民币，流出总金额为192.4亿元人民币，净流入金额为1 125.2亿元人民币；"港股通"（沪）和"港股通"（深）流出总金额为1 864.9亿元人民币，流入总金额为217.9亿元人民币，净流出金额为1 646.9亿元人民币。

表 4 - 1　　　　　　　**"沪港通"和"深港通"主要特点**

特点	沪港通	深港通
沪/深股通合资格证券	上证 180 指数的成分股及上证 380 指数的成分股 有 H 股同时在联交所上市的上海证券交易所上市 A 股	深证成分指数和深证中小创新指数成分股中市值在人民币 60 亿元或以上的成分股 有相关 H 股在联交所上市的深圳证券交易所上市 A 股
	不包括被实施风险警示的 A 股及不以人民币交易的 A 股	
	合资格可买可卖的股票共 568 只（于 2016 年 9 月 13 日）	约 880 只股票（主板：270 只；中小板：410 只；创业板：200 只）
港股通合资格证券	恒生综合大型股指数（HSLI）成分股 恒生综合中型股指数（HSLI）成分股	
	有相关 A 股在上海证券交易所上市的 H 股	市值 50 亿港元或以上的恒生综合小型股指数（HSSI）的成分股 有 A 股在上海证券交易所或深圳证券交易所上市的 H 股
	不包括其相应 A 股被实施风险警示的 H 股及不以港元交易的港股	
	312 只股票（于 2016 年 9 月 13 日）	约 417 只股票（较"沪港通"下的"港股通"股票多出约 100 只）
沪/深股通合资格投资者	所有中国香港及海外投资者（个人及机构）	创业板合资格股票：初期仅限于机构专业投资者 其他合资格股票：所有中国香港及海外投资者（个人及机构）
"港股通"合资格投资者	内地机构投资者以及拥有证券账户与资金账户余额合计大于等于人民币 50 万元的个人投资者	
每日额度	北向：人民币 130 亿元 南向：人民币 105 亿元	
总额度	无	
北向交易、结算及交收	按照上海证券交易所及中国结算在上海市场的惯例	按照深圳证券交易所及中国结算在深圳市场的惯例
南向交易、结算及交收	按照联交所及香港结算的市场惯例	

资料来源：香港交易所。

　　四是推出"债券通"，加强两地债券市场互联互通。近年来，随着人民币跨境使用的逐步扩大，内地债券市场对外开放的步伐不断加快。

特别是在人民币加入 SDR 后，对债券市场对外开放提出了更高要求。为落实党中央、国务院关于扩大中国金融市场对外开放总体部署，进一步深化内地与香港的金融合作，2017 年 2 月，人民银行会同香港金融管理局等有关方面研究形成了"债券通"实施方案，并上报国务院批复同意。

2017 年 5 月 16 日，人民银行和香港金融管理局共同宣布启动"债券通"，"债券通"初期开通"北向通"，允许境外资金高效便捷地在境外购买到内地的债券。内地和香港监管机构还会适时研究将"债券通"扩展至"南向通"，让内地投资者可投资配置香港和全球债券市场。

为规范开展内地与香港债券市场互联互通合作相关业务，人民银行于 2017 年 6 月 21 日颁布了《内地与香港债券市场互联互通合作管理暂行办法》（中国人民银行令〔2017〕第 1 号）。人民银行还与香港金融管理局就"债券通"所涉及的跨境监管合作原则等相关事项达成共识，并签署了《"债券通"项目下中国人民银行与香港金融管理局加强监管合作谅解备忘录》。双方约定，根据两地的法律和各自法定权限，双方建立有效的信息交换与协助执行机制，加强监管合作，共同打击跨境违法违规行为，确保项目有效运作。

鉴于"北向通"相关法规、业务规则、操作方案及监管安排均已确定，技术系统准备就绪，人民银行与香港金融管理局在香港回归祖国二十周年之际，于 2017 年 7 月 2 日发布联合公告，宣布"北向通"于 2017 年 7 月 3 日上线试运行。公告要求中国外汇交易中心暨全国银行间同业拆借中心、中央国债登记结算有限责任公司、银行间市场清算所股份有限公司和香港交易所、香港债务工具中央结算系统应当依法合规履行"债券通"各项职责，组织市场各方有序开展"债券通"业务，协助"北向通"投资者充分了解内地债券市场法律法规、业务规则、审慎评估投资风险，并充分做好进入全国银行间债券市场的准备工作。

"债券通"的正式开通引起了各方广泛关注。香港财政司司长陈茂波认为"债券通"是深化内地与香港资本市场互联互通的里程碑,"先北后南"安排是充分考虑当前香港债市容量较小的务实选择。英国《金融时报》认为,两地债券市场互联互通将有助于中国债券被纳入全球债券指数,经由"债券通"的资金流动在起步阶段会比较缓慢,预计这一情况会随着投资者对于"债券通"的运作方式理解深入而逐步好转。

"债券通"是内地债券市场开放的划时代事件。初期开通的"北向通"通过两地债券市场基础设施互联,可使国际投资者在基本不改变原有交易习惯的情况下,足不出户地"一点接入"内地债券市场,便捷参与规模约 60 万亿元人民币的银行间债券市场。"债券通"也再次显示出香港连接内地与国际市场的独特价值,也将为香港金融市场的发展带来重大机遇。

总之,"沪港通""两地基金互认""深港通""债券通"业务的推出,不仅有利于改善内地投资者结构,吸引境外长期资金,满足投资者多样化投资和风险管理需求,提振投资者信心,扩大内地资本市场对外开放,推动人民币国际化,同时也有利于香港进一步发挥内地与全球资本市场"超级联络人"和"桥头堡"这种得天独厚的优势。伴随两地市场互联互通的逐步深化,"中国概念"将进一步向香港引入内地和海外投资者,扩容香港的市场容量和规模,使香港拥有其他金融中心无可比拟的特殊优势,这对巩固和提升香港的国际金融中心地位必将发挥更重要的作用。

此外,为巩固和提升香港的国际金融中心地位,中央政府支持香港发展人民币业务,并支持香港以适当身份和适当方式参与国际和地区金融合作。以上这些措施助力了香港位列全球最大 IPO 市场、全球最自由经济体、亚洲最大的资产管理中心、亚洲区保险业务枢纽,香港的国际金融中心地位得到了进一步巩固和提升。

三、在人民币国际化进程中推动香港发展成为全球最大的人民币离岸中心

2008—2009 年国际金融危机期间，周边一些国家和地区出于维护贸易投资稳定和流动性需要，在跨境贸易和投资中使用人民币结算的需求上升。为顺应实体经济的需要，中国逐步建立和完善了人民币跨境使用政策框架，人民币在国际经济金融平台上的作用不断增强，这给香港建设离岸人民币中心带来了历史机遇。人民银行早在 2003 年就开始为香港个人人民币业务提供清算安排，经过多年来的稳步发展，香港人民币业务基础设施完备，人才、资金储备充足，加之"一国两制"带来的政治、地域与文化上的天然优势，香港成为建设全球主要离岸人民币中心的不二选择。在此背景下，人民银行采取了多项措施，推动香港建设成为全球最大的离岸人民币中心。

一是推动香港成为最大的跨境贸易和投资的人民币结算中心。2009 年跨境人民币结算从贸易领域开始试点，香港是境外第一批试点地区。2009 年 7 月，跨境贸易人民币结算在香港开始试点，香港人民币业务从个人业务扩大到以人民币结算和融资为主的公司业务，进一步加强了香港人民币结算中心的地位。试点开展以来，内地与香港地区的跨境人民币结算一直占主导地位，人民币实际收付累计结算量占总收付金额的比重一度超过三分之二，跨境贸易人民币结算成为香港人民币资金的主要来源。

二是支持香港人民币债券市场快速发展。香港人民币业务开办后稳步有序发展，资金清算渠道畅通，人民币存款逐步增加，催生了人民币投资和资产管理需求。经国务院批准，2007 年 1 月，人民银行发布公告（2007 年第 3 号），内地金融机构经批准可以赴香港发行人民币债券，香港成为首个发行人民币债券的市场。2007 年 7 月，国家开发

银行在香港成功发行首只人民币债券，发行规模为 50 亿元人民币。经国务院批准，2009 年 9 月，财政部在香港发行 60 亿元人民币国债，进一步丰富了香港人民币投资品种。2011 年，赴香港发债主体扩大到非金融机构，进一步增加了赴香港发行人民币债券的境内金融机构主体。

三是开拓并完善香港人民币回流机制。伴随着香港人民币业务的发展，衍生了人民币资产回流的需求。同时，为推进金融改革和资本市场开放，有序拓宽人民币跨境使用渠道，内地于 2011 年推出 RQFII 试点制度，允许符合条件的香港机构运用来自境外的人民币资金投资内地证券市场，从而开辟了新的人民币资金回流渠道。2012 年 4 月和 11 月，经国务院批准，人民银行先后两次增加香港 RQFII 额度至 2 700 亿元人民币。经国务院批准，人民银行于 2017 年 7 月 4 日宣布将香港 RQFII 投资额度由 2 700 亿元人民币扩大至 5 000 亿元人民币。扩大香港 RQFII 投资额度，有助于进一步满足香港投资者对于人民币资产的配置需求，推动内地金融市场对外开放，密切内地与香港的经济金融联系。

除 RQFII 试点外，人民银行于 2010 年 12 月批准香港金融管理局为首家可投资境内银行间债券市场的境外机构，并于 2013 年 8 月批准香港人民币业务清算行在境内银行间债券市场开展债券回购业务。

四是探索开展跨境人民币贷款业务。2012 年 12 月，人民银行准许符合条件的境内企业从香港经营人民币业务的银行借入人民币资金。2013 年初，深圳前海地区启动了首批跨境双向人民币贷款项目，包括工商银行（亚洲）有限公司在内的 9 家香港银行与 14 家境内企业达成了 14 笔跨境人民币贷款协议。目前，内地企业均可自主选择向包括香港在内的境外银行申请办理本外币贷款，企业办理外债业务的自主性和灵活性大大增强，明显节省了时间成本和资金成本。

上述一系列举措为香港建设人民币离岸中心奠定了坚实基础，也有力地支持了香港国际金融中心发展。香港现已成为全球主要的离岸人民币中心，香港离岸人民币同业拆借市场利率（CNH HIBOR）已经成为全球影响力最大的离岸人民币市场利率，香港的离岸人民币即期汇率（CNH）也已经成为海外离岸人民币市场的主要参考汇率。香港人民币业务发展也一直处于领先地位，内地与香港跨境贸易人民币结算在所有境外国家（地区）中名列第一位；香港的离岸人民币资金池为全球规模最大，高峰时曾超过 1 万亿元人民币；香港累计发行人民币债券 7 586 亿元；香港已有 196 家机构获准进入银行间债券市场，入市总投资备案规模为 7 615 亿元人民币。

四、积极支持香港参与国际与地区金融合作

香港回归祖国以来，中央政府积极支持特区政府以适当身份和适当方式参与国际经济金融组织的活动，进一步扩大了香港的国际影响力。截至目前，香港特区政府作为中国政府的一员参与的以国家为单位的政府间组织主要包括 IMF、世界银行以及"东盟与中日韩（10＋3）"财长和央行行长会议机制。香港特区政府及货币管理当局等以适当身份参与的不以国家为单位的国际经济金融组织达十多个，主要包括亚洲开发银行、东南亚与新西兰及澳洲中央银行组织、BIS、东亚及太平洋中央银行行长会议组织（EMEAP）、金融稳定理事会（FSB）、东南亚中央银行组织（SEACEN）、伊斯兰金融服务委员会、"10＋3"宏观经济研究办公室（AMRO）、金融行动特别工作组（FATF）、亚太经合组织（APEC）、国际保险监督官协会、WTO、埃格蒙特集团及亚太反洗钱组织（APG）等。

IMF 是主权国家参加的国际组织，主要负责维护全球金融稳定。香港回归后，中华人民共和国政府作为中国在 IMF 的唯一代表，全权代表香港特区行使权利和义务。为保持工作的连续性，人民银行同意 IMF

继续与香港特区开展第四条款磋商。中央政府除同意香港特区作为中国政府代表团的成员出席 IMF 的有关会议外，还同意在中国驻 IMF 执行董事办公室增设一个固定职位，由香港金融管理局派人担任，从而使香港能全面了解和参与 IMF 的事务。2000 年 9 月，在中央政府的支持下，IMF 在香港特区设立了 IMF 驻华代表处香港分处，使香港进一步加强了与 IMF 的合作。此外，1998 年 7 月，作为帮助应对亚洲金融危机的举措之一，在中央政府支持下，BIS 决定将亚太代表处设在香港，这充分展示了国际社会对香港回归后的信心。

"10＋3"也是一个主权国家参加的合作机制。长期以来，香港金融管理局作为中国代表团的一员参与"10＋3"财长和央行行长会议机制下的合作。2009 年，中央政府同意香港金融管理局以单独货币当局的身份参与清迈倡议多边化（CMIM），并享有相应的权利和义务。同时，香港金融管理局还作为 AMRO 执行委员会成员独立自主地参与 AMRO 有关工作，并发挥了重要作用。

香港作为 FATF 和 APG 成员，积极贯彻落实反洗钱与反恐怖融资国际标准，不断完善反洗钱与反恐怖融资法律制度和工作机制，深入参与反洗钱与反恐怖融资领域的有关合作，并发挥了积极作用。目前，香港正在积极筹备，迎接即将到来的 FATF 第四轮反洗钱与反恐怖融资互评估。

香港金融管理局是 EMEAP 机制下的重要成员，曾担任 EMEAP 货币与金融稳定委员会主席、金融市场工作组主席、银行监管工作组主席、支付结算工作组主席，积极促进区域内央行组织的交流与合作。香港金融管理局还每年定期为 EMEAP 副手会准备《宏观经济监测报告》。在人民银行的大力支持下，香港金融管理局于 2014 年 10 月正式加入 SEACEN，积极推动东南亚地区中央银行及货币当局的交流和人员培训。

此外，2017 年 6 月，在中央政府的支持下，香港正式成为首家以非主权国家经济体身份加入的亚洲基础设施投资银行（以下简称亚投行）新成员，为下一步争取亚投行在香港成立财资中心提供了可能。这些都说明，按照"一国两制"的原则，香港能充分参与国际和地区金融合作，并发挥积极作用。

五、积极支持香港参与"一带一路"建设

"一带一路"为香港经济发展带来新的历史机遇。资金融通是"一带一路"建设的关键，香港是国际和亚洲金融中心，在投融资领域经验丰富，在法律、人才、信息等方面具有明显优势，可以在"一带一路"建设中发挥积极作用。人民银行行长周小川在2017年5月举办的"一带一路"国际合作高峰论坛上倡议各国积极发挥本币在"一带一路"建设中的作用，这意味着人民币在推动"一带一路"建设与合作中的使用范围将不断扩大，也意味着香港作为全球最大的离岸人民币交易中心可在"一带一路"建设中发挥重大作用。

香港特区政府和各界高度重视"一带一路"带来的新机遇，参与"一带一路"建设的热情高涨，希望能够充分发挥香港"超级联系人"的角色，积极促进内地与海外企业合作，以"一带一路"为契机拓展香港金融业发展并带动整体经济增长。2016年7月，香港金融管理局成立了基建融资促进办公室（IFFO），旨在聚集对"一带一路"机遇有兴趣的公共或私营机构合作伙伴，分享信息和经验，促进"一带一路"基础设施相关项目融资，巩固香港国际金融中心的地位。

人民银行积极支持香港参与国家"一带一路"建设，鼓励内地与香港企业发挥各自优势，通过多种方式合作带动内地技术、标准、服务"走出去"，实现优势互补。香港可把握好这个新发展阶段中的重大机遇，秉持"共商、共建、共享"的合作理念，以市场化为导向，坚持持续性和互利原则，与内地加强金融合作，共同维护区域经济金融稳定。

第二节　内地与澳门金融合作

自 1999 年澳门回归以来，"一国两制"方针在澳门取得了巨大成功。中央政府十分重视在制度层面推进澳门经济社会的繁荣稳定，积极推动澳门与内地建立更紧密的经贸关系，帮助澳门摆脱结构性难题，实现经济适度多元化发展目标。"十三五"规划重申了支持澳门建设"一个中心"、"一个平台"，即世界旅游休闲中心与中国和葡语国家商贸合作服务平台的发展定位。在此背景下，人民银行积极支持澳门建立葡语国家人民币清算中心，推动两地在投融资、反洗钱等金融领域不断加强合作，协助澳门发展特色金融业，推动澳门经济多元化发展。

一、支持澳门建立葡语国家人民币清算中心

澳门凭借独特的地缘优势及历史渊源，一直是连接内地发展人民币业务与葡语国家经贸合作的重要平台。除文化与人才优势外，部分大型葡资银行在澳门也设有分支机构，这些都是澳门为葡语国家提供人民币清算服务得天独厚的优势。在澳门建立葡语国家人民币清算中心符合澳门与内地日趋紧密的合作趋势与澳门作为中国与葡语国家商贸合作服务平台的定位，也符合澳门发展特色金融业和经济多元化的目标。

一是两地经贸、人员往来催生开办澳门人民币业务需求。1999 年澳门回归后，内地与澳门的经贸金融联系程度不断提高，两地人员往来快速增长，携带人民币出入境成为普遍现象，人民币在澳门的流通和使用逐步形成了一定规模，也有一定数量的沉淀。为使人民币在澳门的兑

换和使用规范发展，澳门金融管理局多次向人民银行提出开办人民币业务的要求。根据澳门方面的要求，经充分研究论证，人民银行同意向澳门提供人民币清算安排。

二是澳门人民币业务平稳起步，稳健发展。2004 年 8 月 3 日，人民银行发布公告，开始为澳门办理个人人民币存款、兑换、银行卡和汇款业务的有关银行提供清算安排，对于澳门居民个人，每人每次可兑换不超过等值 6 000 元人民币的现钞，有人民币存款账户的每日还可以通过存款账户兑换不超过等值 20 000 元人民币。

2009 年 12 月，经国务院批准同意，人民银行在澳门回归 10 周年之际进一步推出扩大澳门个人人民币业务的三项措施，包括：允许澳门个人人民币存款账户签发人民币支票用于支付在广东省的消费性支出；将澳门人民币业务指定商户的范围扩大至包括在澳门提供通信、教育服务以及会议展览行业的商户；将个人人民币现钞兑换的限额由每人每次 6 000 元人民币提高至 20 000 元人民币，人民币在澳门使用的便利化程度进一步提高。在两地金融管理机构的通力合作下，澳门人民币业务规范、快速发展。2016 年，内地与澳门的跨境人民币实际收付总额 1 831.1 亿元，占同期跨境人民币实际收付总额的 1.9%，在所有境外国家和地区中排名第 10 位；内地与澳门的跨境人民币贸易结算总额达到 1 209.8 亿元，是 2010 年的 20 倍。

三是发挥澳门特殊优势，协助澳门建立葡语国家人民币清算中心。近年来，中国与葡语国家的经贸合作不断深入，建立葡语国家人民币清算中心的必要性日益突出。鉴于澳门地区人民币业务良好的运行状况与澳门发展特色金融业的政策目标，人民银行通过批准中国银行澳门分行为全球葡语国家提供清算服务、发展澳门机构接入 CIPS 等一系列措施，全力协助澳门完善人民币离岸市场基础设施，支持澳门建设葡语国家人民币清算平台。中国银行澳门分行等中资机构也主动与特区政府合作，多次赴葡语系国家推介人民币业务。在各方积极努力下，澳门特区人民币业务种类不断增加，跨境结算业务数量迅速扩大，获准投资内地银行间债券市场的澳门机构不断增多。

2016年10月，李克强总理在澳门视察期间，宣布了中央支持澳门经济发展的十九项新举措，支持澳门建立葡语国家人民币清算中心作为其中一项内容被提升到新的高度。根据中央工作部署，人民银行以更好服务实体经济活动为导向，推动在澳门开展RQFII业务试点，拓宽澳门人民币回流渠道，进一步优化和完善现有跨境人民币政策框架，助力澳门逐渐达到建立葡语国家人民币清算中心的相关条件，为中葡企业经贸往来与合作提供金融支持。

二、两地互设金融机构稳步增长

目前，中资金融机构在澳门布局初具规模。截至2017年8月末，内地共有五家大型银行在澳门地区设立机构，分别是：中国工商银行（澳门）股份有限公司（以下简称工银澳门）、中国银行澳门分行、大丰银行股份有限公司（由中国银行控股50.31%）；中国建设银行澳门分行和交通银行澳门分行。此外，广发银行在澳门设有分行。初具规模的银行业机构加上已于1989年进入澳门的中国人寿保险公司，中资金融机构已在澳门建立起了有相当规模的、较为系统的金融服务网络。

近年来，内地对澳门银行业开放稳步推进。截至2017年6月末，共有3家澳门银行在内地设立了银行类机构，包括3家母行直属分行和2家代表处，分别是：2006年2月设立的澳门大西洋银行股份有限公司上海代表处、2013年12月设立的澳门国际银行（珠海）横琴代表处、2016年11月设立的大西洋银行股份有限公司广东自贸区横琴分行、2017年3月设立的澳门国际银行股份有限公司广州分行和2017年6月设立的澳门大丰银行上海分行。

三、推动澳门经济多元可持续发展

澳门经济结构单一，对博彩业高度依赖。多年来，特区政府一直倡导澳门走多元化发展的道路，按照中央工作部署，人民银行支持澳门在引导博彩业规范发展的同时，积极发展包括金融、旅游、会展等其他产业，推动环珠三角地区与横琴开发区建设，为澳门的经济发展创造良好的外部环境。

一是开展反洗钱合作交流，引导博彩业规范发展。博彩业在澳门经济中一直占有特殊地位，2016 年，澳门博彩业毛收入占 GDP 的比重高达 62.6%，博彩业直接税占特区政府财政收入的比重更是高达 82.4%。如何在保持博彩业平稳发展的同时防范洗钱和恐怖融资等风险，是一个十分重要的课题。澳门早在 2001 年就成为了 APG 成员，特区政府高度重视反洗钱工作，成立了跨部门反洗钱协调小组，制定了专门的反洗钱和反恐怖融资法律，设立了金融情报办公室，扩大了反洗钱及反恐怖融资的范围，不仅将金融和博彩业包括在内，而且将律师、公证员、会计师、税务顾问、房地产经纪及离岸公司等纳入其中，从制度上为开展反洗钱和反恐怖融资工作提供了保障。

随着国际社会对反洗钱工作重视程度不断提升，以及各国在 FATF、APG 等国际组织框架下开展反洗钱合作力度的不断加大，澳门与内地合作开展反洗钱的需要也越来越迫切。为进一步加强内地与澳门在反洗钱领域的合作与交流，加强对跨境资金流动的监测分析，打击跨境地下钱庄违法活动，在人民银行与澳门金融管理局共同牵头下，内地与澳门于 2007 年建立了反洗钱协调机制。2015 年，人民银行和澳门金融管理局还签署了《关于防范洗钱和恐怖融资活动谅解备忘录》。此外，中国反洗钱监测分析中心与澳门金融情报办公室还签订了信息交换协议。

二是支持澳门发展特色金融业，促进澳门经济发展多元化。近年来，澳门特区政府结合自身优势和经济发展特点，提出发展适合特区发展潜力特色金融业务的目标，具体包括发展融资租赁与财富管理业务、协助葡语国家或机构参与人民币业务、发挥中国与葡语国家人民币清算平台角色以及配合推动人民币国际化等，力图培育新的经济增长点，将金融业打造成为特区另一支柱产业。中资金融机构在助推澳门发展特色金融方面作出了巨大努力，例如，工商银行不断加大资源支持和财力投入，致力于将工银澳门打造成工商银行海外实物和平盘贵金属业务中心；华融资产管理公司已在澳门设立控股子公司，四大资产管理公司中的其余三家也有意赴澳门设立分支机构，助推澳门发展财富管理在内的特色金融业。

三是不断加大对澳门经济发展支持力度，推动粤澳地区深化金融合作。2003 年 10 月 17 日，内地与澳门特区政府签署了《关于建立更紧密经贸关系的安排》（CEPA），并在此后十多年间陆续签署了十个补充协议、广东协议和服务贸易协议，进一步丰富和深化合作内容。人民银行也于 2015 年发布了《广东南沙、横琴新区跨境人民币贷款业务试点管理暂行办法》和《中国人民银行关于金融支持中国（广东）自由贸易试验区建设的指导意见》，推动粤澳地区深化金融合作。

李克强总理在 2017 年"两会"工作报告中指出，要推动内地与港澳深化合作，研究制定粤港澳大湾区城市群发展规划，发展港澳独特优势，提升在国家经济发展和对外开放中的地位和功能。大湾区规划的提出，极大扩展了澳门的空间优势。人民银行将继续积极支持澳门充分发挥"一国两制"的制度优势，协助澳门将金融服务辐射至珠江西岸地区与葡语国家等区域市场，与周边的金融城市错位发展，优势互补。

四是建立定期会晤机制，加强两地金融管理部门信息交流。人民银行与澳门金融管理局于 2001 年就建立粤澳定期会晤机制事宜达成了以下共识：为加强粤澳两地金融监管当局的信息交流，防范和化解金融风险，建立人民银行广州分行与澳门金融管理局定期会晤机制。会晤每半年轮流在粤澳两地举办一次，主要任务包括介绍两地经济金融情况，交流两地金融监管信息、研究双方感兴趣的问题等。迄今为止，粤澳两地的金融监管部门已轮流在两地成功举办了 21 届例会，每届例会都由广州分行时任行长和时任澳门金融管理局主席丁连星亲自率队出席，人民银行也曾多次派成员参加。2016 年 12 月 1 日，第 21 届例会在澳门举行。作为粤澳两地金融管理部门的有效沟通平台，粤澳金融合作例会有力地推动了两地金融合作的深入开展，对推动珠三角金融圈建设具有重要意义。

四、支持澳门参与"一带一路"建设

澳门区位优势独特，政府财政储备充足，市民也有参与国家经济发展的呼声，在参与"一带一路"建设方面有着金融服务、信息资源以及资金等特殊优势。李克强总理于 2016 年 10 月在澳门宣布的十九项中央支持澳门经济发展的新举措中，同样包括了支持澳门与丝路基金开展合作的内容。澳门与丝路基金在"一带一路"框架下共同开展泛行业和基建领域的投资合作，有助于充分发挥澳门在资金、区位、人文资源等方面的独特优势，实现互利互惠。

澳门人民币业务的发展以及内地支持澳门经济发展各项政策的推出，便利了内地与澳门的人员往来，同时也促进了澳门经济稳定健康发展。澳门回归以来，经济增长水平显著提高，财政盈余增加，就业明显好转，经济社会取得了长足发展。2000 年至 2016 年，澳门本地生产总值年均增长率达到 12.8%，比 1985 年至 1999 年年均增长率高出 7.5 个百分点。2016 年全年公共财政收入 1 024 亿澳门元，公共财政支出 807 亿澳门元，分别是 1999 年的 6 倍和 4.3 倍。2016 年末澳门特区外汇储备资产总额为 1 556.7 亿澳门元（194.92 亿美元），是 1999 年末外汇储备资产总额的 6.8 倍。澳门经济金融的稳定发展，不仅为澳门人民带来福祉，也为澳门社会稳定发展提供了坚实动力。

五、支持澳门开展对外交往

根据《中华人民共和国澳门特别行政区基本法》，澳门可在经济、贸易、金融、旅游、文化、体育等领域以中国澳门名义单独与世界各国、各地区及有关国际组织开展交流与合作，可派代表作为中国代表团成员或以适当身份参加以国家为单位成立的国际组织和召开的国际会议，或以中国澳门名义参加不以国家为单位成立的国际组织和召开的国际会议。澳门回归以来，在中央政府的支持和人民银行的协助下，澳门积极参与经济金融领域的国际组织和国际会议活动，参加国际组织的数量已由回归前的 8 个增加到 17 个左右，活动内容日益丰富，参与程度逐步加深。澳门还举办了大量区域性、专业性国际组织会议和活动，对于加强澳门与有关国际组织的交流合作起到了积极助推作用。此外，2014 年 6 月，IMF 完成澳门回归后对澳门开展的首次第四条款磋商。

第三节　海峡两岸金融合作

1992 年，大陆海峡两岸关系协会（以下简称海协会）和台湾海峡交流基金会（以下简称海基会）达成"九二共识"，为两岸开展经济、文化交流与金融合作打下坚实基础。2001 年起，两岸逐渐实现了"小三通"（福建沿海实现与金门、马祖地区直接往来）和"大三通"（直接"通邮、通航、通商"），两岸人员经贸往来快速增长，金融合作不断深化。在两岸 2010 年《海峡两岸经济合作框架协议》（ECFA）的基础上，人民银行与台湾地区货币管理机构于 2012 年 8 月签署了《海峡两岸货币清算合作备忘录》，两岸建立了货币清算机制，两岸金融合作逐步迈向制度化。

一、长期坚持的两岸民间金融交流与合作

1994 年 5 月，中国金融学会与台北金融研究发展基金会、中华经济研究院共同在台北举办了首届"两岸金融学术研讨会"。自此，在两岸金融界同人的共同努力下，两岸金融学术研讨会走过了二十载春秋。2014 年，为适应两岸金融交流新需求，"两岸金融学术研讨会"改为"两岸金融合作研讨会"，先后有两岸金融界人士近 7 000 人次在研讨会上就货币政策、金融监管、金融市场发展、金融危机应对、金融新业态发展等议题互相交流、学习与借鉴。在研讨、座谈、参访等各种形式的交流互动中，两岸金融界同仁对宏观经济形势、金融改革与开放、金融监管法规、利率市场化、资本账户开放及两岸金融业务发展等领域进行了深入探讨，增进了相互了解，对推动两岸业务往来与合作也有了更多的思考与期盼。此外，两岸与会者在研讨会上的政策建议也通过各自渠道向有关决策部门表达，为两岸金融业务往来提供了有力支持，推进了两岸的民间金融交流与合作。

二、两岸签署人民币清算协议

两岸经贸和人员往来快速增长催生了台湾人民币业务。2000 年以来，两岸贸易与人员往来快速增长，2008 年两岸贸易总额达到 1 292.2 亿美元，是 2000 年的 2.6 倍；人员往来 464.6 万人次，是 2000 年的 1.4 倍。与此同时，大陆对台湾地区的贸易逆差也不断扩大，2008 年达到 776.6 亿美元，是 2000 年的 3.8 倍，贸易逆差的不断扩大为台湾人民币业务的开办奠定了基础。台湾地区向大陆出口收取人民币，在大陆投资使用人民币，可以为相关实体经济部门节省汇兑成本，规避汇率风

险；在台湾开办人民币业务有利于拓展台湾地区金融业发展空间和便利两岸人员往来，还将给台湾地区的旅游业和餐饮业带来便利。人民银行始终坚持通过多种渠道推动人民币进入台湾地区的工作，人民银行时任副行长吴晓灵与人民银行时任行长助理马德伦也多次表达了希望与台湾当局共同推动建立人民币清算机制的愿望。

二是推动两岸签署人民币清算协议。新世纪以来，随着两岸经贸往来不断扩大、两岸人员交流的日益频繁，台湾地区公开使用人民币的现象越来越普遍，台湾业界提出了建立两岸货币清算机制的诉求，同时，香港和澳门人民币业务已开展多年并且运行良好，建立两岸货币清算机制有先例可循、有经验可借鉴。

2010 年 6 月 29 日，大陆海协会与台湾地区海基会领导人在重庆签署了《海峡两岸经济合作框架协议》（ECFA）。根据 ECFA 相关安排，两岸货币管理机构进一步就通过香港渠道向台湾地区提供人民币现钞供应与回流的合作方式达成一致意见，人民银行随后授权中国银行香港分行为台湾地区人民币现钞业务清算行，向台湾地区提供人民币现钞清算服务。2012 年 8 月 31 日，两岸货币管理机构签署《海峡两岸货币清算合作备忘录》，人民银行授权中国银行台北分行担任台湾地区人民币业务清算行。2013 年 1 月 25 日，人民银行与中国银行台北分行签订《关于人民币业务的清算协议》；同日，台湾方面货币管理机构发布了《银行业办理外汇业务管理办法部分条文修正》，准许外汇指定银行（DBU）开办人民币业务。自此，两岸货币清算机制正式建立。

2014 年 1 月，中国银行台北分行、厦门分行开始直接办理人民币现钞调运；2015 年 7 月，厦门启动对台湾地区跨境人民币贷款业务试点。台湾地区人民币资金运用渠道基本畅通，两岸银行业金融机构合作进一步加强。截至 2017 年 8 月末，台湾地区在大陆地区共设有 33 家银行分支机构，包括 3 家法人机构、27 家分行（含 1 家在筹）、3 家代表处。中国银行、建设银行、交通银行在台湾地区设立了分行，农业银行、招商银行在台湾地区设立了代表处。

两岸货币清算机制建立以来，台湾地区与大陆跨境人民币结算业务稳步增长，台湾地区人民币存款也快速增长。2016 年台湾地区与大陆跨境人民币实际收付额为 4 040.3 亿元人民币，占同期跨境人民币收付总额的 4.1%，位居所有境外国家（地区）中的第四位。2016 年，台湾地区人民币存款 3 114.17 亿元人民币，发行"宝岛债"12 只，发行规模为 82.19 亿元人民币。

第五章
利用二十国集团（G20）平台，
积极参与全球经济治理

伴随着全球化进程的不断加深和中国对外开放步伐的不断加快，中国参与全球经济治理的必要性和重要性日益凸显。一方面，随着中国对外开放进程的加快，中国已经日益融入全球经济脉络，成为世界第二大经济体，一举一动对周边国家及全球经济的影响重大，中国宏观经济金融政策的溢出效应日渐上升。同时，中国也受到来自其他国家和全球金融市场的溢出影响。中国作为经济大国，已不可避免地要在全球经济治理中承担大国责任和义务。

另一方面，作为开放大国，中国已深度参与全球贸易投资活动，2016 年的境外直接投资（ODI）已首次超过外商直接投资（FDI）。中国的海外经济活动不断增多，既需要开放公平的国际经济环境，也需要对现行国际规则不合理、不公平的地方进行完善和修订。

总而言之，对外开放为中国参与全球治理赋予了新的意义，也提出了更高的要求；参与全球治理为中国进一步扩大开放提供了新的机遇，也增添了新的动力。

第一节 全球经济治理及基本情况

全球经济治理的主要目的在于建立并维护国际经济金融运行的有效规则，协调各方宏观经济政策，避免和应对外部冲击所产生的经济危机。当前的全球经济治理体系是第二次世界大战结束后逐渐演变形成的，在推动战后经济复苏、应对危机、促进全球经济增长和繁荣上作出了巨大贡献。

目前，世界范围内已经形成由各类治理机制组成、多层次、网络化的全球经济治理体系。从覆盖的区域看，这些治理机制可分为多边、区域和双边三种类型。多边机制包括国际组织和多边协调机制，比较有代表性的有被称为"布雷顿森林体系机构"的 IMF 和世界银行集团、2008 年金融危机后升级为领导人峰会的二十国集团（G20）、旨在制定金融领域国际标准和准则的金融稳定理事会（FSB）和 BIS 等。区域机制则包括一些地区性或小范围的协调机制和组织，如金砖国家合作机制、区域和次区域的多边开发银行、"10＋3"、EMEAP 等。双边协调机制则包括各主要国家间的双边对话机制。

从具体功能看，可分为甄别敏感问题、标准和规则制定、政策协调三大类。第一类偏重于及时发现敏感问题，如致力于研究经济金融领域的前沿性问题，经常敏锐地发现经济金融领域最新动态和风险所在的BIS。第二类偏重于标准和规则制定，包括作为全球货币政策当局和金融监管当局标准制定核心机构的 BIS，金融危机后升级为国际组织、领导全球金融监管标准制定的 FSB 和在税收、公司治理等领域具有丰富经验的 OECD 等。第三类偏重于政策协调，较典型的是 G20，它已成为全球主要国家就宏观经济政策以及其他全球重要问题进行协调的重要平台。当然，有些国际机制，如 IMF，兼具甄别敏感问题、政策协调和规则制定三大功能。

多年来，人民银行积极利用 G20、IMF、BIS、FSB、金砖国家合作机制、多边开发机构、区域性合作机制等各类平台，全方位、多层次地参与全球经济治理与政策协调，推进与各国间的相互理解和交流，共同促进全球经济增长，维护国际金融稳定。

第二节　中国日益深入参与 G20 机制

一、G20 的诞生和财长及央行行长会议

20 世纪 70 年代，在经历布雷顿森林体系崩溃、石油危机等一系列冲击后，由美国、英国、原联邦德国、法国、日本、意大利和加拿大，七个发达工业国家组成的七国集团（G7）正式成立，成为全球主要发达经济体就经济、金融、贸易、安全、发展、环境等一系列重要议题进行国际协调的重要平台。在这一阶段，西方发达国家持有 IMF 和世界银行等国际组织的绝大多数投票权，G7 集团也被视为全球经济的"指导委员会"。

20 世纪 90 年代后，世界形势出现新的变化，经济全球化进程不断深化，新兴市场经济体迅速崛起，G7 意识到有必要邀请新兴市场经济体加入全球经济治理和政策协调机制。为此，G20 财长和央行行长会议机制于 1999 年成立，正式确定了全球 20 个最重要的经济体成员①，通过定期会议，推动成员经济体间就实质性问题进行讨论和研究，成为宏

---

① 分别是阿根廷、澳大利亚、巴西、加拿大、中国、法国、德国、印度、印度尼西亚、意大利、日本、韩国、墨西哥、俄罗斯、沙特阿拉伯、南非、土耳其、英国、美国和欧盟（其席位由欧盟轮值主席国和欧洲中央银行共同代表）。

观政策协调的有效途径。会议议题以推动全球发展为主线，同时紧扣经济金融领域的热点问题。会议机制建立之初正值亚洲金融危机后期和拉丁美洲债务危机，各方重点关注国际金融规则和主权债务问题，推动增强抵御危机能力。2001 年，"9·11"事件爆发，如何在财金领域共同打击恐怖主义成为会议关注焦点。此外，会议还长期关注全球经济一体化、可持续发展、国际金融机构改革等全球经济中的深层次问题。G20 财长和央行行长会议机制建立后，新兴市场经济体逐渐主动参与全球经济治理与政策协调。

二、G20 升级为领导人峰会

2008 年，国际金融危机爆发并迅速蔓延。在美国的提议下，G20 正式升级为领导人峰会，迅速承担起危机应对重任。自此，G20 逐渐取代 G7，成为全球经济治理与政策协调的主要平台。

升级为领导人峰会后，G20 逐渐确立了以峰会为引领、财政金融和协调人"双轨"渠道为支撑、工作组为辅助的架构，并形成了由现任主席国、前任主席国和候任主席国组成的"三驾马车"机制，就 G20 的议题设计进行充分沟通，以确保议题的连续性。由于 G20 特有的财政金融和协调人"双轨"渠道，包括中国在内的大部分成员内部也形成了外交、财政和央行组成的"三驾马车"机制，共同参与 G20 的相关事务。此外，与一些正式国际组织采取投票通过决议的决策方式不同，G20 在决策上采取协商一致的原则，最终以公报的形式发表并巩固其成果，并通过问责评估等形式进行跟踪评估。随着全球经济金融形势的变化，G20 领导人峰会也先后经历了几个不同的阶段。

第一阶段：领导人峰会诞生之初，专注应对金融危机。

2008 年 11 月，首次 G20 华盛顿峰会深入讨论了危机产生的根源。经各国沟通协调，会议最终一致指出，危机爆发的根源在于金融机构的冒险行为、金融产品日益复杂、杠杆率过高、宏观经济政策不协调、结构改革不充分。同时，有观点认为危机前华尔街不合理的薪酬机制鼓励了金融机构的冒险行为，应对薪酬机制进行改革。但会议讨论中各国对此存在分歧，决定将其委托给正在酝酿成立的 FSB 继续研究。其后，FSB 在这方面的工作取得了一定进展。

峰会高度重视贸易对经济增长的作用，要求尽快完成 WTO 多哈回合贸易谈判。虽然多哈回合贸易谈判迄今仍未取得成效，但峰会关于贸易融资问题的讨论有实质性进展。

此外，华盛顿峰会还一致通过保证 IMF 等国际金融机构拥有足够的资源以应对危机冲击，并在需要时增资；要求将金融稳定论坛（FSF）升级为国际组织 FSB，并吸纳新兴市场经济体加入。

2009 年 4 月，G20 伦敦峰会继续致力于危机原因的诊断和纠正。峰会前夕，人民银行行长周小川在人民银行网站上连续发表了《关于国际货币体系改革的思考》《关于储蓄率问题的思考》《关于改变宏观和微观顺周期性的进一步探讨》三篇文章。《关于国际货币体系改革的思考》指出，国际金融危机凸显了国际货币体系的内在缺陷和完善全球金融架构的必要性，必须创造性地改革和完善现行国际货币体系，推动国际储备货币向着币值稳定、供应有序、总量可调的方向完善，才能从根本上维护全球经济金融稳定。为此，应特别考虑充分发挥 SDR 的作用，建立起 SDR 与其他货币之间的清算关系，推动在国际贸易、大宗商品定价、投资和企业记账中使用 SDR 计价，推动创立 SDR 计值的资产，进一步完善 SDR 的定值和发行方式。

《关于储蓄率问题的思考》指出，各国储蓄率高低差异的原因多样，似不能简单地将储蓄率高低说成与汇率有关。从储蓄率波动的时间分布看，中国储蓄率提高与美国储蓄率下降时间不一，也不存在显著的因果关系。中国政府正在采取积极的措施试图降低储蓄率。解决全球储蓄失衡问题需要综合药方，各国和国际组织应加大合作力度，加强对国际投机资本的监管，合理引导储蓄盈余更多地流向发展中国家和新兴市场经济体，并应继续推进国际货币体系改革。

《关于改变宏观和微观顺周期性的进一步探讨》讨论了金融体系的一些顺周期因素、可能采取的补救措施以及货币和财政部门在严重市场危机下如何发挥专业作用。全球金融体系在投资决策和风险管理时高度依赖外部信用评级，公允价值会计准则加剧了市场波动，《巴塞尔协议Ⅱ》允许金融机构使用内部评级法对复杂产品定价并评估其风险，这些因素导致了金融机构较强的顺周期性。为此，应发挥好各国负责整体金融稳定的部门的专业作用，建立资本约束的逆周期机制。为稳定严峻危机下的市场，财政部门和中央银行必须迅速行动，采取非常规措施。

同时，人民银行金融研究所也在人民银行网站发表文章《改革国际金融监管体系几点认识》，指出此次金融危机暴露出全球金融监管的多方面问题，包括在监管理念上过分相信市场的作用、监管体制落后于金融创新、国际监管合作体系尚未形成等。为改革金融监管体系，一是要自我反省，而不是寻找借口，推卸责任；二是须引入宏观管理机构的周期参数，加强逆周期机制；三是须提高监管队伍素质，培养监管市场的经验和感觉；四是要强化对评级运用和评级机构的监管；五是应关注公司治理问题。

上述数篇文章很快引起国际社会热议。这些文章不仅揭示了危机产生的深层次根源，而且激发了国际社会对改革国际货币体系、增强SDR作用的热烈讨论，推动相关议题开始纳入G20峰会议程；还促使各国在伦敦峰会上同意"抑制而非扩大金融和经济周期"，为下一步各国普遍建立和加强逆周期宏观审慎政策框架以及推出《巴塞尔协议Ⅲ》（以下简称《巴Ⅲ》）打下了基础。

此外，为增加IMF资源以应对危机，伦敦峰会同意将IMF的可用资金提高两倍至7 500亿美元，并分配2 500亿美元SDR。中国承诺出资 500 亿美元。由于危机爆发后不少 G20 国家动用财政资源救助金融机构，因此希望通过打击"避税天堂"等措施扩大财政空间。OECD 是国际税收合作的主要平台之一，提出了一些打击"避税天堂"的政策建议。

延续 2008 年华盛顿峰会对贸易的讨论，伦敦峰会上 G20 各方同意提供 2 500 亿美元支持贸易融资。中国也与世界银行等国际机构开展了富有成效的贸易融资合作。

第二阶段：随着危机影响消退，G20 讨论的重点转移至全球失衡。

2009 年 9 月，G20 匹兹堡峰会开始关注全球经济如何从危机中恢复，提出建立"强劲、可持续和平衡增长框架"，推动 G20 实现强劲、可持续和平衡增长目标，其中"可持续"和"平衡"等内容涉及发展的可持续性和经常账户平衡等问题。

2010 年 6 月，G20 多伦多峰会前，世界经济形势好转，因而财政整顿问题被提上了议事日程。同时，已有迹象显示人民币汇率和全球失衡问题将成为热点。会议前夕，中国宣布人民币汇率恢复暂停了近两年的浮动，有效地释放了压力，为应对峰会期间美欧对人民币汇率问题施压提前营造了积极的舆论氛围。

关于财政整顿，多伦多峰会宣言提出，"发达经济体承诺在 2013 年前将财政赤字至少减半，在 2016 年前稳定或降低政府债务占 GDP 的比重"。这一承诺后因全球经济形势和对财政整顿效果认识的发展变化而不断被修正。目前，G20 各方已更加认同应在条件允许时运用财政政策支持复苏的观点。

2010 年 11 月，G20 首尔峰会继续重点关注全球失衡问题。会前，有国家提出 G20 各成员于 2015 年前将经常账户余额占 GDP 的比重降至 ±4%。中国则认为，不能用量化指标来要求各国调整进程，金融危机后，美国等发达国家实施量化宽松货币政策，造成国际资本异常流动，增加了各国经济调整的难度。G20 最终通过了"参考性指南"，仅用于评估是否出现失衡而不作为各国的政策目标。具体而言，请 IMF 按照通过的"一揽子量化指标"和相应的判断标准，衡量 G20 各成员是否存在持续、大幅度失衡，并分析失衡原因，提出政策措施建议，形成每两年一次的《可持续性报告》。

第三阶段：欧洲债务危机爆发，G20 再次关注危机应对。

2011 年 11 月，G20 戛纳峰会因欧洲债务危机爆发而再次重点关注危机应对。峰会召开前希腊债务危机恶化，希腊总理专程赶去戛纳，并称或将就是否接受欧洲救助方案进行公投。同时，意大利也出现爆发危机的预兆。在此情况下，峰会各项议题被迫中断，集中关注希腊和南欧债务问题。

国际货币体系改革本是法国作为 G20 主席国的重点议题，法国还专门于 2011 年 3 月在南京与中国联合召开了高级别研讨会，时任总统萨科齐亲自出席。但由于欧洲债务危机爆发，未能取得实质性进展。关于参考性指南，各方同意将经常账户拆分为贸易、收益和转移三项，正式制定了参考性指南。此外，戛纳峰会还同意扩大 IMF 综合监督的作用，以替代《2007 年监督决定》。

2012 年 6 月，G20 洛斯卡沃斯峰会，因欧洲主权债务危机蔓延，本次峰会再度聚焦 IMF 增资问题。金砖国家成功协调向 IMF 增资的立场。最后，向 IMF 增资不少于 4 500 亿美元成为峰会的主要成果。

第四阶段：G20 转向关注中长期经济问题。

随着全球金融危机和欧债危机逐渐过去，G20 会议议题由危机应对转向全球经济中的中长期问题，G20 也从应对国际金融危机的有效机制转变为世界经济的长效治理机制。

2013 年 9 月，G20 圣彼得堡峰会关注议题转向反避税以及长期投融资等长期问题。一方面，委托 OECD 启动税基侵蚀和利润转移项目研究，以遏制跨国企业规避纳税义务及税基侵蚀行为。另一方面，设立长期投融资研究工作组，促进对基础设施和中小企业的投资。

2014 年 11 月，G20 布里斯班峰会重点关注增长和就业，提出未来五年经济额外增长 2 个百分点的 G20 增长蓝图，并请各方通过制订增长战略作出新的政策承诺，更新以往政策承诺的执行情况。G20 还决定在悉尼建立全球基础设施中心（GIH），并就主要金融监管标准达成共识，包括总损失吸收能力（TLAC）概念等。

2015 年 11 月 G20 安塔利亚峰会主题设定为"包容、投资、落实"（3I），主要关注过去承诺的落实情况，强调实现包容性增长。值得一提的是，峰会期间 IMF 总裁拉加德发表支持人民币加入 SDR 的声明，受到各国欢迎。时任美国总统奥巴马承诺在 2015 年末前通过 2010 年 IMF 份额和治理改革方案。本次峰会还确定了全球系统重要性银行 TLAC 的国际标准。此外，巴黎恐怖袭击和叙利亚难民危机受到高度关注。

2016 年 9 月 G20 杭州峰会以"构建创新、活力、联动、包容的世界经济"为主题，取得了丰硕成果。在财金渠道下，各方进一步加强宏观政策协调，就各自以及共同使用所有政策工具促增长达成共识，并承诺就外汇市场密切讨论沟通。此外，杭州峰会还重点关注贸易与投资放缓、包容性增长和结构性改革等议题。

在 2016 年中国担任 G20 主席国期间，国际金融架构工作组（IFA）获得重启，在扩大 SDR 使用、加强全球金融安全网、IMF 份额和治理改革、完善主权债重组机制、改善资本流动监测和风险防范方面取得了积极进展。

金融监管改革在持续推动落实已议定改革的同时，推动和引导有效宏观审慎政策实施，解决"大而不能倒"问题，并构建有效的金融风险处置机制。

普惠金融受到进一步重视，发布数字普惠金融高级原则，升级普惠金融指标体系。绿色金融首次作为重要议题引入 G20，成立了绿色金融研究小组，识别绿色金融发展面临的体制和市场障碍，并在总结各国经验基础上，提出了可提升金融体系动员私人部门绿色投资能力的可选措施。

2017 年 7 月，G20 汉堡峰会以"塑造联动世界"为主题。因美国政府在贸易、气候变化等问题上立场发生重大转变，上述两大议题成为峰会关注的焦点。最终，公报在贸易上延续了保持市场开放、反对保护主义的措辞，但在气候变化上出现了除美国以外的其他 G20 成员继续落实《巴黎协定》的分歧。

峰会重点关注增强经济韧性和包容性增长；提出加强与非洲合作倡议，推动伙伴国家与非洲"结对"，以促进对非投资；在金融监管改革方面继续推动完成巴Ⅲ，评估金融监测改革的落实效果，还重点讨论了金融科技及其对监管的影响；国际金融架构继续关注资本流动、全球金融安全网和 IMF 份额改革；绿色金融推动金融业环境风险分析，改善公共环境数据的可得性。

第三节　2016 年 G20 杭州峰会，主动引导议题设计，成果斐然

在 G20 历年的进程中，中国的角色从被动跟随逐渐转变为深度参与、主动引领，开始在全球经济治理决策中更加有针对性、建设性地提出建议，切实引导国际规则制定，逐渐发挥世界经济大国应有作用。在国内，外交部、财政部和央行各司其职，密切配合，发挥了良好牵头作用。外交部负责协调人渠道，财政部和央行联合负责财金渠道。政策议题方面，人民银行牵头全球经济和增长框架的相关工作，财政部负责其中的结构性改革议题。此外，人民银行还牵头负责国际金融架构和金融监管改革议题，财政部负责国际税收合作等议题。2016 年中国担任 G20 主席国，财金渠道先后举办 4 次部长级会议、4 次副手会、2 次副

手磋商，以及 20 多场国际会议、工作组会和研讨会，在 G20 历程上留下了深刻的中国印记，向世界贡献了"中国智慧"，为全球经济发展的问题提出了"中国方案"。

早在接任主席国的一年多前，为筹备 2016 年杭州峰会，人民银行就开始着手开展工作，在深入分析各议题特点基础上，加强与各方协调，主动引导议题设计。人民银行充分利用几次部长会和副手会的关键时间节点，在 2015 年 12 月，中国接任主席国后的第一次副手会——海口副手会上就议题设置谋求各方共识，制订工作计划；在 2016 年 2 月第一次部长会——上海部长会上，正式批准议题设置和工作计划，为全年工作奠定了方向和基调；利用 2016 年 4 月华盛顿副手会和部长会，推动各议题深入讨论，谋求最大化共识；在 2016 年 6 月厦门副手会上，继续深化共识，推动成果形成雏形；在 2016 年 7 月成都部长会上敲定成果，最终在 2016 年 9 月杭州峰会上将增长框架、国际金融架构、金融部门改革、普惠金融和绿色金融等议题的成果对外公布，并于 2016 年 10 月华盛顿部长会部署各成果的后续落实。

一、在"强劲、可持续和平衡增长"愿景留下中国印记

2009 年匹兹堡峰会，G20 领导人一致同意将"强劲、可持续和平衡增长"确立为 G20 的共同增长愿景，既表达了 G20 摆脱危机、重返高速增长的强烈渴望，也反映了各方对增长可持续性和内外经济均衡的高度重视，以避免危机的再次发生。历届 G20 峰会均围绕这一愿景展开讨论，G20 各项工作的开展也均围绕这一总体目标。中国接任 G20 主席国后，增长框架工作组先后召开 3 次工作组会，推动该议题取得积极进展。

2016 年初，全球外汇市场出现波动，一些媒体炒作"新广场协议"，尽管不切实际，但也反映了当时确实存在一些国家汇率竞争性贬

值的苗头。2016 年 2 月上海财长和央行行长会议期间，人民银行推动 G20 各方重申"将避免竞争性贬值和不以竞争性为目的来盯住汇率"，对外界释放了强烈的信号，有力地消除了对爆发"货币战争"的担忧。同时，上海会议还首次承诺"就外汇市场密切讨论沟通"，体现了 G20 对当时汇率波动的高度重视，并突出了 G20 成员间相互沟通的重要性。这一系列共识奠定了全年的工作基调。

2016 年 6 月末，英国"脱欧"公投的意外结果再次引发全球市场动荡。在 2016 年 7 月的成都财长和央行行长会议上，G20 作出一致表态，指出"已经准备好积极应对英国公投带来的潜在经济和金融影响"，今后"希望看到英国作为欧盟的密切伙伴"。这一表态既展现了 G20 对控制局面的自信，又对英国与欧盟未来关系的走势作出了积极的设想，再次在关键时刻向市场注入了信心。

近年来，由于经济形势分化，各国对应采取何种政策措施出现不同的观点，导致 G20 在宏观经济政策协调上没有太多突破。中国担任主席国期间，密集做主要国家工作，协调各方求同存异、凝聚共识，最终促成 G20 承诺"各自以及共同使用所有政策工具，包括货币、财政和结构性改革政策"，以"增强信心，维护和增进复苏"，对于增强信心和稳定市场发挥了积极作用。中国担任主席国后，着重强调包容性增长，协调 G20 承诺致力于实现"强劲、可持续、平衡和包容性增长"目标，推动不少 G20 成员通过增长战略提交了新的包容性增长措施。

贸易增速放缓和国别投资不足是近年来全球经济面对的重要挑战。人民银行推动 G20 强化讨论贸易和投资问题，深入分析全球贸易和投资放缓的原因和影响，并讨论了多种政策选项。在此基础上，推动各方承诺"采取进一步行动重振全球贸易和提升投资"，在各自增长战略更新中提出了促进贸易和投资的具体措施。

中国还大力倡导加强结构性改革，加强顶层设计，形成《深化结构性改革议程》，包含九大结构性改革优先领域、四十八项指导原则和一套用于识别政策缺口和监测改革进展的指标体系。同时，具体的改革承诺继续通过各国"增长战略"的落实和更新来推进。

自 2011 年戛纳峰会起，每届 G20 峰会均会通过以峰会举办城市命名的行动计划，纳入 G20 为实现"强劲、可持续和平衡增长"而承诺开展的实际行动，是领导人宣言的具体落实方案。《杭州行动计划》在过去工作的基础上，首次吸收国际金融架构、投资和基础设施、贸易和投资、绿色金融、普惠金融等多项议题的重要政策承诺，汇聚成一份统揽全局、完整清晰的全面行动纲领。

二、为完善国际金融架构提出中国方案

完善国际金融架构一直是 G20 的重要议题。中国担任 G20 主席国后顺势而为，在杭州峰会上为 G20 完善国际金融架构贡献出"中国方案"。

2008 年国际金融危机爆发，凸显了国际货币体系的内在缺陷和完善全球金融架构的必要性。人民银行行长周小川在 2009 年 G20 伦敦峰会前夕发表了《关于改革国际货币体系的思考》的文章，建议改革和完善现行国际货币体系，激发了国际社会对国际货币体系改革的热烈讨论。此后，G20 持续推进国际货币体系改革，取得了多项进展。2011年法国担任 G20 主席国，将国际货币体系改革作为主推议题，并设立了国际金融架构工作组，但却受 2011 年下半年欧债危机爆发影响而被冲淡，工作组也在 2014 年中断了。2015 年以来，伴随着人民币加入SDR 货币篮子的进程，中国在 G20 各方支持下成功重启国际金融架构（IFA）工作组。2016 年中国任 G20 主席国期间，IFA 工作组先后召开 4次工作组会和 1 次高级别研讨会，推动该议题取得了丰硕成果。

SDR 是 IMF 于 1969 年创设的一种补充性储备资产，旨在缓解依赖单一主权货币的内在风险。然而由于分配机制和使用范围上的限制，

SDR 的作用未能得到充分发挥。2015 年 11 月 30 日，人民币成功加入 SDR 货币篮子。中国担任 G20 主席国后，与 G20 各方一道积极推动扩大 SDR 的使用范围。一方面，推动 SDR 发挥报告货币作用，中国率先于 2016 年 4 月以 SDR 发布外汇储备数据，于 2016 年 6 月以 SDR 发布国际收支和国际投资头寸数据，取得积极反响。另一方面，推动 SDR 债券市场的培育和发展，世界银行已于 2016 年 8 月在中国银行间债券市场发行了 SDR 债券。

2015 年以来，全球资本流动波动加剧，新兴市场经济体和发展中国家普遍面临资本外流压力，在此背景下，完善全球金融安全网具有重要现实意义。全球金融安全网包括全球、区域、双边及各国自身储备等多个层次，总体资源充足，但是各层次之间缺少协调、资源难以整合。在此背景下，中国与 G20 各方协同推动 IMF 和区域金融安排之间的协调合作，成功促成 IMF 与清迈倡议多边化（CMIM）于 2016 年 9 月开展联合救助演练，得到 G20 各方的充分肯定。

有序的主权债务重组对维护金融稳定和保护债权人利益至关重要。为了避免"秃鹫基金"等少数债权人干扰阿根廷主权债重组的情况重演，G20 各方积极推动在主权债券中引入加强的集体行动条款和同权条款。[①] G20 在新发行债券上已取得了积极进展，中国自身也发挥了表率作用，于 2016 年 5 月在伦敦发行的 30 亿元人民币国债中纳入了加强的集体行动条款。

受发达经济体经济周期和宏观经济政策影响，新兴市场经济体和发展中国家常常面临资本外流、汇率大幅波动等问题。从危机预防角

---

① 集体行动条款（Collective Action Clauses，CACs）是国际主权债券合同中的一种常见条款，其核心是允许债权人在债务重组时实行"少数服从多数"，从而避免少数债权人不合作导致重组失败的问题。主权债务重组通常是多只债券同时重组，但 CACs 仅对单只债券有效。为解决这一问题，2014 年 8 月，国际资本市场协会（ICMA）发布了改革方案，建议引入一种"加总的"CACs，可以对参与重组的多只债券加总执行。这种 CACs 规定，只要占参与重组的总债券金额至少 75% 的债权人同意，就可以对保留条款进行修订，从而强制在单只债券中占优的不合作债权人参与重组。

度，对风险的早期识别和预警至关重要。为此，人民银行推动 G20 承诺不断完善对资本流动及其风险的应对，并已共同采取措施改善对资本流动的监测，包括加强数据收集、弥补数据缺口等，及早识别资本流动波动带来的风险。

2008 年国际金融危机爆发后，金融部门监管改革是 G20 长期关注的重点议题之一。2016 年中国担任 G20 主席国期间，深入参与和主动引导金融监管改革议程，相关情况将在后文提及。

三、提出发展绿色金融的中国倡议

"十三五"发展规划提出了绿色发展理念以及构建绿色金融体系的战略，国内绿色金融快速发展。2016 年，中国将绿色金融列入 G20 议题，发起 G20 绿色金融研究小组，获得了积极反响和广泛支持。研究小组由人民银行和英格兰银行共同主持，在各方共同努力下，做了大量开创性工作，先后召开了 5 次工作组会，向杭州峰会提交了第一份《G20 绿色金融综合报告》，就全球发展绿色金融问题达成了重要共识。中国首次在 G20 框架下提出了发展绿色金融的中国倡议。

在推动绿色金融倡议过程中，由于各国资源禀赋和发展重点不同，G20 对绿色金融的定义、目的和范围的理解也存在一定差异。部分国家对此存在一定的疑虑。人民银行推动 G20 在各国提出的绿色金融定义基础上，提炼出各方能够接受的核心内涵，认为"绿色金融"指能产生环境效益从而支持可持续发展的投融资活动。同时，强调发展绿色金融以自愿为基础，推动各方达成共识。

绿色金融的发展前景十分广阔，关键是要识别和克服绿色金融面临的发展障碍。目前绿色金融的发展还面临多种挑战，包括环境外部性内部化的困难、信息不对称、分析能力不足、缺乏对绿色概念的明确定义以及期限错配等。

此外，G20 在总结已有国际经验的基础上，建议各国考虑采用适合自己国情的多项措施，以提升金融体系动员私人部门绿色投资的能力，包括提供更加清晰的支持绿色投资的信号、推广赤道原则、责任投资原则或本国的绿色金融原则、投入更多资源支持能力建设、支持本币绿色债券市场发展、推动开发环境风险分析方法等。

中国近年来在绿色金融领域的发展令国际瞩目，加之中国对绿色金融国际合作的积极推动，中国在该领域的国际影响力不断提升。中国绿色金融的发展和 G20 绿色金融研究小组的工作，在全球财经政策层面和金融界产生了十分积极的影响，不少国家和地区纷纷开始探索在本国推动绿色金融创新和建立包括绿色债券市场在内的绿色金融路径。

四、推出"数字普惠金融"新原则

普惠金融指立足机会平等要求和商业可持续原则，以可负担的成本为有金融服务需求的社会各阶层和群体提供适当、有效的金融服务。小微企业、偏远地区居民、农民、城镇低收入人群、贫困人群和残疾人、老年人等特殊群体是普惠金融重点服务对象。近年来，国际社会逐渐认识到普惠金融对于增强金融包容性，支持经济增长，促进就业，消除贫困，实现社会公平的重要意义。2016 年，中国担任 G20 主席国，将数字普惠金融列为重要议题之一，先后举行 6 次工作组会和研讨会，推动 G20 各方就该议题达成了高度一致，形成了多项数字普惠金融相关成果。

随着数字技术和金融科技的迅猛发展，旨在利用数字技术促进普惠金融发展的数字普惠金融，日益受到世界各国的广泛重视。2016 年，人民银行推动 G20 制定《G20 数字普惠金融高级原则》，得到了许多国家及国际组织的积极响应。《G20 数字普惠金融高级原则》涵盖了数字普惠金融发展中的创新与风险、法律和监管框架、数字金融服务基础设施、金融消费者保护以及数字技术和金融知识普及等多项内容，是国际社会首次在该领域推出的高级别指引性文件。

普惠金融指标体系是普惠金融发展水平的衡量标尺。旧版《G20普惠金融指标体系》主要聚焦于传统金融服务。2016年，人民银行推动G20推出升级版的《指标体系》，选择了一系列有代表性的数字普惠金融发展指标，涵盖金融服务的可得性、使用情况和质量三个维度。未来，G20还将不断更新《指标体系》，建设国际普惠金融数据库，进一步提高普惠金融数据的可得性、可比性、准确度和透明度。

促进中小企业融资一直是普惠金融工作的核心领域之一。中国推动G20出台《G20中小企业融资行动计划落实框架》，围绕促进改革和推广各国成功的改革经验，设计了相关的自评估框架，鼓励各国对照国际良好实践进行诊断评估，从而决定改革措施的优先级。其中列为优先的三项改革措施包括：改善中小企业征信体系，鼓励银行和非银行金融机构接受动产作为抵押物贷款给中小企业，改革中小企业破产制度。

原则重要，采取行动更加重要。G20一直致力于解决金融服务的"最后一公里"问题。中国推动G20在普惠金融领域取得的重要成果，对包括非G20国家在内的各国普惠金融发展有着重要的指导意义。G20鼓励各国采取符合本国国情的切实行动，制订相关行动计划，不断推动普惠金融发展，使金融发展的成果惠及广大人民群众。

展望未来，全球经济格局和实力对比预计将继续演变。发展中国家和新兴市场经济体的实力继续增强，世界经济发展模式正在发生并将经历重大调整。在这种情况下，多方产生了改革和完善全球经济金融治理及有关规则的需求。在此背景下，中国参与全球经济治理的必要性将会进一步提升。未来，我们需要认清中国既是大国、全球化受益国、资金输出国，又是发展中国家的定位，继续深入参与全球经济金融治理，遵守、依靠国际规则，充分预计、评估中国经济金融政策对外界可能产生的影响，并以建设性的姿态主动参与和推动国际规则改革与制定，承担必要的责任，提升负责任的国际形象，同时加快国内相关改革，维护国家的根本利益。

第六章
积极参与和推动 IMF 改革

IMF 是现行国际货币和金融体系中的核心机构，致力于促进国际金融稳定和货币合作，推动国际贸易的扩大和平衡发展，保持成员之间有秩序的汇兑安排，纠正国际收支失衡，促进高水平就业、可持续经济增长以及减少贫困，是各国宏观经济政策协调的主要平台。中国是 IMF 的创始国之一，于 1980 年 4 月恢复了在 IMF 的合法席位，目前份额排名第三位。2008 年国际金融危机后，中国与 IMF 的各项合作不断深入。中国还充分发挥大国优势，积极参与和推动 IMF 的份额、治理及监督改革，促进 IMF 在快速变化的国际环境中更好地满足成员需求。

第一节 IMF 的主要职能

IMF 的成立是国际货币体系演化的结果。20 世纪 30 年代，国际货币体系中的金本位制度崩溃以后，正常的国际货币秩序遭到严重破坏。为了扭转国际货币体系混乱的局面，1944 年 7 月，一场由 44 个国家代表团参与的联合国国际货币与金融大会在美国新罕布什尔州的布雷顿森林镇召开，这场会议日后被称作布雷顿森林体系会议。会上各方通过了《国际货币基金组织协定》和《国际复兴开发银行协定》。1945 年 12 月 27 日，包括中国在内的 29 个国家的代表签署了《国际货币基金组织协定》，IMF 正式成立。自成立至今，IMF 的成员数量已经增加到 189 个，覆盖了全球绝大部分国家和地区。

成立之初，作为维护布雷顿森林体系的核心，IMF 在维护全球汇率稳定、促进国际贸易和世界经济持续增长方面负有重大使命。虽然布雷顿森林体系在 20 世纪 70 年代崩溃，但 IMF 仍然在国际经济和金融领域保持重要地位，特别是在对成员和全球经济的监督、危机救助、向成员提供援助、减贫和减债，以及完善国际金融体系等方面发挥了关键作用。

一、监督与国际宏观政策协调

根据《国际货币基金组织协定》，IMF 须通过监督成员的经济政策维护国际货币体系的有效运行。为了实现这一目标，IMF 定期与成员当局就其经济和金融政策进行磋商，并持续监测各国、各地区和全球的经济和金融的发展变化，力求尽早发现潜藏的危险，并通知成员尽快采取措施加以预防。具体来看，IMF 的监督重点包括以下几个方面。

一是双边监督。双边监督是《国际货币基金组织协定》第四条款赋了 IMF 的重要职责。根据第四条款的规定，IMF 需定期与成员当局就其经济和金融政策进行磋商（通常每年一次），也被称为"第四条款磋商"。磋商旨在通过对成员进行监测，更好地实现 IMF 促进增长、维护稳定的宗旨。通过与成员开展磋商，IMF 可以更好地了解成员在财税、金融、对外部门和实体经济等方面的最新进展、评估成员的经济政策和主要改革措施，并据此提出相关建议。在与成员就相关情况进行充分沟通后，IMF工作人员将根据磋商的情况撰写磋商报告，对成员的经济金融形势进行评估并提出政策建议，磋商报告将提交IMF执行董事会（以下简称执董会）进行讨论。如果成员与IMF磋商报告中的观点存在分歧，可在磋商报告中"当局观点"部分予以反映，也可通过成员驻IMF执行董事（以下简称执董）在执董会上发声。IMF鼓励成员在执董会讨论后尽快公布磋商报告。根据IMF的透明度政策要求，如果成员在执董会结束28天后仍不同意公布磋商报告，IMF将在网站上发布声明。IMF成员虽有权推迟或不同意公布磋商报告，但这种情况非常少见。

二是多边监督。作为国际货币和金融体系中的核心机构，除了关注成员个体情况外，IMF还从全球的视角监测和分析宏观形势和风险，研判经济走势，为成员提供重要参考。IMF每年出版两期《世界经济展望》《全球金融稳定报告》和《财政监测报告》，讨论全球经济金融形势，监测全球经济金融及财政政策的发展变化，聚焦热点问题，提示经济面临的风险并给出政策建议。IMF报告具有权威性，被国际社会广泛引用，具有重要的影响力。

进入21世纪以来，全球失衡不断累积，引起国际社会的广泛关注和热烈讨论。2006年6月，IMF邀请美国、日本、欧元区、沙特阿拉伯和中国五个具有系统重要性的成员正式启动了多边磋商，主要讨论如何促进全球失衡的有序解决，形成了"关于全球失衡的多边磋商"的简短报告，并连同美国、日本、欧元区、沙特阿拉伯和中国五方基于全球失衡有序调整的各自政策专栏一起对外披露。

2008年国际金融危机后，IMF逐渐意识到，在经济全球化程度不断加深的背景下，各国之间的联系也日益紧密，溢出效应更加突出，为了更好地履行监督职能、防范危机，应加强对溢出效应的监测。2011年，IMF发布了首期《溢出效应报告》，重点分析美国、欧元区、日本、英国和中国五个主要经济体国内政策对外部的影响。报告考察了美国量化宽松政策、欧元区主权债危机和财政风险、英国金融监管改革、日本财政风险、人民币升值和中国平衡增长的改革举措等。报告指出，从总体看，美国国内政策对其他各国影响最大。此外，《溢出效应报告》还通过主题式研究的方式，选取最受关注的溢出效应进行专题分析，如美元升值的溢出效应、油价下跌的溢出效应等。2016 年之后，IMF 将《溢出效应报告》并入《世界经济展望》，继续对一国政策如何通过贸易和金融等渠道产生溢出效应及其影响进行分析，并据此提出政策建议。

自 2012 年起，IMF 还推出了《对外部门报告》（*External Sector Report*，*ESR*），以改进对各国汇率和经常账户的分析。《对外部门报告》每年更新一次，利用外部平衡评估法（EBA）对 29 个系统重要性经济体的经常账户、汇率和储备政策、资本流动以及外国资产负债情况等进行了评估，既对全球失衡程度、结构分布、失衡原因等进行全面分析，提出降低失衡程度的政策建议；也针对各国情况进行具体分析并提出有针对性的建议。《对外部门报告》发布以来，已成为 IMF 多边监督的重要组成部分。

三是区域监督。作为双边监督的补充，IMF 还对地区性的经济和金融政策进行系统性评估。IMF 定期与欧盟、西非经济与货币联盟、中非经济与货币联盟及东加勒比货币联盟等地区性组织进行磋商，并参与一些区域机构的活动，如南部非洲发展共同体、东南非共同市场、东盟、西半球财政会议和海湾国家合作委员会等。另外，IMF 每年还针对拉丁美洲和加勒比地区、中东和中亚地区、非洲地区、亚太地区和欧洲地区的经济形势出版两次《区域经济展望》，评估区域经济最新进展并提出政策建议。

四是金融部门评估规划（FSAP）。亚洲金融危机爆发后，IMF 与世界银行在 1999 年 5 月发起了 FSAP 项目，每五年对成员金融体系的稳健性和脆弱性进行一次全面评估，以便尽早发现问题，及时采取有针对性的措施，减少发生危机的潜在风险。FSAP 通过三个层次评估金融体系的稳健性。其一是宏观层次，衡量宏观审慎监督的效果；其二是基础设施层次，判断金融基础设施是否完善；其三是监管层次，评估金融部门监管是否有效。在上述三个层次的基础上，形成有关经济体的金融稳定评估报告。

由于 IMF 在日常监督和危机救助领域积累了丰富的经验，多边开发机构在提供贷款时通常需要 IMF 的国别评估。例如亚洲开发银行在其所有政策性贷款项目的决策和准备过程中均需参考 IMF 提供的正式评估报告，非洲开发银行在向低收入和中低收入国家提供政策性贷款时需要 IMF 的正式报告，世界银行会就政策性贷款项目与 IMF 进行早期磋商。

二、向成员实施危机救助，维护全球金融稳定

传统上，IMF 可以为面临国际收支危机的成员提供危机救助。2008 年国际金融危机爆发后，许多国家出现了银行业危机和主权债危机，面对新的挑战，IMF 也及时实施了救助，维护了全球金融稳定。

IMF 向成员实施救助通常是通过贷款项目进行的。遭受危机的国家可以向 IMF 提交贷款申请意向书，随后 IMF 将对成员进行资格评估，包括评估其债务是否可持续等。IMF 执董会批准成员的贷款申请后，将分批向成员拨付资金，同时要求成员实施一系列政策调整和改革以减轻各种经济失衡。IMF 还将定期（每季度或每半年）对成员经济形势及政策执行情况进行审议，评估其是否履行改革承诺，并依据审议结果决定是否拨付下一批资金。

IMF 传统贷款工具包括备用信贷安排（Stand - By Arrangements，SBA）、中期信贷便利（Extended Fund Facility，EFF）等。2008 年国际金融危机后，IMF 对贷款工具进行了改革，包括引入了灵活信贷额度（FCL）工具和预防性及流动性额度（PLL），使政策审慎的国家在危机时更容易获得 IMF 的贷款。2017 年，IMF 再次对贷款工具进行了改革，

进一步完善了激励机制，以促进成员对政策改革的支持。

三、向低收入国家提供支持，减贫减债

为向低收入国家提供优惠贷款，IMF 于 1976 年建立了"减贫与增长贷款—外部冲击贷款"（PRGF – ESF）信托基金，旨在以提供中长期低息贷款的方式，帮助低收入国家解决造成国际收支失衡的结构性问题。2008 年国际金融危机爆发后，低收入国家的国际收支状况受到了严重冲击。为了满足低收入国家的不同需求，IMF 于 2009 年全面改革了优惠贷款工具框架，将 PRGF – ESF 信托基金更名为减贫与增长信托（PRGT）基金，提高了贷款额度和优惠度，有利于更好地向低收入国家提供支持。在 PRGT 的框架下，IMF 向出资成员按 SDR 利率付息，转贷给低收入成员一般为 8～10 年期的零利率或低息贷款，为此还需成员捐资用于贴息。

2010 年 12 月，IMF 完成了 403 吨黄金的出售，除 26.9 亿 SDR 的黄金原账面价值外，总利润为 68.5 亿 SDR，其中 44 亿 SDR 的利润用于设立专项的投资基金，通过投资增强 IMF 的收入能力，其余 24.5 亿 SDR 被称作超额利润。经与各方协商，为有效增强 PRGT 的贷款能力，IMF 决定使用超额利润对 PRGT 提供约 7 亿 SDR 的贴息。

对于符合条件的重债穷国，IMF 还与世界银行在 1996 年联合发起了"重债穷国减债计划"（HIPC Initiative），该计划旨在保证穷国不再面临过重的债务负担，要求国际金融组织和各国政府共同协作，将大部分重债穷国的债务降低到可持续水平。1999 年 9 月，为了加快减债速度，IMF 将计划调整为"加强的重债穷国减债计划"（Enhanced HIPC Initiative），核心在于帮助重债穷国在减债的同时加强宏观经济基础、促进结构调整和社会改革。加强的重债穷国减债计划大大减少了重债穷国的债务负担，为这些国家摆脱债务重负奠定了良好的基础。

四、为成员提供技术援助，加强能力建设

IMF 一直都将向成员提供技术援助作为其重要职责。由于长期从事协调各成员之间宏观经济政策的工作，IMF 在宏观经济政策、国际收支、债务管理、汇兑事务和国际贸易、财政与货币政策及其实施和统计等领域积累了丰富的经验，具备向成员提供技术援助的良好条件。

IMF 提供技术援助的形式包括：在 IMF 总部或各地区学院组织培训课程；由 IMF 向成员派出咨询顾问；由 IMF 派技术援助代表团访问成员，IMF 工作人员在进行实地考察后，编写研究报告或提出政策建议；在成员举办研讨班或通过互联网进行远程教育等。IMF 的技援项目覆盖面广，形式多样，层次各异，针对性较强，为各成员培养了众多宏观经济决策管理人才。

IMF 还注重与成员在能力建设方面进行合作。迄今为止，IMF 已经建立了包括收益动用基金，反洗钱和反恐怖融资基金、管理自然资源财富基金、税收管理诊断评估工具基金、供决策使用的数据基金和金融部门稳定基金在内的六只专项基金，以帮助成员提高税收管理以及反洗钱和反恐怖融资的能力、改善资源管理、完善宏观经济统计、发现金融部门等风险及脆弱性，更好地促进金融部门的稳定性和包容性。同时，IMF 还在非洲、加勒比、中美洲、中东、新加坡、南亚等地区设立了14 只区域性基金，有针对性地满足不同区域成员的需求。

第二节　IMF 的资源与份额改革

拥有充足的资源对于 IMF 履行其维护全球稳定，促进经济增长的职责、为成员提供危机救助至关重要。IMF 最重要的资源就是份额，此

外还包括各成员的自愿资金贡献，也就是所谓的借款安排。

一、份额与治理改革

IMF 是以份额为基础的国际机构。每个成员在加入 IMF 时都需要缴纳一定数额的资金，相当于是认缴股本，这部分资金就被称为"份额"。份额是 IMF 最主要的资金来源。各国缴纳份额的多少由 IMF 根据其在世界经济中的相对地位、使用份额公式确定，所有份额均以 SDR 表示。

份额是 IMF 与成员关系中最基本、最重要的因素。一是份额决定了成员有义务向 IMF 提供的资金数量。二是份额决定了成员在 IMF 投票权的大小，进而决定了各国在重大国际经济金融问题决策中的影响力。三是份额决定了成员可从 IMF 获得贷款的最高限额，一国份额越大，其在危机时能够获得的资金保障就越多。正因为如此，各成员都非常重视本国份额及其占 IMF 总份额的比例，对份额和排名的任何变化都非常重视。IMF 通过每五年进行一次的份额总检查，一是检查 IMF 份额是否充足，从而决定是否需增加份额；二是检查成员在世界经济中相对地位的变化，并通过新增份额的分配在一定程度上反映这种变化。因此每当 IMF 进行份额总检查时，各成员间的博弈往往非常激烈。截至 2016 年，IMF 共完成了 14 次份额总检查，其中 9 次达成了增资决议。

中国是 IMF 的创始成员，1944 年其成立时中国的份额为 5.5 亿 SDR，排名第三位，是五个有权单独任命执行董事的国家之一。1980 年以前，由于历史原因中国未参加 IMF 历次普遍增资，因此中国 1980 年恢复在 IMF 的席位时仍只有 5.5 亿 SDR 的份额。IMF 于 1980 年 9 月和 11 月通过特别增资和普遍增资的方式将中国的份额提升至 18 亿 SDR，并于 2001 年 2 月再次对中国进行特别增资，使中国份额增加至 63.692 亿 SDR，与加拿大并列第八位，占比从 2.21% 增至 2.98%。尽管中国在 IMF 的发言权和代表性终于有所上升,但包括中国在内的新兴市场经济体和发展中国家的份额仍被严重低估。

进入 21 世纪以来,新兴市场经济体在世界经济中的地位继续快速上升,而在 IMF 中的份额和发言权却没有得到相应体现,国际社会要求 IMF 改革份额和治理结构的呼声日益高涨。在此背景下,2006 年 9 月 IMF 理事会通过了改革决议,决定对份额低估最严重的中国、韩国、墨西哥和土耳其四国进行特别增资,其中中国份额增至 80.901 亿 SDR,占比由 2.98% 上升至 3.727%,排名从第八位上升至第六位。

此轮改革完成后,IMF 开始推动修改份额公式等更深层次的改革。由于份额公式直接决定着成员未来份额大小以及相应的增资机会,各方对此均高度关注,进行了多轮激烈讨论。2008 年 4 月 IMF 理事会通过了改革决议,决定建立新的份额公式,并且对包括中国在内的 54 个份额严重低估或对全球经济增长贡献较大的国家进行增资。根据该增资方案,中国份额增至 95.3 亿 SDR,占比上升至 3.997%,排名不变,仍居第六位。

2008 年国际金融危机爆发后,为有效应对危机,G20 领导人于 2009 年 4 月在 G20 伦敦峰会上达成共识,支持 IMF 增资 5 000 亿美元,并要求提高 IMF 治理能力,确保其能全面反映世界经济的变化,新兴市场经济体和发展中国家应拥有更大发言权和更多代表席位。2009 年 9 月 G20 匹兹堡峰会上,各国就 IMF 份额改革目标达成共识,要求 IMF "在 2011 年 1 月前向有活力的新兴市场经济体和发展中国家转移份额,以现有份额公式为基础,从份额高估国向低估国至少转移 5 个百分点"。但在具体方案的讨论中,各国出现较大分歧,尤其是在份额结构调整的方向和幅度上。经过 IMF 执董会以及 G20 相关工作组的多轮讨论,2010 年 11 月,IMF 理事会最终通过了改革方案:份额增资规模为 100%;份额低估国可获得特别增资;所有发达国家自愿放弃部分增资;保持 24 个执董席位不变,减少两个欧洲发达国家执董席位。这就是后来常说的"IMF2010 年份额和治理改革方案"。

根据上述改革方案，中国总份额将达 304.8 亿 SDR，份额占比提升至 6.394%，获得约 2.4 个百分点的份额转移，排名也上升至第三位，仅次于美国、日本。调整后发达国家份额占比降至 57.7%，发展中国家升至 42.3%。然而该改革方案需获得 IMF 成员 85% 的投票权同意后才能生效，拥有 16.53% 投票权的美国需在该方案获得国会批准后方能投票，但直到 2015 年 12 月，美国国会才批准 2010 年改革方案。2016 年 1 月 26 日改革方案正式生效，IMF 份额翻番达到 4 770 亿 SDR，中国排名正式跃升至第三位。

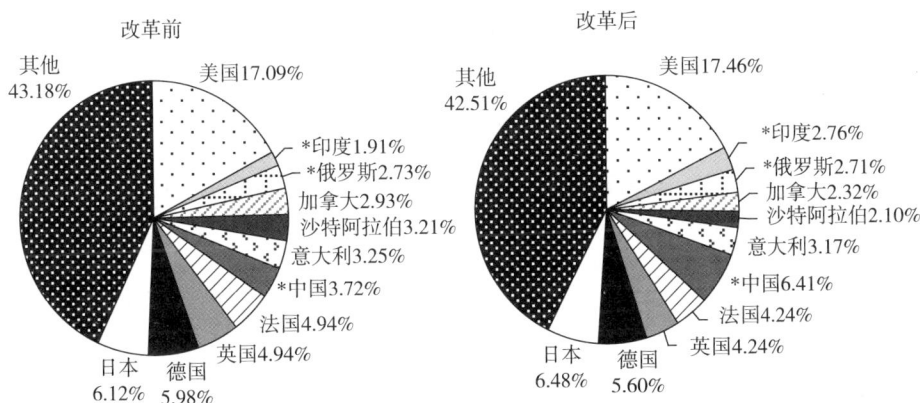

改革前

其他 43.18%　　美国17.09%　　*印度1.91%　　*俄罗斯2.73%　　加拿大2.93%　　沙特阿拉伯3.21%　　意大利3.25%　　*中国3.72%　　法国4.94%　　英国4.94%　　德国5.98%　　日本6.12%

改革后

其他 42.51%　　美国17.46%　　*印度2.76%　　*俄罗斯2.71%　　加拿大2.32%　　沙特阿拉伯2.10%　　意大利3.17%　　*中国6.41%　　法国4.24%　　英国4.24%　　德国5.60%　　日本6.48%

注：标 * 的为金砖国家。

图 6 - 1　IMF2010 年份额和治理改革生效前后中国份额占比

虽然排名一升再升，但中国在全球经济中的地位也在不断提高，中国份额仍被严重低估。近期 IMF 使用 2015 年的数据，按照现行份额公式对份额数据进行了更新。更新后新兴市场经济体和发展中国家整体份额占比提高至 49.8%，其中中国份额上升至 12.6%。新兴市场经济体和发展中国家的份额整体被低估 7.4 个百分点，其中中国的低估程度高达 6.2 个百分点。

2010 年改革方案正式生效后，IMF 的下一步工作就是完成第 15 次份额总检查，包括形成新的份额公式。IMF 就完成第 15 次份额总检查制定了时间表，即在 2019 年春会前完成，最晚不晚于 2019 年年会。中国正在与 IMF 密切沟通，敦促其不断完善份额和治理结构，按时完成第 15 次份额总检查，继续提高新兴市场经济体和发展中国家的代表性和话语权。

二、借款资源

IMF 与成员达成得较早的两项借款安排为借款总安排（GAB）和新借款安排（NAB）。其中 GAB 最早设立于 1962 年，出资国为工业国家组成的"十国集团"，IMF 和出资国定期对 GAB 进行审查和续签；1994 年 12 月墨西哥金融危机以后，国际社会认识到 IMF 有必要筹集更多的资金，在此背景下，IMF 于 1998 年 11 月引入了 NAB，它是 IMF 与 25 个成员（地区）和机构之间的借款安排，当有必要向 IMF 提供补充资金时，NAB 是主要的资金来源。

2008 年国际金融危机爆发后，成员贷款需求迅速增加，GAB 和 NAB 远不能满足成员需要。2008 年 11 月在华盛顿召开的首次 G20 领导人峰会即将 IMF 增资列为首要议题；中国创造性地提出由 IMF 向成员发行债券的新融资模式，并得到了其他国家的响应。2009 年 4 月，伦敦峰会决定支持 IMF 增资 5 000 亿美元，以满足成员的资金需要。中国参与了此次增资。

欧债危机于 2011 年下半年爆发后，欧洲国家迫切需要国际社会加大救助，而 IMF 可用资金再度面临枯竭。在 2012 年 4 月 IMF 春季会议暨 G20 部长会上，各方同意向 IMF 增资 4 300 亿美元以上。胡锦涛主席在 2012 年 6 月 G20 峰会期间宣布中国参与 IMF 新增资源。2016 年下半年，考虑到 2012 年 IMF 与各国签署的双边借款协议即将到期，为保持 IMF 资源的充足性，G20 各方在杭州峰会上支持将与 IMF 签订的双边借款协议延期，确保 IMF 资源的充足性。

第三节　中国与 IMF 的合作不断深化

中国与 IMF 一直都保持良好的合作关系，特别是 21 世纪以来，中国日益融入全球经济脉络，在世界上的重要性不断增加，中国与 IMF 在各项领域的合作也得以不断深化。

一是中国与 IMF 历年双边监督工作进展顺利。从 1991 年起，考虑到中国在亚太地区的重要地位，IMF 加强了对中国经济的关注，每年在第四条款年度磋商之外又增加了一次中期磋商。中国与 IMF 的双边磋商涉及机构多，议题范围广，每次磋商均与 20～30 家机构安排约 60 余场次的会谈。为更好地进行交流，中国领导人还与 IMF 管理层举行双边会谈，就中国经济金融形势等问题深入交换看法。

在磋商的过程中，双方总体沟通和合作顺畅，对于许多重要的经济金融问题达成了共识，IMF 也向中国提出了切实中肯的政策建议，这些建议与中国改革开放的大方向较为契合，为中国完善宏观调控、推进改革开放提供了有益借鉴。比如针对中国近年来杠杆率较高的问题，IMF 建议中国抓住目前经济增长势头良好的有利时机，大力实施去杠杆措施，包括解决"僵尸企业"及产能过剩企业的债务问题，同时更多关注经济增长的质量，降低信贷增速、提高信贷效率；针对中央和地方政府财政关系，IMF 建议中国继续推进财政制度改革，以支持消费、降低不平等并确保中期债务可持续，这些建议与 2017 年召开的全国金融工作会议中强调的"把国有企业降杠杆作为重中之重，抓好处置僵尸企业工作"，"严控地方政府债务增量，终身问责，倒查责任"的精神是一致的。

双方在人民币汇率等问题上也曾出现过分歧。2007 年出台《对成员政策双边监督的决定》（以下简称《2007 年决定》）及相关指引后，

IMF 对汇率政策的监督有所加强，针对汇率水平变动因素的指标更加具体，引入了"汇率根本性失衡"的概念和"大规模、长期的经常账户赤字或盈余"等指标。中国妥善利用每年的磋商机会，与 IMF 就全球失衡、人民币汇率、外汇储备等问题进行了长期深入的交流，有效化解了外部压力。

2008 年爆发的国际金融危机警示国际社会，过于偏重对某一问题的监督可能会导致对其他方面的忽视，不利于维护全球经济金融稳定。鉴于此，中国和 IMF 密切合作，共同推动改革 IMF 监督框架，通过了《综合监督决定》（*Integrated Surveillance Decision*），更加关注对货币、财政和金融部门等政策的监督，增加了多边监督的内容，明确应在多边监督中关注全球经济和金融稳定，并允许 IMF 全面讨论成员政策对全球稳定的溢出效应，在监督法律框架改革方面取得了积极进展，也有利于增强 IMF 在维护全球经济金融稳定方面的有效性。

近年来，随着人民币汇率形成机制改革速度不断加快，中国国际收支日趋均衡，人民币实际有效汇率升值显著，中国利用磋商机会与 IMF 深度交流，其适时作出了人民币汇率已经"不再低估"的表态。

二是积极参与 IMF 对部分国家的双边危机救助。2008 年国际金融危机后，人民币国际化进程加速发展，越来越多的国家开始寻求与人民银行开展本币互换安排，特别是人民币加入 SDR 后，国际上寻求与中国开展双边本币互换安排的需求更趋强烈，部分国家通过货币互换获得的人民币不仅促进了贸易与投资，缓解了流动性紧张，还增强了本国金融安全网，使其得以成功抵御危机。

正是由于注意到人民币互换协议发挥的作用，IMF 在 2013 年救助乌克兰的过程中，主动将中国与乌克兰签署的双边本币互换协议作为全球对乌克兰救助的一部分。此后，在 IMF 对蒙古国和埃及的救助过程中，人民币互换协议也发挥了重要作用。通过与受援国签署双边本币互换协议的方式，中国不仅进一步提高了人民币国际化的水平，还同时从双边和多边渠道参与了危机救助，以实际行动支持了 IMF 稳定国际金融市场。

三是开展金融部门评估规划（FSAP）。2008 年 2 月，温家宝总理在会见时任 IMF 总裁卡恩时宣布"中国政府决定于 2008 年参加金融部门评估规划"。2011 年 11 月，IMF 发布了《中国金融体系稳定评估报告》，对中国金融体系稳定状况作出了较为客观的评价。2015 年 9 月，IMF 启动了对中国的新一轮 FSAP 现场评估，对中国金融体系的风险状况进行综合分析，肯定了中国金融体系自首次 FSAP 评估以来的快速发展和取得的进步，认为中国在构建货币政策和宏观审慎双支柱政策框架、建立存款保险体系、落实巴 III 监管框架等金融改革领域取得了显著进展，并为中国更好地防范和化解风险提出了建议。

四是继续支持 IMF 的能力建设和减贫减债事业。中国一直为 IMF 对低收入国家的技术和资金援助工作提供支持，并与 IMF 在能力建设方面保持了密切的合作。早在 2003 年，人民银行就与 IMF 签署了关于建立大连联合培训项目的谅解备忘录，确定由人民银行与 IMF 协调执行大连联合培训项目，以加强教育培训相关工作。多年来，培训中心为中国各部门培养和输送了大量人才。

随着近年来中国在世界经济地位的不断提高，IMF 与中国能力建设合作的意愿也不断增强，并积极与中国探讨合作建立能力建设中心。经过双方不断沟通，2017 年"一带一路"国际合作高峰论坛期间，人民银行与 IMF 签署了关于建立联合能力建设中心的谅解备忘录，进一步加强了双方在能力建设方面的合作，通过借助 IMF 的专业优势和国际层面的广泛经验，既能更好地服务中国宏观经济金融发展，也可以满足"一带一路"沿线区域的能力建设需求，为沿线国家和地区转型提供有益的政策性建议，成功实现了各方"多赢"的局面。

此外，IMF 还通过高层访问、技术援助等多种形式，为中国提出了大量有价值的政策建议。中国也利用 IMF 作为对外窗口，积极参与国际货币和金融规则制定，包括在多边磋商领域积极推动 IMF 完善分析方法，有效提高 IMF 分析的客观性和合理性等。

展望未来，随着综合实力的不断增强，中国在深入参与全球经济治理与政策协调方面也将发挥越来越重要的作用。IMF 兼具甄别敏感问题、政策协调和规则制定三大功能，可以前瞻性地发现和讨论全球经济运行中出现的问题，监督成员的经济政策，维护国际货币体系的有效运行，制定宏观经济统计和数据透明度等方面的国际标准和规则，是国际经济金融治理的重要平台。中国作为 IMF 的第三大成员，应有效利用这一平台，审时度势，努力抓住机遇，妥善应对挑战，不断深化与 IMF 的合作，继续推进 IMF 份额和治理改革，不断推动全球治理体制向着更加公正合理的方向发展，参与和引导全球经济治理与宏观经济政策协调，促进全球经济的长久繁荣。

第七章
参与国际货币体系改革

2008 年国际金融危机爆发并迅速蔓延，反映了现行国际货币体系的内在缺陷。危机后，国际货币体系改革再次成为国际社会讨论的热点问题。随着中国经济和金融体系逐步融入国际社会，中国在国际货币体系改革中的参与度不断提升，对改革进程的影响也在不断提高。人民银行积极参与国际货币体系改革的有关讨论，引导各方在多个重要领域取得共识，并提出了完善国际货币体系改革的中国方案。

第一节　国际金融危机后
G20 关于国际货币体系改革的讨论

2008 年国际金融危机后，国际社会对国际货币体系改革的讨论主要集中在国际货币体系的现状和缺陷、跨境资本流动、全球流动性管理、加强 IMF 监督和对 SDR 进行改革等几个关键领域。人民银行积极参与讨论，通过与法国联合举办研讨会等形式，引导国际社会在上述领域开展更深入的讨论，形成了初步共识，并就改革措施提出了建议。

法国一直是国际货币体系改革的倡导者。20 世纪 60 年代，当时的法国财长德斯坦就曾批评美元独大，拥有"超级特权"，多次提出应改革国际货币体系。法国也是推动 IMF 设立 SDR 的主要国家之一。因此，2011 年法国担任 G20 的主席国后，将国际货币体系改革列为峰会的主要议题之一。法国于 2011 年 1 月在 G20 下成立国际货币体系工作组，并于 2011 年 3 月 31 日在中国南京举办了"国际货币体系高层研讨会"，为各方集中探讨国际货币体系的问题、提出改革思路并凝聚共识提供了机会。

2010 年 11 月，时任中华人民共和国主席胡锦涛访问法国期间，两国元首就在华举办"国际货币体系改革"研讨会达成原则共识。2011 年 3 月 31 日，G20 国际货币体系改革研讨会在南京成功举办，时任国务院副总理王岐山、法国总统萨科齐，以及美国、英国、法国、德国等 G20 成员和非成员 20 余位经济或财政部部长、央行行长，IMF 等国际组织负责人和国内外著名学者等参加了会议，分别就国际货币体系的现状和缺陷、跨境资本流动管理、全球流动性管理、加强 IMF 监督、SDR 改革五大议题展开了讨论，并形成了较多共识。

关于国际货币体系现状与缺陷，各方普遍认同现行国际货币体系存在缺陷，国际社会应抓住本次危机的契机，尽早明确改革方向，逐步落实。人民银行行长周小川指出，储备货币发行国虽短期内可能会受益于储备货币的特殊地位，但好处有限，且长期看不利于其自身经济平衡持续发展。改革国际货币体系重在创建一个符合各方利益的稳定体系，以利于储备货币发行国的自身调整，实现共赢。周小川行长的发言得到了与会代表的普遍赞赏和积极回应。时任瑞士央行行长希尔德布兰德（Philipp Hildebrand）表示，IMF 需要尽可能地提高其代表性和合法性，以发挥应有的作用。时任美国财长盖特纳认为，各国在合作应对危机上取得了突出进展，当前应重点对汇率和资本管制等国别政策进行协调以减轻失衡，同时赋予 IMF 更大的监督权力。以法国为首的欧洲态度较为平衡务实，IMF 前总裁康德苏（Michel Camdessus）和欧洲中央银行（欧央行）时任行长特里谢（Jean Clause Trichet）均谈及监督、全球治理、资本流动、全球流动性、金融安全网及 SDR 作用等众多议题，力求兼顾新兴市场经济体和发达国家诉求。

关于跨境资本流动，各国认为资本自由流动虽有益于全球资源配置，但其大幅波动和顺周期性给新兴市场经济体稳定造成了严重挑战，应积极探讨解决的方式。以欧洲为首的发达国家要求兼顾资本流动与管制，对资本流动的管理措施制订适当规范，并希望加强 IMF 在资本账户管理方面的作用。新兴市场经济体则阐述了对资本流动进行适当管理的正当性，普遍强调要考虑各国国情。

关于全球流动性调控，各国赞成对全球流动性进行有序调控，防止大起大落，明确对全球流动性的衡量标准，加强监测和调控，在调控措施特别是储备的作用上也沟通了意见。同时，各方还赞成应加强包括储备、区域性融资安排和 IMF 贷款工具在内的全球金融安全网，同时通过加强监督等方式避免道德风险。此外，部分国家还强调了央行货币互换机制化和储备积累的必要性。

关于加强 IMF 监督，各方均认可加强 IMF 监督有利于稳定国际货币体系，增强 IMF 合法性是有效监督的前提，监督应从多边视角重点关注系统性风险。但美国重在强调成员对全球经济金融稳定的义务，建议将 G20 参考性指南用于 IMF 监督，并要求落实对成员的惩罚和问责。新兴市场经济体代表则强调 IMF 监督应从汇率扩展到整体宏观政策框架，重点监督具有系统重要性的储备货币发行国政策及其溢出效应。人民银行强调，IMF 监督应重在识别和管理金融监管不足、宏观政策整体框架、储备货币发行国大量投放流动性等系统性风险，以有效预防危机。

关于 SDR 改革，各方基本对改革 SDR 货币篮子的必要性无异议，美国和法国在会上均主动表态应改革 SDR，时任法国总统萨科齐甚至提议制订日程表将人民币纳入 SDR，认为"现在是时候制订时间表，让 IMF 的 SDR 纳入人民币等新兴市场经济体货币，作为对这些货币在全球经济中起到越发重要作用的承认"。美国虽然支持改变 SDR 篮子货币的构成，但认为加入 SDR 的货币国家必须满足弹性汇率政策、独立的央行和允许资本自由流动等条件。此外，各方还讨论了如何增强 SDR 的作用，并探讨了 SDR 货币篮子新标准，康德苏等知名学者还提出了增强 SDR 作用的具体设想。

南京研讨会成果丰硕，为下一步推动国际货币体系改革奠定了良好基础。

2011 年法国组建的 G20 国际货币体系工作组下设资本流动管理和全球流动性管理两个小组，专门讨论资本流动管理、全球流动性管理、IMF 监督等领域面临的迫切问题并提出建议，形成了资本流动管理的一致性结论、促进新兴市场经济体和发展中国家本币债券市场发展的行动计划、区域金融安排与 IMF 合作原则等成果，提交给 G20 领导人戛纳峰会。2011 年 11 月，G20 领导人戛纳峰会通过了上述工作组的成果，并承诺"共同努力建立更稳定和更有弹性的国际货币体系，使该体系更好地反映新兴市场经济体在世界经济中比重上升的情况"。对于 SDR 货币篮子改革问题，各国领导人一致同意应不断调整 SDR 货币篮子的组成，以反映各国货币在全球贸易和金融体系中的地位；认为扩大 SDR 货币篮子对于增强其吸引力、提高其作为全球储备资产的影响力十分重要；并同意继续研究扩大 SDR 的作用。这是 G20 第一次对国际货币体系特别是 SDR 进行重点讨论。

此外，受法国时任总统萨科齐委托，IMF 前总裁康德苏于 2010 年 8 月召集德国前总统科勒、美联储前主席沃尔克等国际货币金融领域的 17 名前政要和著名学者组成了"国际货币体系改革"名人小组。时任人民银行副行长胡晓炼向名人小组提交了《关于改革国际货币体系、扩大特别提款权（SDR）作用的思考》的重要文章，就改革 SDR 提出全面设想，创造性地提出了完善现行 SDR 分配机制并以 SDR 为基础发行国际货币单位（ICU）的建议，有力引导了讨论方向。经过讨论，名人小组认为现行国际货币体系的缺陷表现在全球失衡调整无效、过度金融化、资本流动大幅波动、汇率过度波动并偏离基本面、国际储备资产过度扩张、缺乏有效的全球治理等方面。为此，名人小组通过法国向 G20 提交了《合作推进 21 世纪的国际货币体系改革》报告，从加强对成员经济和金融政策的监督、维护汇率稳定和均衡、加强对全球流动性的监测和管理、提升 SDR 的作用、改革全球货币治理结构五个方面提出了关于改革的"皇宫倡议"。

遗憾的是，2011 年下半年欧债危机爆发，国际社会的注意力重新转向危机应对，关于国际货币体系的讨论并没有达到预期的深度。此后，由于 IMF 改革迟迟无法落实等多种原因，G20 国际金融架构工作组在 2014 年中断了。

第二节　国际货币体系改革的中国方案

中国接任 G20 主席国之际，正值主要储备货币发行国货币政策出现分化，全球出现了资本流动和汇率的剧烈波动，G20 各国特别是新兴市场经济体有强烈的意愿加强对国际金融架构问题的讨论，推动必要的改革，各国普遍期待中国在这一重要议题上继续发挥领导力。人民银行审时度势、主动谋划，将完善国际金融架构作为 G20 杭州峰会的重点议题，重启了 G20 国际金融架构（IFA）工作组，邀请法国和韩国担任工作组主席，并由 IMF 提供强有力的技术支持。

为顺应法国延续 2011 年南京研讨会机制的热切期待，人民银行与法国财政部于 2016 年 3 月在巴黎联合举办了"从南京到巴黎：国际金融架构高级别研讨会"，这是 G20 第二次就国际货币体系改革问题举行高级别研讨会。人民银行行长周小川在会上全面系统地阐述了对 IFA 工作组主要议题的考虑和设想，指出国际社会应循序渐进地增强 SDR 的作用，包括以 SDR 作为报告货币和发行 SDR 计值的债券。来自官方、金融机构和学术界的各方代表在巴黎进行了热烈并富有成效的讨论，开拓了思路，引发了思考，为下一步 G20 的讨论打下了基础。人民银行在 G20 框架下积极引导各方讨论 IFA 有关问题，着重从推动 IMF 份额和治理结构改革、完善主权债务重组机制、全球金融安全网建设、改善资本流动监测和应对、研究扩大 SDR 的使用五个方面进行了讨论，并最终在 2016 年 9 月初 G20 杭州峰会上通过了《二十国集团迈向更稳定、更有韧性的国际金融架构的议程》。

在推动 IMF 份额和治理结构改革方面，2016 年 1 月 26 日，IMF 2010 年改革方案正式生效，中国在 IMF 的份额排名也从第六位上升至第三位，这是 IMF 份额和治理改革的重要里程碑。在此基础上，各国开始讨论如何推进下一步改革，争取按 IMF 的原定时间表完成第 15 次份额总检查。但由于 2010 年的改革方案刚刚得以落实，一些国家改革动力不足，各方对份额公式等技术问题分歧明显，改革阻力较大。在此背景下，中国主动与各方沟通协调，既体现了中国作为 G20 主席国促进各方达成共识，推动改革的积极姿态，也展现了在推进议题讨论方面的领导力。在 G20 杭州峰会前，尽管各方仍存较大分歧，但已就改革方向达成共识，同意提高新兴市场经济体和发展中国家的份额占比。此外，中国还主动与 IMF 及主要国家沟通协调、发挥领导力，促进各方就双边借款延期及相应的治理结构达成共识。

在完善主权债重组进程方面，考虑到中国已经是全球主要官方债权人，推动主权债的有序重组对保护中国债权人利益至关重要。人民银行主要从两个方面积极开展了工作。一是推动各国在主权债券中引入加强的集体行动条款和同权条款，以提高主权债重组的有序性和可预测性，得到了各方的广泛支持。二是促进官方债务人和债权人之间的合作。在中国的引导下，G20 各方均表示支持巴黎俱乐部讨论一系列主权债问题，支持巴黎俱乐部作为全球官方债权人的主要协调机制更多地纳入新兴市场经济体债权人的努力。

在完善全球金融安全网方面，由于近年来全球金融市场波动性上升、风险加剧，全球金融安全网的充足性和有效性广受关注。人民银行积极推动 IFA 工作组创新突破，在多个方面取得了重要进展。全球金融安全网包括全球、区域、双边及各国自身储备等多个层次，其面临的主要问题并非总体资源不足，而是各层次之间缺乏协调、资源难以整合。在此背景下，周小川行长在巴黎研讨会期间率先提出应加强 IMF 与区域金融安全网之间的合作，完善以 IMF 为核心的全球金融安全网，引领了议题的讨论方向。中国作为 IMF 第三大成员，又是 CMIM 的最大出资国之一，与 G20 各方协同推动了 IMF 和区域金融安排之间的协调合作。2016 年适逢中国担任"10＋3"主席国和 G20 主席国，中国成功促成 IMF 与 CMIM 在 2016 年 9 月开展了联合救助演练，考察了两者在危机救助中的协调问题，得到了 G20 各方的肯定。联合演练取得了成效，人民银行通过演练的情景设计、组织实施和问题总结，促使"10＋3"各方认识到目前影响 CMIM 有效性的问题，为未来加强和改善 CMIM 和 IMF 的合作奠定了基础。

同时，人民银行还积极引导各方加强对 IMF 贷款工具改革的讨论，支持完善 IMF 贷款工具，并与 IMF 工作人员多轮沟通，引导设计方向。工作人员就新设贷款工具提出了初步建议，包括政策信号工具、大宗商品工具以及流动性工具。各国普遍支持 IMF 对上述贷款工具进行研究，并对设立政策监测工具均无明显异议。

在资本流动监测和应对方面，由于全球经济形势和宏观政策的变化，跨境资本流动出现了新的趋势。资本流动有助于优化资源配置，但资本大进大出也给一国宏观经济管理带来了挑战，并对全球金融市场及货币体系的稳定性产生影响。历史上的金融危机不止一次地显示出跨境资本流动大幅波动带来的风险。G20 资本流动工作组 2011 年已在借鉴各国经验的基础上就资本流动管理的一般性原则达成过共识，IMF 也在 2012 年提出了《资本流动开放与管理：机构观点》（以下简称《机构观点》）。但从 2014 年下半年开始，全球主要经济体宏观经济政策，特别是货币政策出现了分化，导致跨境资本流动波动性加大，新兴市场经济体和发展中国家出现了资本外流、汇率大幅波动及市场波动性增加等问题。

在此背景下，人民银行积极推动 IFA 工作组加强了对资本流动的讨论，最终使 G20 承诺不断改善对资本流动及其风险的应对，并共同采取措施改善对资本流动的监测，包括加强数据收集、弥补数据缺口等，及早识别资本流动波动带来的风险，完善应对资本流动大幅波动的管理框架。考虑到 IMF 在 2012 年曾提出《机构观点》，IFA 工作组积极推动 IMF 总结更新国别经验并审议其《机构观点》，将资本流动管理政策和宏观审慎政策研究结合起来，为金融和宏观经济风险管理提供参考。IMF 连续撰写了《机构观点经验回顾》以及《提高对大规模不稳定资本流动的抵御能力：宏观审慎政策的作用》等报告，对 2012 年以来各国在应对资本流入和流出方面的经验进行了总结回顾，同时肯定了宏观审慎措施在应对大规模资本流动方面的作用，并尝试提出如何使用资本流动管理措施与宏观审慎措施的方法。

除 IMF 的《机构观点》外，OECD 的《资本流动自由化通则》（以下简称《通则》）也是国际上适用范围较广、影响较大的资本流动管理框架。但部分 G20 成员指出，由于 IMF《机构观点》与 OECD《通则》在适用范围、约束力等方面均存在差异，二者在针对同一国家所采取的同一政策上可能存在不一致的判断。为有效应对这一问题，人民银行积极支持 IFA 工作组推动 IMF 与 OECD 加强协调，建议 IMF 更多参与到 OECD《通则》的审议过程中，以进一步完善各自的资本流动管理框架，同时也提议 OECD 在《通则》审议过程中更多考虑新兴市场经济体在管理资本流动时所面临的挑战，提高《通则》的灵活性。

除了上述四个方面的讨论，IFA 工作组重点就增强 SDR 的作用进行了系统的讨论。当时恰值人民币将自 2016 年 10 月 1 日起正式加入 SDR 货币篮子，人民银行在 G20 框架下引导各方的讨论，强调"千里之行，始于足下"，扩大 SDR 的作用不能一蹴而就，但应从现在做起。通过不断的讨论沟通、分析论证，中国与美国、英国、法国、俄罗斯等 G20 主要大国之间逐步达成了越来越多的共识。其中，2015 年 9 月和 2016 年 9 月，中美两国元首在两次会晤时就国际货币体系的改革和发展达成了一系列重要共识，均赞同需要维护和完善现有国际货币体系，认为国际金融架构正不断演进，以应对在规模、范围和多样性方面的挑战。美国欢迎中国在国际金融架构中发挥更加积极的作用，并特别强调支持人民币加入 SDR，支持对扩大 SDR 的使用进行研究。在引导各方对增强 SDR 的作用进行讨论的同时，中国也在积极配合并付诸实践。人民银行会同国家外汇管理局于 2016 年 4 月初同时以美元和 SDR 发布了外汇储备数据，又于当年 6 月末发布了以美元和 SDR 作为报告货币的国际收支和国际投资头寸数据。同时，人民银行也在积极培育 SDR 市场的发展，2016 年 8 月和 10 月，世界银行和渣打银行分别在中国银行间债券市场成功发行了 SDR 债券。这些工作取得很好的效果，受到了国际社会的普遍欢迎。在 G20 杭州峰会公报中，各国领导人欢迎人民币于 2016 年 10 月 1 日正式纳入 SDR 货币篮子，支持在扩大 SDR 使用方面的研究，如更广泛地发布以 SDR 为报告货币的财务和统计数据，以及发行 SDR 计价债券，认为这有助于增强国际货币体系的韧性。

这是 G20 第一次对于增强 SDR 的作用进行了如此系统而深入的讨论，并付诸实际行动，并得到了领导人层面明确具体的支持。中国在整个进程中发挥了至关重要的领导力，激发了全球范围内对于 SDR 问题的关注，为推动完善国际货币体系改革作出了重要的贡献。

巴黎俱乐部及其在国际债权债务协调中的作用

巴黎俱乐部是一个由官方债权人组成的非正式组织，成立于 1956 年。其宗旨是为面临支付困难的债务国寻求可持续的解决方案，同时为双边官方债权人提供一个协调立场的平台，以在发生主权债务重组时最大限度地收回债权。

巴黎俱乐部有 22 个正式成员，包括澳大利亚、奥地利、巴西、比利时、加拿大、丹麦、芬兰、法国、德国、爱尔兰、以色列、意大利、日本、韩国、荷兰、挪威、俄罗斯、西班牙、瑞典、瑞士、英国、美国；还有若干临时参与方，包括阿布扎比、阿根廷、中国、科威特、墨西哥、摩洛哥、新西兰、葡萄牙、南非、特立尼达和多巴哥、土耳其。此外，IMF、世界银行、OECD、联合国贸易和发展会议、欧盟委员会、非洲开发银行、亚洲开发银行、欧洲复兴开发银行、泛美开发银行等也是巴黎俱乐部观察员。

目前巴黎俱乐部重组的债务范围集中于双边官方债务，即由政府或官方机构（如出口信贷机构等）代表政府提供的债务，也包括由政府提供担保的债务。这与俱乐部成立初期官方双边贷款在主权债务中占据主要地位有关。迄今为止，巴黎俱乐部已与 90 个债务国签署了 433 份重组协议，覆盖债务金额约 5 830 亿美元。

巴黎俱乐部通过六项基本原则维护债权人利益。一是协商一致，即巴黎俱乐部的决定必须在参与谈判的所有债权国之间达成一致，任何成员对巴黎俱乐部重组决策都有"一票否决权"。二是团结一致，即巴黎俱乐部的所有成员同意在与某个债务国处理债务问题时采取集体行动，目的是防止成员"搭便车"，本国少减债并导致其他国家多减债，以确保维护集体利益。三是条件性，即债务重组待遇只给予那些需要重组并采取了适当改革方案以解决支付困难的国家，实践中通常是要求重组前债务国应获得 IMF 贷款项目。四是待遇可比性，即债务国向其他国家承诺的债务重组条件不能优于其与巴黎俱乐部债权国签署的重组协议的条件。该原则通过约束债务国行为来间接约束非俱乐部债权国，目的也是防止这些国家"搭便车"，但也使非成员债权国很难单方面摆脱巴黎俱乐部重组条件的约束。五是个案处理，即巴黎俱乐部根据每个债务国的具体情形，依个案作出决定。六是信息共享，指巴黎俱乐部成员定期分享关于债务国的意见和信息，听取 IMF 和世界银行的报告，并在对等、保密的基础上共享债权信息，不对非成员和公众公开国别债权数据。

近年来，新兴市场经济体债权人地位显著增强，官方融资结构也不断变化。巴黎俱乐部作为全球官方债权人的主要协调机制，也在不断适应新形势的需要，吸纳新兴市场经济体加入。2016 年 7 月和 11 月，韩国与巴西相继正式加入巴黎俱乐部，2016 年 G20 杭州峰会公报也指出，支持巴黎俱乐部"作为主要的国际官方双边债务重组平台，讨论一系列主权债问题，并持续吸纳更多新兴债权国"，鼓励其在主权债券等双边官方债务之外的主权债务重组中发挥积极作用。

第八章
人民币加入 SDR

在推动国际货币体系改革的过程中，人民币加入 SDR 是人民银行多年以来不懈努力的一项重要工作。从 2009 年人民银行行长周小川提出国际货币体系改革主张开始，经历了内部酝酿、全面评估论证和 SDR 审查期间的多轮磋商谈判，2016 年 10 月 1 日，人民币正式加入 SDR。这是一个逐步累积、水到渠成的过程，背后体现的是中国经济改革和人民币国际化的不断推进，以及国际社会对人民币的国际地位、中国经济发展和改革开放成就的日益肯定。在党中央、国务院的直接领导下，人民银行与各部门密切配合，与 IMF 开展深入密集磋商，在中国金融改革开放和人民币国际化取得一系列显著进展的基础上，逐步解决各项政策性和技术性障碍，最终推动人民币加入 SDR 货币篮子。

第一节　SDR 的创立

1969 年，IMF 正式创设 SDR，这是 20 世纪国际货币体系演化的重要成果。两次世界大战中，主要工业国家的经济均遭受了严重打击，国际货币体系一片混乱，此前盛行的金本位制走向衰落。为恢复国际货币体系秩序，促进战后经济与贸易复苏，美英等主要国家进行了长达数年的磋商和博弈，最终建立起以美元为基础的布雷顿森林体系，同时创设了 IMF 和国际复兴开发银行两大布雷顿森林体系机构。然而以美元这种主权货币作为储备货币的国际货币体系存在其内在缺陷，美国无法在提供足够国际流动性的同时维持美元币值稳定。为应对这一问题，SDR 应运而生。

根据《国际货币基金组织协定》，SDR 是一种补充性储备资产，与黄金、外汇等其他储备资产一起构成国际储备。顾名思义，SDR 是一种提款权，即在一定条件下持有者可用它提取 IMF 指定成员的可自由使用货币。目前，可自由使用货币与 SDR 篮子货币实际上是等价的，包括美元、欧元、人民币、英镑和日元五种货币。SDR 的价值及利率由 IMF 确定。最初 SDR 的价值被确定为 1 SDR 等于 0.888671 克黄金，这也是当时布雷顿森林体系下 1 美元的黄金含量。1973 年，布雷顿森林体系瓦解后，美元对黄金贬值，但 SDR 继续维持对黄金的名义价格。

布雷顿森林体系崩溃后，主要工业国家都改为采用浮动汇率制。黄金不再在国际货币体系中发挥实际上的"本位"作用。1974 年，IMF 决定以一篮子货币来定义 SDR 的价值，即以美元表示 SDR 的价值，这是将各篮子货币对美元的汇率乘以其权重进行加总。随着各国经济在世界经济中地位的变化，SDR 货币篮子的标准和构成也在持续变化。

第二节　SDR 篮子货币的标准

尽管多年来由于分配和交易机制存在限制等诸多原因，SDR 的作用一直未能得到充分的发挥，但毋庸置疑，衡量一国货币是否成为国际储备货币的一大标志就是该货币是否是 SDR 篮子货币。对此，IMF 有着明确的程序和标准。

一、审查内容、周期及流程

IMF 通常每五年对 SDR 货币篮子进行一次例行审查。审查内容非常广泛，包括 SDR 篮子货币的数量、SDR 货币篮子的构成、各货币所占权重，用于决定 SDR 利率的金融工具，以及决定 SDR 汇率的市场汇率等。

在审查中，IMF 通常根据一定的标准来选择重点考察的货币，而并非通过一国的申请来决定是否将其货币纳入考察名单。不是每次审查都会修改 SDR 货币篮子的构成，事实上，历史上多数的 SDR 审查都没有改变 SDR 货币篮子的构成，只是对各货币的权重进行了微调。

SDR 审查的结论需要 IMF 执董会通过。一般的调整，如修改 SDR 各篮子货币的权重等，只需要获得执董会半数以上同意即可通过；如果需要修改 SDR 货币篮子的构成，则需要获得执董会超过 70% 的投票权同意；如果涉及 SDR 审查原则的重大和根本性改变，则需要获得执董会超过 85% 的投票权同意。目前为止，还没有出现过需要超过 85% 投票权同意的情况。

二、SDR 审查标准

自 SDR 创立以来，为增强其作为储备资产的吸引力，IMF 对 SDR 货币篮子进行了多次改革，SDR 篮子货币的选择标准也从出口单一标准逐步演变为现行的出口和"可自由使用"双标准。

为了更好地反映一国在全球贸易中的相对重要性，保证篮子货币国家在全球经济中具有核心作用，确保它们有足够的能力提供储备资产，初期 SDR 篮子货币的选择标准为一国的出口规模，IMF 选择了 16

种在全球货物与服务出口额中超过 1% 的成员的货币组成 SDR 货币篮子。由于由 16 种货币组成的篮子使用起来很不方便，可操作性很差，IMF 于 1980 年将 SDR 篮子货币的选择标准改为前 5 年中货物和服务出口最大的 5 个成员的货币，从而将 SDR 货币篮子简化为 5 种货币。欧元诞生后，德国马克和法国法郎不再使用。IMF 在 2000 年的 SDR 审查中用欧元替代了德国马克和法国法郎，同时还首次正式明确将出口和"可自由使用"作为 SDR 审查的两个标准。

"可自由使用"是 IMF 的资金操作中的一个重要概念，主要是为了确保当 IMF 为一国提供贷款时，借款国从 IMF 所获得的货币可以自由使用，即可直接或间接地满足其国际收支需要。"可自由使用"概念包括以下两方面内容。一是在国际交易支付中被"广泛使用"，这是为了确保该货币可以直接用于满足 IMF 成员的国际收支需要，具体用一国货币"在官方储备中的占比"、"在国际银行负债中的占比"和"在国际债务证券中的占比"等指标来衡量。二是在主要外汇市场上被"广泛交易"，在具体指标上，一般用"国际外汇市场交易占比"情况来衡量。一种货币必须同时具备"广泛使用"和"广泛交易"的特性，才能被确定为可自由使用货币。需要注意的是，货币的"可自由使用"和资本项目可兑换是有关系但不同的两个概念。货币的"可自由使用"关注的是货币的国际使用和交易，只要求满足"广泛使用"和"广泛交易"两个标准，与资本项目的开放与管制无关，也并没有对 IMF 资本项目分类中的 7 大项 40 小项的开放程度提出具体要求。但是一国货币存在的资本管制过多，势必会影响该国货币在国际上使用和交易的范围。因此，"可自由使用"的标准实际上隐含了对一定水平的资本项目可兑换的要求。

三、操作性要求

一国货币被认定为"可自由使用"货币后，如果想切实履行篮子货币的职能，还需要满足 IMF 资金操作的要求。如对于 SDR 持有者来说，需要对篮子货币进行投资和利率、汇率风险对冲，这就意味着 SDR 持有者需要可以进入 SDR 篮子货币所对应的固定收益、外汇和衍生品市场；而为了满足 IMF 定价的需要，该国还需要提供相应的利率和汇率等。具体来看，一国货币成为 SDR 篮子货币，需满足外国央行和储备管理者在投资该国债券市场、投资利率和汇率衍生品市场、在外汇市场进行交易以及提供代表性利率和汇率等多方面的需要。

总之，一国货币在满足出口和"可自由使用"两项硬性标准后，还需要满足操作性要求，才能保证其在纳入 SDR 货币篮子后的有效操作。

第三节 人民币加入 SDR 的历程

如前所述，周小川行长 2009 年关于国际货币体系改革的文章，激发了国际社会对改革国际货币体系的热烈讨论，以及对增强 SDR 作用的关注。2010 年，IMF 开展五年一次的 SDR 货币篮子审查，由于中国迅速提高的国际地位和经济实力，人民币加入 SDR 逐渐成为国际社会讨论的重要议题。

2010 年的 SDR 审查主要考察 2005—2009 年的发展情况。在这次审查中，货物和服务出口数据显示，在 IMF 成员及包括 IMF 成员在内的货币联盟中，中国已经成为第三大出口国。这是人民币首次进入 SDR 审查的视野，也是 IMF 自 1980 年调整 SDR 篮子货币之后，第一次考虑在 SDR 篮子中增加新的货币。IMF 当时的分析结果显示，中国已经成为最大的四个出口经济体之一，符合加入 SDR 出口方面的条件，但是由于人民币既没有在国际交易中被"广泛使用"，也没有在主要外汇市场被"广泛交易"，未能满足"可自由使用"标准，因此在 2010 年审查中人民币未能加入 SDR。

尽管 2010 年审查并未改变 SDR 篮子货币的构成，但 IMF 及各国均对人民币国际地位的提升和中国在资本账户开放、人民币国际使用方面的改革步伐加快予以认可，因此明确打开了机会的窗口。同时，IMF 决定从 2011 年开始对 SDR 篮子货币选择标准、篮子货币的数量、确定初始权重的方法等问题进行深入研究，为下一次 SDR 审查作了更充分的技术准备。

随着中国经济和人民币国际地位的不断提升，国际上建议将人民币纳入 SDR 的声音日益增强。2015 年又一次迎来了 IMF 对 SDR 货币篮子的审查，人民币加入 SDR 面临难得的历史性机遇。经过五年的发展，中国改革开放进一步深化，经济金融领域取得了更多杰出的成就，人民币国际化水平大幅提升。在此背景下，从 2014 年下半年开始，党中央、国务院及时决策部署，启动了相关研究和论证工作。人民银行对人民币加入 SDR 的可能性和利弊进行了深入的分析研究。2015 年初，党中央、国务院高瞻远瞩、审时度势，及时作出了推动人民币加入 SDR 的重要战略部署。人民币加入 SDR 的工作全面展开，有序进行。

在党中央的指导下，人民银行制定了在满足现有标准的条件下推动人民币加入 SDR 的整体战略。针对当时存在的数据缺口、资本项目可兑换、市场化程度和开放程度等方面的差距，积极弥补数据缺口、推进国内改革开放，为人民币加入 SDR 弥补差距，排除障碍。

2015 年初，IMF 与人民银行就人民币加入 SDR 问题举行了 2015 年度首次技术性磋商，主要探讨了 SDR 例行审查的内容和投票权要求、人民币是否满足 SDR 标准、中国资本账户可兑换的现状与未来计划等。人民银行对此高度重视、积极准备，有理有据地向 IMF 进行了全面介绍和正面引导，满足了 IMF "了解情况、获取数据"的目的。IMF 向中国介绍了加入 SDR 的具体技术要求，并指出了中国存在的不足，有助于中国有针对性地做工作。但双方在一些技术标准上观点仍有待统一。

2015 年 3 月下旬，李克强总理、马凯副总理分别会见了来华出席会议的 IMF 总裁拉加德，重申了中国坚定不移继续推进改革开放的决心和立场。周小川行长与拉加德进行了深入交流，阐述了中国推进资本项目可兑换、推动人民币成为可自由使用货币的设想。2015 年 3 月，周小川行长在中国发展高层论坛上主动阐述了可自由使用与资本项目可兑换的逻辑关系，初步介绍了中国提高人民币可自由使用程度的改革计划，显示了中国加入 SDR 与推动相关改革的决心。

中国的决心和改革计划使拉加德总裁深受触动，表示愿与中国一道努力，确保人民币在满足标准的前提下加入 SDR。拉加德总裁亲自负责 SDR 审查工作，加强了推动人民币加入 SDR 的工作力度，组建了 IMF 内部和 SDR 相关的跨部门工作团队推进具体工作。此后，人民银行与 IMF 建立了月度技术会谈机制，就 SDR 审查中人民币可自由使用的数据问题、操作性问题、中国金融改革计划等政策性和技术性问题开展了密集而深入的交流和磋商。根据在总计约九轮的磋商中发现的问题，人民银行与国内各相关部门密切配合，扎实推进各项工作，一步一个脚印，逐项扫除人民币加入 SDR 的每一个障碍。

首先，妥善应对标准之争。磋商之初，曾有过是否应将"可自由使用"标准修改为 2011 年曾提出过的"储备资产标准"的讨论。经综合权衡利弊并充分借鉴 2011 年修改 SDR 审查标准的历史经验，中国认为宜坚持现有标准，以打消外界疑虑。周小川行长在 2015 年 3 月的中国发展高层论坛期间明确表示，支持 IMF 遵循现有标准开展 SDR 审查，展示了中国尊重标准、愿以较高标杆加入 SDR 的积极姿态。

其次，弥补数据缺口，为衡量人民币可自由使用程度提供数据支持。由于很多国际统计不含人民币，审查之初衡量人民币可自由使用程度的数据存在重大缺口。为弥补缺口，人民银行会同其他部门做了大量基础性工作，提供有关人民币的数据。2015 年上半年，人民银行还请 IMF 和 BIS 分别专门进行了一次官方储备资产币种构成的特别调查和国际银行业负债的特别调查，重点收集人民币相关数据，并同时与主要国家央行进行沟通，请各方参加上述调查。由于中国未参加上述国际数据调查也是人民币数据存在缺口的重要原因，人民银行还会同其他部门积极研究了参加国际上权威的数据调查的可能性，并制订了相应工作方案。这些工作有效弥补了衡量人民币"可自由使用"程度的数据缺口。

再次，部署和推动国内金融改革和开放，推动人民币真正实现"可自由使用"。人民币能否加入 SDR 关键还是要看其是否符合 SDR 的相关标准，特别是"可自由使用"标准。推动金融部门改革开放既符合中国经济发展的长远利益，也是成为国际储备货币发行国的基本要求。为此，人民银行根据党中央、国务院关于金融改革开放的统一部署，制订了具体的工作计划。2015 年 4 月，IMF/世界银行春季例会期间，针对各国普遍关注中国改革进程的情况，周小川行长介绍了中国促进资本项目可兑换和提高人民币可自由使用的一系列计划。周小川行长同时强调，国际金融危机后，资本项目可兑换的概念发生了变化。中国所提的资本项目可兑换并非传统意义上的完全或完全自由可兑换，而是在充分吸取国际金融危机经验教训基础上的有管理的可兑换。中国实现资本项目可兑换后，不是不管理，而是转变管理方式，包括运用宏观审慎管理，以防范跨境资本流动风险，维护币值稳定和金融安全。

中国务实坦诚的介绍和表态增进了各方理解，得到了积极反响，为人民币加入 SDR 创造了良好的国际氛围。在党中央、国务院的领导下，各部门通力配合，推动落实一系列改革措施，不断取得突破性进展。

最后，推动 IMF 健全指标，全面考察评估人民币国际化情况。与其他主要储备货币相比，人民币国际化具有一些独特的特点。人民币的国际化是从实体经济领域开始的，中国经常项目的开放程度要大于资本项目的开放程度，这一特性意味着人民币在贸易和服务领域的使用较多。此前"可自由使用"的衡量指标主要包括货币在全球外汇储备、国际银行业负债和国际债务证券中的占比，以及在主要外汇市场交易量等，重点关注货币在金融交易上的使用情况，忽略了货币在贸易结算上的作用，并不能准确地反映人民币国际化的实际情况。与此同时，IMF 也认识到原有指标存在一些缺陷。为此，人民银行与 IMF 进行了多轮技术磋商。最终，IMF 增加了"在跨境支付中的占比"和"在贸易融资中的占比"两项指标，对"国际债务证券占比"指标除了考察余额数据，还增加了增量数据。总体而言，更新后的指标体系有利于更全面客观地衡量人民币在全球中的实际地位。

2015 年 7 月中旬，IMF 工作人员向执董会提交了 2015 年 SDR 审议的初步报告。报告梳理了人民币在 SDR 现有指标中的排名，并对人民币加入 SDR 涉及的操作层面问题进行了分析，但没有对人民币能否加入 SDR 作出明确建议或结论。报告指出，由于中国继续满足出口规模标准，此次重点审查了人民币是否为可自由使用货币，统计了各国持有人民币资产、人民币债券发行和交易、在跨境支付和贸易融资、外汇市场交易等方面的使用情况，认为人民币的地位较 2010 年审查时大幅提升，而其他货币与上次审查时相比，进步幅度没有人民币明显。此外，考虑到人民币互换规模不断发展，人民币离岸中心对中国国内的支付规模迅速扩大，自 2010 年开始，未来还会继续推进的支持人民币国际化的改革措施效果尚未完全显现，预计人民币的国际化使用和交易还将不断增长。

但报告同时也指出，作为 SDR 篮子货币及可自由使用货币，人民币需要满足一些关键的操作方面的要求，包括需要在伦敦（英格兰银行）、纽约（纽约联邦储备银行，以下简称纽联储）的外汇市场和欧央行获得合适的人民币/美元汇率，需要获得由市场决定的人民币兑美元的代表性汇率，需向 IMF 提供一种利率工具。这一利率工具属于具有代表性的金融工具而且可供投资者实际使用，其利率在货币市场中可以迅速反映市场信用变化情况，信用风险特征类似于 SDR。此外，IMF的成员需要货币掉期等工具来对冲 SDR 篮子货币的汇率和利率风险；IMF 的投资账户、信托账户以及使用 SDR 的其他机构也需要相应的对冲工具；在岸和离岸市场均需要利率和汇率远期、掉期以及期权等对冲工具。

综合来看，IMF 的初步报告既充分肯定了中国金融改革开放和人民币国际化的成绩，以及 2015 年上半年中国推动人民币加入 SDR 的努力，同时也指出了尚存的一些技术问题，特别是一些具体操作领域问题，为中国的下一步努力明确了方向。

全力冲刺，推动金融改革开放，解决操作性问题。2015 年下半年，尽管中国金融市场有所波动，人民银行按照党中央、国务院批准的改革蓝图，稳步推进金融改革开放，并有针对性地解决 IMF 提出的各项操作性问题。从国际实践看，在确定一种货币是可自由使用货币并被纳入 SDR 篮子时，需解决一些重要的操作性问题。在 IMF 开展 SDR 审查的过程中，中国继续推动经济金融改革与开放，特别是在开放债券市场和外汇市场、完善人民币代表性利率和汇率、提高数据透明度等操作性问题方面取得了积极进展，人民币逐渐接近并达到了 SDR 篮子货币的标准和各项操作性要求。

人民币成为 SDR 篮子货币，必然要求境外机构，特别是境外央行类机构能进入中国金融市场进行资产配置和风险对冲操作。为此，2015年 7 月，人民银行推动银行间债券市场开放，允许境外央行或货币当局、国际金融组织、主权财富基金（央行类机构）自由进入中国银行间债券市场并自由选择代理，且没有投资额度和产品限制，满足了对冲人民币利率风险的需求。同年 9 月，人民银行又向上述三类机构开放了银行间外汇市场，允许其自由进入，自由选择代理人以及进行汇率风险对冲，外汇兑换不受额度限制，并可以获得更全面的市场数据。2016年 2 月，人民银行进一步向境外私人机构投资者开放了银行间债券市场，不设投资额度限制，债券市场的开放程度进一步提高。同年 4 月，人民银行通过发布《境外央行类机构进入中国银行间债券市场业务流程》和《境外央行类机构进入中国银行间外汇市场业务流程》，为境外央行类机构入市提供了具体的操作指引，进一步便利境外投资者进入中国金融市场。截至 2017 年 8 月，已有 66 家境外央行类机构进入银行间债券市场，33 家境外央行类机构进入银行间外汇市场，通过直接投资或代理的方式开展交易和投资。

人民币要成为 SDR 篮子货币，还需要提供人民币代表性利率和代表性汇率，以便于对 SDR 进行相应的估值和计息。为解决上述问题，国内各部门密切配合，推出了一系列改革措施，并得到了国际社会的积极回应和支持。在利率方面，自 2015 年 10 月 9 日开始，财政部每周滚动发行 3 个月期国债，在此基础上，以 3 个月期国债收益率作为人民币的代表性利率，用于计算 SDR 篮子货币的利率。在汇率方面，从 2015 年 8 月起，中国外汇交易中心每个交易日公布 5 个时点的参考汇率，为市场主体提供了更多的市场汇率参考，其中下午 4 点的汇率被作为人民币代表性汇率，用于计算 SDR 交易的汇率。经沟通协调，英格兰银行每天向 IMF 提供中午 12 点伦敦市场的人民币兑美元汇率，作为人民币加入 SDR 的定值汇率。纽联储和欧央行也将在伦敦闭市时提供各自市场的人民币兑美元汇率。为了使人民币在岸交易时段能够覆盖伦敦市场，2016 年 1 月 4 日起，中国将银行间外汇市场交易系统每日运行时间延长 7 个小时，并相应延长了人民币汇率中间价及浮动幅度、做市商报价等市场管理制度适用时间。

人民币要成为 SDR 篮子货币，必然要求为境外机构开展人民币业务及相关业务的清算和结算提供进一步的便利。为此，2015 年 10 月，人民银行进一步明确了境外央行类机构在境内商业银行开立人民币账户的相关规定，为其开展实际操作提供了必要的条件。同时，CIPS 一期于 2015 年 10 月正式上线运行，大幅提高了境内外金融机构人民币跨境和离岸业务资金清算和结算的效率，人民币跨境贸易和投资更加便利。

中国稳步推进改革的有力举措最终为人民币加入 SDR 赢得了国际社会的广泛支持。2015 年 11 月 30 日，IMF 举行执董会，进行 2015 年度 SDR 审查的最终审议。会议认定人民币为可自由使用货币，决定将人民币纳入 SDR 货币篮子，并于 2016 年 10 月 1 日正式生效。该决议得到了各国执董的一致同意。从此，SDR 货币篮子相应扩大至美元、欧元、人民币、日元、英镑 5 种货币，人民币在 SDR 货币篮子中的权重为 10.92%，美元、欧元、日元和英镑的权重分别为 41.73%、30.93%、8.33% 和 8.09%，拉加德总裁在会上表示，"执董会作出的将人民币纳入 SDR 货币篮子的决定具有里程碑意义，标志着中国经济进一步融入全球金融体系，这将推动构建更加稳健的全球货币和金融体系，并支持中国和全球经济的增长和稳定"。人民币成功入篮，对于中国和世界是双赢的结果，既代表了国际社会对中国改革开放成就的认可，有利于助推人民币国际化进程稳步向前，促进中国在更深层次和更广领域参与全球经济，也有利于增强 SDR 自身的代表性和吸引力，完善现行国际货币体系（见图 8-1）。

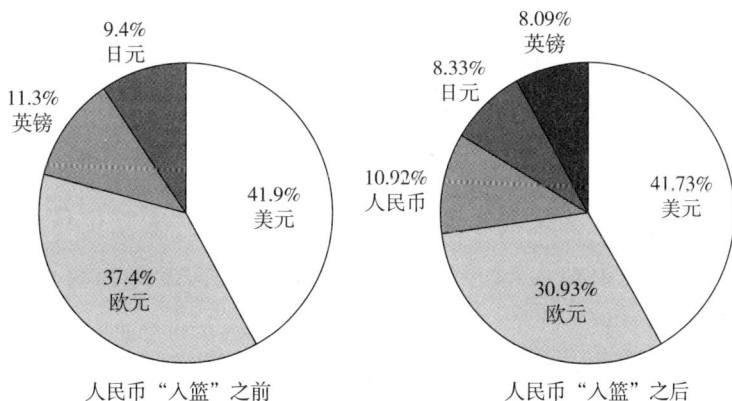

图 8-1　SDR 货币篮子构成变化

第四节　人民币加入 SDR 的影响和意义

人民币加入 SDR 及相关改革对中国和世界都影响深远、意义重大。对中国来说，这为人民币国际化注入了新的动力，并且有利于促进国内进一步的改革开放；对世界来说，这反映了国际金融体系正向更加合理、均衡和公平的方向发展，并将推动国际货币体系的进一步完善。

一、对全球经济治理和国际货币体系的演进意义重大

人民币加入 SDR 体现了新兴市场经济体国际地位的提升。人民币加入 SDR 说明，近年来新兴市场经济体在全球经济治理中的发言权和代表性逐渐提高，在重要国际组织中的制度性话语权得到不断提升。当前，全球经济格局正在发生深刻变化，新兴市场经济体在全球经济中的重要性不断加强，逐步在更深层次和更广领域上参与全球经济治理。人民币加入 SDR 既是中国国际地位和影响力提升的反映，也表明中国正逐渐走向国际舞台中央，未来将在全面参与全球经济治理中扮演更重要的角色，在国际金融规则讨论和制定的过程中发挥更加积极的作用。

人民币加入 SDR 有助于进一步完善国际货币体系。历史经验表明，过度依赖单一主权货币的国际货币体系都是内在不稳定的。2008 年爆发的国际金融危机就深刻地反映了现行国际货币体系过度依赖美元的内在缺陷。人民币加入 SDR 后，会逐渐发展成为全球主要币种之一，未来可能出现美元、欧元、人民币"三足鼎立"的局面，这有助于促进国际货币体系的多元化，提高国际货币体系的稳定性和韧性。同时，人民币加入 SDR 意味着自 20 世纪 80 年代以来，第一次有新兴市场经济体货币进入 SDR 货币篮子，这有助于改善以往单纯以发达国家货币

作为储备货币的格局，增强 SDR 本身的代表性和吸引力。此外，人民币加入 SDR 还有助于提高 SDR 的稳定性，提升它在国际货币体系中的地位，增强它作为国际储备货币的功能，这也会进一步改善国际货币体系。

二、已经产生了直接、正面的影响

人民币正式纳入 SDR 货币篮子已经对中国经济产生了一系列直接正面影响，包括人民币资产自动配置需求与吸引力持续上升、储备货币地位获得正式认定、人民币成为 IMF 官方交易货币等。

人民币资产的自动配置需求与吸引力增加。从效果上讲，一国货币被纳入 SDR 类似于一只股票被纳入股指。当一只股票被纳入某个股指后，凡是以该股指为标的进行投资的机构都将被动对该股票进行配置。人民币加入 SDR 也产生了类似的效果。IMF、BIS、世界银行等国际组织管理着大量以 SDR 计价的资产，它们需要根据 SDR 篮子货币权重进行资产配置。粗略估计，人民币正式入篮 SDR 前后，这部分流入人民币资产的资金规模已经超过了 100 亿美元。同时，许多国际金融机构和开发机构的贷款以及不少国家的负债都是以 SDR 来计价的，这些机构和国家通常都有对冲 SDR 篮子货币利率和汇率风险的需求。随着人民币加入 SDR，这些机构对冲人民币利率和汇率风险的需求有所增加，从而引发它们在人民币在岸市场和离岸市场增加人民币资产的配置。

人民币的国际储备货币地位获得正式认定。中国已经是许多国家最大的贸易伙伴国和对外投资国，各国对人民币的潜在需求巨大。人民币加入 SDR 前，已有不少国家和地区的中央银行或货币当局持有人民币资产，但是否将之视为外汇储备由各国自行决定，标准并不统一。随着人民币作为储备货币的地位被认定，中央银行或货币当局持有的人民币资产已无可争议地被统一认定为外汇储备。同时，IMF 也相应修改了外汇储备币种构成（COFER）调查的统计报表，将之前统计的七种货币增加至八种，人民币被纳入并单独列出。随着人民币储备货币的地位获得正式认定、资产吸引力增强，加之中国采取了一系列措施提高外国中央银行或货币当局持有人民币的便利程度，不仅各国将人民币纳入外汇储备的意愿大幅增强，境外金融机构主动配置人民币资产的需求也明显上升。IMF 公布的 COFER 调查数据也显示，截至 2016 年末，参与 COFER 报送的各国持有的人民币外汇储备共计折合 845.1 亿美元（约为 5 822 亿元人民币），占 COFER 报送国已明确计价币种的外汇储备总量的 1.1%，已较人民币加入 SDR 前 739.5 亿美元的水平明显提高。此外，2017 年 6 月 13 日，欧央行在其官网上宣布，2017 年上半年，欧央行投资了价值 5 亿欧元的人民币计价资产作为外汇储备，这表明人民币作为储备货币的吸引力在持续增加。

人民币成为 IMF 官方交易货币。人民币加入 SDR 意味着人民币是 IMF 认定的五种"可自由使用"货币之一。根据 IMF 的规定，IMF 官方交易使用 SDR 或可自由使用货币来进行，这些交易包括向 IMF 缴纳份额、IMF 向成员提供贷款和成员向 IMF 还款、IMF 向成员支付利息等。在人民币加入 SDR 前，中国向 IMF 缴纳份额只能选择美元、欧元、英镑或日元中的一种，实际认缴是用美元完成的。人民币加入 SDR 后，中国可以用人民币直接向 IMF 缴纳份额，人民银行也在进行相应的技术准备。而其他各成员也可以用人民币向 IMF 缴纳份额。如 IMF 向各成员提供的贷款虽是以 SDR 计价的，但实际拨款和还款通常是根据成员的要求使用 SDR 篮子中的货币来进行。人民币加入 SDR 后，应成员要求，IMF 可用人民币向其拨款，而成员也可选择用人民币进行还款。目前 IMF 已安排成员使用人民币进行多项收款和还款的交易。

三、意味着中国获得重要的制度性权利，影响长远

能够在国际社会被广泛接受是人民币国际储备货币地位的最直接体现。此外，人民银行与其他国家（地区）央行和货币当局签订的双边本币互换协议的国际认可度和吸引力也将得到实质性提升，非储备货币发行国通过货币互换协议获得的人民币会被 IMF 认可为储备资产，属于有效外部融资，从而对该国的金融市场稳定产生影响。

国际储备货币地位能够大大增强国内外对人民币的信心，降低发生经济金融波动的可能。储备货币发行国均有强大的经济金融实力作支撑，储备货币本身具有的国际清偿能力会大大增强市场信心。对一国货币的信心在一定程度上也是对其经济金融体系的信心，这有助于缓解经济金融风险，降低危机爆发的概率，维护经济金融稳定。同时，储备货币发行国受其他国家溢出效应的影响程度要小于非储备货币发行国，这也意味着它们可以更好地抵御冲击。

成为储备货币发行国后，中国应对经济金融危机的手段更多。国际储备货币发行国能够根据本国情况更加独立地制定货币政策，在危机期间还可以创新运用各种政策工具来缓解危机。在 2008 年国际金融危机中，美联储率先运用非常规货币政策和工具救助金融机构，包括实施量化宽松政策及通过扭转操作压低长期利率。欧央行、日本银行也采取了类似的政策促进经济复苏。在财政空间有限的情况下，上述非常规货币政策在一定程度上替代了财政政策，促进了经济复苏。但在相同的危机条件下，非储备货币发行国如采取类似做法，则会引发较高的通胀和货币贬值。

成为储备货币发行国，意味着中国企业可以使用人民币在国际上投资和交易，有利于降低成本，提升国际竞争力和市场份额。一国货币成为储备货币，意味着其既可以在国际贸易支付中被广泛使用，直接满

足国际收支需要，又可以在金融市场广泛交易，以相对较低的成本兑换其他货币，满足各种支付需要。在此背景下，储备货币发行国的企业使用本币在国际上进行投资和交易，不仅有助于降低成本，也意味着其在交易和定价中有更多的手段实现自身利益，有利于提升其在国际贸易和金融投资中的定价权和话语权，提高国际竞争力和市场份额。

国际储备货币地位可降低一国积累外汇储备的必要性。储备货币发行国很少积累外汇储备，完全可以通过发行货币进行国际支付，弥补国际收支缺口和偿付外债。美国、欧盟、英国、日本等其他储备货币发行国（地区）的外汇储备比中国都少得多。

总的来看，人民币正式加入 SDR 货币篮子是国际社会对中国经济发展成就和金融业改革开放成果的充分肯定，增强了 SDR 的代表性、稳定性和吸引力，有利于国际货币体系改革向前推进，也有助于实现中国和世界的共赢。同时，人民币加入 SDR 也是人民币国际化的一个重要里程碑，并将成为中国进一步改革开放的新起点。下一步，人民银行会抓住人民币加入 SDR 的良好契机，继续按照"十三五"规划中的各项部署，主动谋篇布局，坚持不懈地深化金融改革、扩大金融开放，维护好人民币"可自由使用"的威信，巩固和加强人民币的国际储备货币地位。

第九章
积极参与金砖合作机制，
推动金砖国家务实合作

自 2008 年首次金砖国家财长和央行行长会议以来，金砖国家务实财金合作已走过十年。十年中，金砖国家财金合作内容逐步深化，机制不断完善，成果日趋丰富，成为金砖国家总体合作的重要基石。人民银行与其他部门一道，积极推动金砖国家务实财金合作，从 2008 年国际金融危机后共同推进国际金融机构改革、完善国际经济金融治理，到近年来推动合作进一步深化，建立金砖国家应急储备安排（CRA）、新开发银行（NDB），并同意建立金砖国家本币债券基金（BBF），取得了一系列重要成绩，为下一步金砖各方根据金砖国家领导人厦门会晤达成的共识，推动金砖合作进入第二个"金色十年"打下了坚实基础。

第一节　金砖财金合作机制的发展与演变

一、金砖合作机制的总体概况

金砖国家（BRIC）一词，是由高盛经济学家吉姆·奥尼尔于 2001

年首次提出的，特指中国、巴西、俄罗斯、印度四个成长前景看好的新兴市场经济体，随后被广为引用并逐步被国际社会所接受和认可，客观上推动了金砖国家间的对话和合作进程。

2006 年第 61 届联合国大会期间，中国、巴西、俄罗斯、印度举行首次金砖国家外长会晤，揭开了金砖国家合作序幕。2008 年 11 月，首次金砖国家财长和央行行长会议在圣保罗举行，此后每年，金砖国家财政部和央行依托 G20 财长和央行行长会、IMF/世界银行春会和年会等平台或单独举行财金部长会或副手会，就国际重大事务，特别是 G20 框架下重大政策议题，协调金砖立场，推动金砖财金合作向务实方向发展。

2009 年，首次金砖国家领导人会晤在俄罗斯叶卡捷琳堡举行。此后每年举行一次领导人会晤，迄今共举行九次。2010 年 12 月，中国作为金砖国家轮值主席国，邀请南非加入金砖国家并出席 2011 年在华举办的金砖国家领导人第三次会晤，金砖国家正式扩大为五国，英文名称定为 BRICS。

二、金砖峰会机制下的财金合作

（一）第一阶段：强调提高新兴市场经济体和发展中国家在全球治理中的发言权和代表性，并承诺积极应对全球金融危机

2009 年 6 月在叶卡捷琳堡举行的首次金砖国家领导人峰会是在金融危机爆发后，全球贸易环境恶化的背景下召开的，峰会重申并呼吁落实伦敦 G20 峰会有关扩大全球贸易融资的共识，承诺推动国际金融机构改革，提出应提高新兴市场经济体和发展中国家在国际金融机构中的发言权和代表性。

2010 年 4 月，金砖国家领导人巴西利亚峰会主要讨论了国际金融

危机、IMF 和世界银行高管遴选机制、G20 议题协调等议题。峰会重申尽快推动实现 IMF 等布雷顿森林机构改革，向新兴市场经济体和发展中国家实质性转移投票权，使其在世界经济中的决策权与分量相匹配。峰会还强调保持主要储备货币汇率相对稳定和财政政策可持续性对实现强劲的长期平衡增长十分重要。

2011 年 4 月，金砖国家领导人三亚峰会围绕"展望未来、共享繁荣"的主题，讨论了国际经济金融、金砖国家合作等议题，并重点就 SDR 的作用进行了讨论。峰会支持改革和完善国际货币体系，建立稳定、可靠、基础广泛的国际储备货币体系，并欢迎就 SDR 在现行国际货币体系中的作用进行讨论，包括 SDR 篮子货币的组成问题。当年，经中国与俄罗斯、巴西、印度一致商定，南非受邀加入金砖国家并首次参加峰会，进一步提升了金砖合作机制的影响力。

（二）第二阶段：金砖国家财金合作向纵深方向发展，迈向深层务实合作领域

2012 年 3 月，金砖国家领导人德里峰会以"金砖国家致力于全球稳定、安全、繁荣的伙伴关系"为主题，首次提出了有关探讨建立新的开发银行的倡议。峰会提出审查建立新开发银行的可能性和可行性，并成立联合工作组进一步研究，于下次领导人会晤前报告。峰会继续就 2010 年 IMF 改革提出关切。此外，在欧债危机蔓延的背景下，IMF 增资问题再次成为关注焦点，为此，金砖各国当年充分利用金砖财政和央行行长会等平台加强沟通协调，就向 IMF 增资的立场达成共识，树立了负责任的新兴市场经济体和发展中国家形象。

2013 年 3 月，金砖国家领导人德班峰会的主题是"金砖国家与非洲：致力于发展一体化和工业化的伙伴关系"。峰会正式提出建立应急储备安排的倡议。此前，在洛斯卡沃斯金砖财长和央行行长会上，各方探讨了通过成立金砖国家应急储备安排（CRA）来建设金融安全网的

意义和必要性。峰会认为建立一个初始规模为 1 000 亿美元的应急储备安排是可能的和共同期待的。同时，峰会同意建立新的开发银行（NDB），将其作为现有全球和区域金融机构的补充。

2014 年 7 月，金砖国家领导人福塔莱萨峰会以"实现包容性增长的可持续解决方案"为主题，讨论议题包括政治协调、可持续发展、包容性增长。金砖五国签署了《关于建立金砖国家应急储备安排的条约》和《关于成立金砖新开发银行的协议》，明确了 CRA 初始资金规模为 1 000 亿美元；NDB 法定资本 1 000 亿美元，初始认缴资本 500 亿美元。这两个成果标志着金砖财金务实合作迈出了突破性的一步，具有里程碑意义。

2015 年 7 月，金砖国家领导人乌法峰会以"金砖国家伙伴关系——全球发展的强有力因素"为主题。峰会期间，金砖各国央行签署了《金砖国家应急储备安排中央银行间协议》，意味着 CRA 初步实现可操作，是做实金砖国家金融合作的重要一步。峰会还通过了《金砖国家经济伙伴战略》。

2016 年 10 月，金砖国家领导人果阿峰会以"打造有效、包容、共同的解决方案"为主题。峰会重申了 CRA 和 NDB 对于促进全球经济发展和加强国际金融架构的重要性，并对 NDB 首批贷款业务表示支持。峰会还重申了关于反洗钱和反恐怖融资的相关承诺。

2017 年 9 月 3 日至 5 日，习近平主席在厦门成功主持召开了金砖国家领导人第九次会晤（以下简称厦门会晤），期间还主持了新兴市场经济体与发展中国家对话会。厦门会晤适逢党的十九大召开前夕，是继 2016 年 G20 领导人杭州峰会、2017 年"一带一路"国际合作高峰论坛后，中国开展的又一场重要主场多边外交行动，对引领金砖国家合作方向、运筹大国关系、服务国家改革开放发展具有重要意义。

厦门会晤的主题是"深化金砖伙伴关系，开辟更加光明未来"，总结了金砖国家合作过去十年的成功经验，规划了未来合作发展蓝图，并就共同关心的国际和地区问题进行了深入讨论，达成了广泛共识。人民银行参加了会晤筹备工作和会前磋商，特别是深入参加了经贸财金成果的准备工作，与金砖国家各方央行密切沟通磋商，凝聚金融合作共识，形成了五项财金务实合作成果，为厦门会晤的成功召开奠定了基础。

第二节　金砖国家财金合作的重要务实成果

进入 21 世纪，金砖国家作为新兴市场经济体和发展中国家的代表，已成为世界经济发展的新引擎。2008 年国际金融危机爆发后，本着相似的经济发展诉求，秉承合作共赢的发展理念，金砖国家不断深化经济金融合作，以应对危机带来的挑战，在推动自身经济发展的同时，也在为完善全球经济金融治理不断作出贡献。务实财金合作历来是金砖国家合作的重点。2017 年，中国接任金砖主席国后，人民银行围绕"深化金砖伙伴关系，开辟更加光明未来"的会晤主题，推动金砖国家各方继续就宏观经济金融政策、G20 重要议题以及财金合作等内容加强沟通协调。为保证合作顺利推进，人民银行举行了一系列会议，包括会同财政部在德国巴登巴登和上海举行了两次金砖国家财长和央行行长会议、在华盛顿召开了一次金砖财金副手会议。人民银行还主持召开了两次金砖国家本币债券基金工作组会议、数次电话会议，以及一次 CRA 理事会，并与 BIS 等国际机构就相关议题在技术层面多次沟通，有力推动了金砖国家财金合作向前推进。

在财金务实合作领域，人民银行提出了发展和完善 CRA 机制、建立 BBF 和推动金融机构和金融服务网络化布局等五项合作倡议，以进一步深化金砖国家财金合作、增强金砖国家经济金融韧性，得到了金砖国家一致响应和支持，成为厦门会晤财金领域重要成果，已由金砖国家领导人在《厦门宣言》中对外宣布。

一、金砖国家应急储备安排（CRA）

2008 年国际金融危机后，主要发达国家纷纷采取量化宽松的货币政策，造成新兴市场经济体跨境资本的剧烈流动，引发了汇率大幅波动，对新兴市场经济体的金融体系和经济金融稳定造成了冲击，形成了明显的负面溢出效应。与此同时，IMF 作为全球金融安全网的核心，受其治理结构和贷款条件的约束有时未必能快速纾困。全球金融安全网需要增加新的层次。为避免在下一轮金融危机中受到资本剧烈流动、货币不稳定的影响，金砖国家都希望构筑一个共同的金融安全网，对现有国际金融安全网进行补充。

在此背景下，2012 年 5 月，巴西提议金砖国家间签署货币互换协议，以应对金融危机冲击，中国相应提出了推动金砖国家按"清迈模式"建立多边应急储备安排的设想。经金砖国家各方共同努力，2013 年 9 月，金砖国家领导人在圣彼得堡非正式会晤时就 CRA 出资承诺、借款上限、与 IMF 脱钩比例、双层决策机制等框架性问题达成一致。2014 年 7 月 15 日，金砖五国于巴西福塔莱萨共同签署了《关于建立金砖国家应急储备安排的条约》，宣告 CRA 成立。目前，各方正在进一步完善 CRA 机制，提高 CRA 研究能力。

根据条约规定，CRA 初始承诺总规模为 1 000 亿美元，中国出资 410 亿美元，巴西、俄罗斯、印度各 180 亿美元，南非 50 亿美元。

CRA 治理结构包括理事会和常务委员会，前者以共识决定战略性问题，后者则以共识或简单多数票决定操作性问题。这种治理与决策机制既体现了金砖国家间基于战略互信在绝大多数事项上寻求共识决策的精神，又保障了互换及展期申请审批的决策效率，是各方利益综合平衡后的结果。

贷款工具参照"清迈模式"分为流动性和预防性两类。前者是在成员发生国际收支困难之后提供资金支持，后者则是在实际困难发生前，通过各成员建立的互换承诺，稳定预期，提振市场信心，从而有助于防患于未然，化解各种外部冲击对各国金融稳定的影响。CRA 成立后，金砖国家成员还陆续签署了《金砖国家应急储备安排中央银行间协议》《金砖国家应急储备安排常务委员会互换工具操作性程序》等一系列操作规定，并完成了各成员间互换账户的开立，初步实现了 CRA 可操作。

CRA 作为危机救助机制，不仅要求在危机发生时能迅速提供资金支持，而且本身还需具备完善的研究预警能力。为此，在中国的提议和推动下，各方已同意首先采用宏观经济信息交换机制，定期更新和分享各成员宏观经济数据，以此来不断增强 CRA 研究能力。

二、金砖国家本币债券基金（BBF）

推动建立 BBF 是中国 2017 年作为金砖主席国重点推出的务实合作倡议，也是基于当前金砖国家发展面临的经济金融挑战以及金融合作的现状所作出的又一重要尝试。BBF 是一只由金砖国家共同出资，投向金砖国家本币债券市场的共同基金，建立后将成为各国本币债券市场的长期投资者，带动私人部门资金，促进本币债券市场发展。各方普遍认为，在当前背景下，建立 BBF 将释放金砖国家进一步推进金融务实合作的信号和决心。

自金砖机制成立以来，金砖国家务实合作不断向纵深方向发展，CRA 和 NDB 的建立标志着金砖财金务实合作进入新阶段。如果在此基础上各方继续推动成立 BBF，将向外界传递金砖各方进一步加强合作意愿的强有力信号。

同时，建立 BBF 有利于增强金砖国家抵御外部风险的能力。近年来复杂的国际金融环境和主要经济体货币政策给包括金砖国家在内的新兴市场经济体的资本流动产生显著影响。BBF以长期投资者为主,有利于扩大长期投资者规模,将本地储蓄转化为长期融资,发挥债券市场稳定器的作用,降低资本流动波动对金砖国家金融市场的冲击。

金砖国家债券市场普遍仍有较大的发展空间。建立BBF有利于推动金砖各国本币债券市场发展,提高债券市场融资规模和占比,改善融资结构。同时,在BBF的推动下,更加丰富和完善的本币债券市场,有利于提高本币融资比例,缓解外币融资因汇率波动和货币错配给金融体系带来的冲击,减少脆弱性。

建立BBF还有利于完善金砖国家的金融市场基础设施。金融基础设施的完善对于一国债券市场的发展至关重要,例如,通过设立债券基金,金砖国家将创建各成员本币债券市场指数,为各成员市场的发展提供急需的基准,同时也为投资者提供可靠、便利和低成本的债券市场投资工具。

最后,建立BBF可以提供政策反馈渠道,在推动金砖国家金融部门改革过程中发挥催化剂作用。从已有的经验看,建立BBF等区域性债券投资基金有利于各国及时发现不利于金融市场发展的各项障碍,并在此过程中发挥催化剂作用,推动金融部门改革。此外,债券市场投资BBF的规模和活跃度所反馈的信息,能够推动监管机构及时调整宏观经济政策,加强政策协调。

事实上,以推动国内债券市场发展、维护区域金融稳定为宗旨的区域债券市场合作,在历史上已有成功实践。如亚洲债券基金(第二期,ABF2)就是一种灵活而又成熟的模式。经过十多年的发展和考验,ABF2不仅取得了较好的投资回报,还助推了参与国本地债券市场的发展。

在此背景下,人民银行在中国接任金砖主席国后,提出建立BBF的倡议,在借鉴ABF2经验的基础上,与金砖国家就BBF的治理结构、出资币种、出资规模、指数编制等相关议题进行了初步讨论。

经人民银行大力推动，金砖成员已同意共同建立 BBF。金砖国家领导人在《厦门宣言》中宣布，"推动金砖国家本币债券市场发展，共同建立金砖国家本币债券基金，以保障金砖国家的可持续融资，促进金砖国内和区域债券市场的发展，包括提高境外私人部门参与度，增强金砖国家金融韧性"。这一成果再一次彰显了金砖国家深化务实财金合作的决心。此外，人民银行还推动金砖各方就其他领域的金融合作达成了共识，已由金砖国家领导人在《厦门宣言》中对外宣布，包括推动金融机构和金融服务网络化布局、就货币合作加强交流以及加强反洗钱和反恐怖融资合作等，进一步丰富了金砖务实财金合作的内容。

总体而言，金砖合作机制顺应世界格局调整和国际力量演变的历史趋势，顺应新兴市场经济体和发展中国家在国际事务中发挥更大作用的强烈愿望，符合国际社会的共同利益。金砖五国将进一步总结合作经验，凝聚合作共识，不断完善合作平台，提升合作水平，按照厦门会晤精神，积极落实各项成果，促进金砖务实财金合作迈上新台阶，推动建立更加公平合理的国际秩序。

第十章
与国际清算银行的密切合作

位于瑞士巴塞尔的国际清算银行（BIS）是与 IMF、世界银行齐名的国际金融组织。BIS 经济研究覆盖全球金融热点，全面而又及时，为各央行政策制定提供了宝贵的政策参考和建议。人民银行 1996 年成为 BIS 正式成员，这是 BIS 首次接受新兴市场经济体成员，是中国金融对外开放、积极参与全球金融事务的重要一步。加入以来，人民银行与 BIS 保持了密切的合作，实现了合作共赢。

第一节　BIS 介绍

国际清算银行（Bank for International Settlements，BIS）成立于 1930 年 5 月 17 日，由英国、法国、德国、意大利、日本、比利时等国家央行和代表美国的摩根大通银行、花旗银行①共同组建。BIS 总部位

---

① 2001 年 1 月，BIS 讨论通过仅能由央行持有 BIS 股份的决议，以防止私人机构利益与 BIS 目标的冲突。之后，BIS 回购花旗银行和摩根大通银行持有的 BIS 股份。

于瑞士巴塞尔，现已在中国香港和墨西哥城分别设立了亚太代表处和美洲代表处。

经过 80 多年的发展，BIS 已与 IMF 和世界银行共同构成国际金融体系中最具影响力的三大国际金融组织。目前，BIS 共有 60 个央行（货币当局）成员，所在经济体的 GDP 总额占全球 GDP 的比重超过 95%。

一、发展历程

BIS 是第一次世界大战后《凡尔赛条约》的产物。其初期使命为划转战后国家间战争赔款以及巩固、加强和扩展以金本位为基础的国际货币体系，并由此得名，且创始成员都承诺维护金本位。随着国际经济环境和政治经济格局不断演变，BIS 逐步完成了初期使命，在一次次的挑战中快速转型，成为促进全球央行合作的重要国际金融机构，被称为"央行的央行"。

1931 年 6 月，美国"大萧条"蔓延至欧洲，为支持经济复苏，美国政府宣布暂停战败国支付一年的一战赔款及利息（即胡佛延债宣言）。一年后，在美国政府的带动下，英国、法国、意大利、比利时、德国、日本达成共识，不强迫德国马上支付赔款，并减免赔款总额的 90%。1932 年以后，BIS 划转赔款的职能大大削弱，开始强调对成员央行提供短期信贷和支付操作。

放弃维护金本位制度。"大萧条"时期，英国、挪威、瑞典、丹麦和芬兰等欧洲国家相继放弃了金本位制度，对于以维护金本位为宗旨的 BIS 来说是一大重创，原章程规定只能使用黄金或金汇兑本位的货币进行经营。1933 年，因美国阻挠，BIS 放弃了重建金本位的努力，于 1936 年 2 月放弃了对非金本位货币的歧视，将业务拓展至非金本位的国家。

重拾在全球宏观经济研究和货币合作中的独特地位。在全球经历"大萧条"后，BIS 提出加强央行合作的重要性，促进形成一致的货币政策理念，并力图为成员央行提供多项服务。在 1946 年国际联盟被解散后很长一段时间内，BIS 成为唯一一家提供货币、黄金和汇率统计数据的国际机构。与此同时，BIS 积极为欧洲国家央行提供支付便利，并在欧洲货币一体化进程中扮演重要角色。1947 年起，BIS 担任欧洲复兴计划中多边货币赔偿协议的执行机构，1950 年成为欧洲支付联盟的代理，为欧洲国家间支付提供便利。1964 年，欧洲经济共同体央行行长委员会组建，BIS 负责支持其运作，为欧元的创建做了重要准备工作。1994 年至 1995 年，欧央行的前身——欧洲货币研究所落户 BIS。

与时俱进、适应国际政治经济新格局，成为央行合作重要平台。1930 年 BIS 成立时，成员大都是欧洲国家的中央银行。20 世纪 70 年代初期，随着日本央行的重新加入及加拿大等国央行的相继加入，BIS 的国际色彩逐渐显现。尽管如此，直到 20 世纪 90 年代中期之前，BIS 仍然是一个以欧洲国家为绝对主力的"富国中央银行俱乐部"。1994 年，英国人安德鲁·克罗克特担任 BIS 总经理。他上任伊始就把国际化作为 BIS 改革的首要任务。其时，欧央行的前身——欧洲货币局要从 BIS 塔楼迁至法兰克福。如果 BIS 仍固守"欧洲货币合作"的传统，其存续性将面临考验。同时，随着国际经济和金融市场一体化迅速发展，特别是亚洲和拉丁美洲地区在国际贸易和金融市场中的分量日益增大，克罗克特意识到，为加强国际银行业和支付体系的稳定性，BIS 需要加快业务和成员的全球化。

鉴于此，BIS 决定向发展中国家央行和货币当局伸出"橄榄枝"。1996 年，BIS 正式接纳包括人民银行在内的 9 家中央银行和货币当局成为该组织的新成员。1999 年、2003 年和 2011 年，BIS 继续扩员，除欧央行外，还增加了印度尼西亚、马来西亚、智利、菲律宾、阿根廷等

14 个经济体的中央银行为成员。

二、主要会议机制

作为"央行的央行"，BIS 为各央行的沟通交流提供了良好的平台。与其他国际组织不同，BIS 专业性强、贴近市场、政治色彩淡，有利于成员之间的深入交流。

其中，行长例会是最重要的交流机制，行长们约定每两个月举行会晤（通常是在巴塞尔），共同讨论当前经济金融形势、世界经济金融前景等议题，并就与央行相关的专题和热点问题交换意见。行长例会主要包括全球经济形势会、经济顾问委员会、全体行长会、新兴市场经济体会议、股东大会、董事会、央行治理小组会议等。

全球经济形势会（GEM）主要负责监督和评估世界经济和全球金融体系的发展、风险和机遇；同时，向全球金融体系委员会（CG-FS）、支付与市场基础设施委员会（CPMI）和市场委员会（MC）等BIS 常设委员会提供指导。会议讨论主要发达经济体和新兴市场经济体当前的宏观经济和金融发展情况。目前，全球经济形势会汇集了来自世界主要工业国家和新兴市场经济体的 31 个成员央行（货币当局）（包括人民银行），约占世界 GDP 的 80%，并另有 19 家央行以观察员身份参加。

经济顾问委员会（ECC）会议为全球经济形势会提供支持，前身为十国集团①央行行长会议机制，于 2010 年 1 月扩员，中国、印度、巴西和墨西哥四个新兴市场经济体的央行行长正式加入。目前，ECC 共有 18 位成员。ECC 会议参会人员少，级别高，会上各成员决定全球经济形势会议程，并就经济金融全球热点问题、金融

---

① 包括美国、英国、法国、德国、意大利、日本、荷兰、加拿大、比利时和瑞典。

治理和金融改革进行探讨和决策，是 BIS 在全球央行合作事务上的真正指导机构。

全体行长会选择性地讨论 BIS 成员共同关心的话题，但要求所有 60 个成员央行（货币当局）行长参加。由于并非所有央行都能直接参与如巴塞尔银行监管委员会（BCBS）等常设委员会的工作，因此全体行长会为他们了解上述委员会的工作进程提供了良好的机会。

新兴市场经济体会议通常一年召开三次，新兴市场经济体的行长们就共同关注的重要问题交流探讨。

股东大会是 BIS 的最高权力机构，由 60 个成员央行（货币当局）组成，每年六月底召开。每一位股东都有资格派遣代表出席年度股东大会，并按照各自的持股比例对重要的议题行使投票权。议题主要涉及红利和利润分配方案、批准年度报告和账目、调整董事会成员津贴以及选择 BIS 外部审计机构等内容。

董事会掌握 BIS 的经营权和管理权，负责制订 BIS 战略与政策方向，并对 BIS 管理层进行监管，履行《BIS 章程》赋予的职责。董事会每年至少召开六次会议。董事会有 4 个下属委员会，分别是银行业务与风险管理委员会、行政事务委员会、审计委员会和提名委员会。2019 年 1 月 1 日，修改后的《BIS 章程》将正式生效。届时，BIS 董事会成员将由之前的 21 名减少至 18 名。其中，包括由创始成员任命的 6 名当然董事；6 名当然董事共同指定的 1 名指定董事；现在的 9 位选举董事和 1 名观察员形成的 10 名选举董事；第 11 名选举董事可能留空，以备未来之需。

央行治理小组会议主要围绕央行在货币政策和财政政策背景下的机构与组织治理问题开展讨论，为各国央行交流其作为公共政策机构的设计与运作提供了平台。

第二节　BIS 的主要业务

一、深入研究全球经济金融市场动态

BIS 与金融市场联系密切，通常会敏锐地发现经济金融领域的最新动态和风险所在，在早期预警领域具有明显优势。事实证明，BIS 对经济金融前沿议题的选择能领先其他国际组织一步。如 BIS 系统性地提出了逆周期的宏观审慎管理概念及其运用，率先研究量化宽松政策的退出和长期债券收益率突然攀升问题，密切跟踪反恐怖融资审查对全球代理行业务缩减的影响，研究应对金融基准操控的市场不当行为，剖析金融网络安全风险和案例，积极探讨数字货币、快捷支付和金融科技发展前景等。

BIS "纯央行间合作" 这一特殊性质决定了 BIS 能够不预设政治立场，成员间可以坦诚讨论国际重大事件对金融市场的冲击和影响。2008 年美国次贷危机爆发初期，许多金融机构深陷困境，各类风险不断发酵、持续蔓延。BIS 抓住主要矛盾，重点讨论了 "两房" 救助和雷曼兄弟公司破产事件，为此后危机政策应对提供了重要参考。英国 "脱欧" 公投结果出炉前，BIS 深入分析了脱欧对英国、欧洲以及全球金融市场可能造成的冲击和影响，主动商讨应对预案，协调货币政策。2016 年英国 "脱欧" 公投和美国总统大选期间，BIS 密切关注金融市场反应，帮助各国央行更好地应对各类外部不确定因素。

同时，BIS 的行长例会等会议具有闭门性的特点，会上不受新闻媒体干扰，会后也不发表公报。同时，这些会议专业性强，参会方不仅有来自央行的高级官员，有时还邀请具有丰富市场经验的资深人士。在闭门会议中，各方就重点关注议题进行开诚布公的交流，例如央行资产负债表规模正常化等，因此前瞻性强，信息量大，对央行的决策有重要意义。

当前，以中国为代表的新兴市场经济体在全球经济地位日益上升，BIS 的研究重心也日益向新兴市场经济体倾斜。人民银行十分踊跃地参与 BIS 的研究，为 BIS 的研究提供很大支持。一方面，人民银行与 BIS 通过人员互派交流，联合开展宏观经济和金融市场的研究；另一方面，人民银行行领导深度参与 BIS 行长例会，介绍中国的经济情况和经济政策，并就全球热点议题从中国的视角提出看法，为 BIS 和各央行行长提供十分具有价值的参考。

二、争做金融标准中枢

BIS 凭借自身专业优势和高效运作效率，吸引了众多权威和专业的金融标准制定机构将秘书处设在巴塞尔，加强了各标准制定机构的协同效应。BIS 作为全球金融标准的中枢，下设 BCBS、CGFS、CPMI、MC 等专业性委员会，负责银行、金融市场基础设施等标准的制定，并为国际保险监督官协会（IAIS）、金融稳定论坛（FSF）[①]、国际存款保险协会（IADI）提供秘书处服务，开创了"巴塞尔进程"，促进了各金融标准制定机构的合作。

2008 年国际金融危机爆发后，BIS 借助自身专业优势和良好的运作效率，进一步推进"巴塞尔进程"。同时，BIS 清楚地意识到要想通过"巴塞尔进程"切实推动国际金融标准制定，提高全球金融体系韧性，必须在相关委员会成员和治理层面吸纳更多国家，尤其是新兴市场经济体。因此 BIS 积极推进其支持运作的各标准制定机构吸收来自新兴市

[①] 2009 年，扩员升级为金融稳定理事会（FSB）。

场经济体的成员加入，以增强标准制定机构的代表性、制定适用性更广泛的国际金融标准。BCBS 于 2009 年 3 月和 5 月两次扩员，现包括 G20 成员和国际金融中心的央行和银行监管当局。致力于支付结算体系标准制定的 CPMI 于 2009 年 7 月扩员，现成员涵盖 23 个国家和地区。CG-FS 作为负责监督全球金融市场和金融体系发展，协助中央银行分析和应对全球金融市场和金融体系面临的威胁、维护货币和金融稳定的平台，从 2009 年起正式吸收中国、印度、巴西和墨西哥央行加入。MC 作为各国中央银行讨论近期金融市场发展及其对市场运行和中央银行操作的短期影响的论坛，也于 2009 年吸收了中国、印度、巴西和墨西哥央行等新成员。

更重要的是，BIS 切实推进改革主要标准制定机构的管理机制。BCBS 的管理机构原为十国集团央行行长和监管机构负责人联席会，CGFS、CPMI 和 MC 原先只向十国集团央行行长会议机制报告，由其提供指导。在 BIS 董事会的推动下，2009 年 5 月，BCBS 的最高管理机构更名为央行行长和监管负责人会（GHOS），扩员至包括 G20 在内的主要经济体。2010 年 1 月，十国集团央行行长会议机制扩大并更名为经济顾问委员会（ECC），吸纳中国、巴西、印度和墨西哥央行行长为新成员。而且，BIS 要求 CGFS、CPMI 和 MC 向 BIS 最具广泛代表性的会议机制——GEM 报告，由 GEM 提供工作指导，而非 ECC。

此外，BIS 在宏观审慎管理、建立早期预警机制方面与 IMF 等相关国际机构展开合作，同时为国际标准制定机构提供更强有力的服务。2009 年 4 月应 G20 伦敦峰会要求，FSF 扩员升级为 FSB，负责统筹国际标准的制定并推进执行。BIS 为 FSB 的运作提供强力支持，将原有 FSF 秘书处人员扩大一倍，并作为 FSB 成员通过自身研究积极参与 FSB 工作，有力地支持了金融危机以来 FSB 的金融改革工作。

经过 BIS 各方的不懈努力，全球金融体系抗风险能力显著提高，一改长期以来新兴市场经济体被动、单向接受发达国家金融监管规则的局面，全球金融规则制定更好地体现出新兴市场经济体的诉求，全球治理格局得以改进。中国作为最大的新兴市场经济体，积极推动"巴塞尔进程"，提高了新兴市场经济体在国际金融标准制定中的话语权。

三、推进全球支付体系发展

BIS 一直致力于强化全球范围内的支付、清算和结算安排的监管、政策和实践，提升安全与效率，从而维护金融稳定，并支持更大范围的经济发展。

制定相关标准，积极推动标准落实。BIS 先后出版了《重要支付系统核心原则》、《证券结算系统建议》、《中央对手建议》、《中央银行对支付结算系统的监督》、《国家支付体系发展指南》和《金融市场基础设施原则》（PFMI）等国际标准，受到了许多国家中央银行和监管当局的高度重视，并作为支付系统和证券结算系统监管的主要标准，极大地推动了 G20 以及全球众多国家和地区支付结算体系的发展。

其中，PFMI 从法律基础、信用和流动性风险管理、结算、违约管理、一般业务风险和运行风险管理等方面提出了原则，并明确了央行、市场监管者和其他管理部门的职责，为金融市场基础设施应对系统性风险、法律风险、结算风险提供了指引。为全面加强对金融市场基础设施的管理，BIS 要求成员尽快将 PFMI 落实到位，并于 2013 年起定期监测 PFMI 实施情况。人民银行于 2014—2015 年开展了 PFMI 和监管部门评估工作。

定期发布支付体系"红皮书"，公开披露相关信息。为推动各成员提升支付体系信息透明度，BIS 定期整理编辑出版《部分国家支付结算系统》（"红皮书"），公开披露其成员支付结算体系建设和发展情况，并每年更新各成员支付结算体系的相关数据，以供各成员参考。

开展专项研究，追踪热点问题。近年来，支付服务市场化程度不断提高，支付服务创新日新月异，对中央银行的支付体系监管提出了挑战。为把握支付服务市场发展的最新趋势，深入研究支付体系发展的难点和热点问题，BIS 不定期成立专项工作组进行研究，公开发布研究报告。研究普遍采用发布调查问卷、召开现场会议、组织市场机构进行调研等多种方式，系统地分析业务发展的现状及趋势、动力及阻力、好处及风险、中央银行的挑战及应对。目前，研究内容已涵盖大额资金转账系统、证券结算系统、外汇交易结算安排、衍生产品清算安排、零售支付工具的发展、非银行支付机构业务发展、代理行业务、快递支付系统等多个方面，为各国的支付体系监管提供了有益的研究参考。

人民银行积极落实 PFMI，成立中国的中央对手方（CCP）——上海清算所，建立了中国的快速支付系统——网上支付跨行清算系统，极大地提高了衍生品市场的稳健性和支付的便利性，为经济和金融发展提供了良好的基础设施。

四、担当中央银行和国际组织的银行角色

BIS 作为中央银行的银行，一方面基于股东利益最大化原则，管好用好自有资金，每年向股东分红；另一方面，在保证安全性和流动性前提下，为各国央行以及国际组织提供外汇储备和资产管理服务，包括开展存贷款业务、黄金和外汇业务，以及不同计价货币、不同流动性和期限组合的投资选择，被认为是世界上最安全的银行。具体而言，除提供活期/通知账户和定期存款等货币市场工具外，BIS 还提供期限 1 周至 5 年的投资工具，如固定利率工具、中期投资工具以及隐含期权的结构性产品。目前，全球主要经济体央行和主要国际组织均是 BIS 的客户。为满足各国央行储备投资多元化需求，BIS 还大力发展第三方资产管理业务，不仅为央行提供定制金融服务，而且还积极拓展投资池服务，帮助央行投资不同币种计价的主权债，近期准备新增美元计价的公司债投

资池。

从 2003 年 4 月起，BIS 开始使用 SDR 作为记账单位和报告货币，代替了 1930 年成立之后一直使用的金法郎。从动态角度看，SDR 货币篮子比单一 SDR 篮子货币更为稳定，而且还更贴近 BIS 投资于主要国家货币资产的现实。BIS 使用 SDR 作为记账单位，是推动国际货币体系多元化的有益尝试，更好体现了全球主要货币构成。

人民银行为 BIS 开展相关业务提供了许多支持，尤其是在人民币加入 SDR 后。下一节将会对此进行详细介绍。

第三节　人民银行与 BIS 的合作

自加入 BIS 以来，人民银行与 BIS 保持密切的合作，除支持 BIS 的研究、金融改革工作外，还积极参与 BIS 的治理，推升 BIS 在亚洲地区的业务，扩大了 BIS 的代表性。

一、加入 BIS 参与国际央行交流

人民银行自加入 BIS 以来，通过深度参与 BIS 平台的各类研讨，尤其是全球主要央行每两个月的会晤机制，融入国际同业的交流与合作，及时讨论全球宏观经济形势和热点，了解国际金融市场最新发展情况。通过 BIS 平台，各国央行就货币政策和宏观审慎应对进行全面的沟通，加强对彼此决策逻辑、影响的了解，一旦经济恶化，各央行可采取联合行动救市。

同时，人民银行还利用 BIS 平台向国际社会介绍中国经济形势和政策措施，宣传人民银行在利率、汇率改革等重大改革中的最新进展，达到了传递改革决心、解惑释疑、稳定市场的良好效果，加深了国际社会

对中国金融市场的了解。同时，BIS 在各专业领域的前沿研究和先进经验，对指导中国金融市场健康有序发展，帮助中国金融体制更快更好地与国际接轨，都提供了宝贵的经验和建议。

二、参与 BIS 管理层

虽然人民银行等 9 家央行和货币当局于 1996 年加入 BIS，但之后较长一段时间内，负责制定战略和政策方向的 BIS 董事会仍然是由十国集团主导，BIS 在全球央行合作事务上的真正指导架构 ECC 依然为十国集团所垄断。

以中国为代表的新兴市场经济体在世界经济中的比重持续上升，逐渐成为推动世界经济增长的新引擎。发达经济体认识到，缺乏新兴市场经济体参与的全球金融秩序是不完整的金融秩序。因此，在人民银行的不懈努力下，2006 年人民银行行长周小川、墨西哥中央银行行长奥提兹以及欧央行行长特里谢一起当选为 BIS 董事，这是 BIS 自 1994 年以来首次扩充董事会成员，也是其有史以来第一次从发展中国家中央银行中选举董事。周小川行长的当选，意味着人民银行可以直接参与 BIS 的核心政策决策。人民银行能够介入 BIS 的高层决策，体现出中国在国际经济金融体系中的重要地位，有助于中国利用 BIS 这一重要平台更加深入、全面地参与国际货币和金融政策协调以及国际金融监管标准的制定与实施，从而更好地反映发展中国家的呼声与要求。

虽然人民银行加入了 BIS 董事会，但是并未加入 ECC。2008 年国际金融危机的爆发暴露出由发达国家垄断的全球金融治理的极大缺陷。人民银行以此为契机，争取加入 ECC。2010 年 1 月，ECC 进行了目前仅有的一次扩员，中国、印度、巴西、墨西哥央行行长加入 ECC。加入 ECC，标志着中国真正进入全球金融标准制定的核心层，在国际金融治理中的话语权得到了极大的提高。

三、推动 BIS 在亚太地区的业务发展

长期以来，BIS 的业务重心位于欧洲，而随着亚太地区经济的发展，在全球经济中的比重递增，BIS 也开始进一步拓展在亚太地区的业务，在此过程中人民银行给予了 BIS 极大的支持。

1998 年 7 月，在中国的力邀下，BIS 决定将亚太代表处设在中国香港。亚太代表处为 BIS 的第一个代表处，这不仅充分展示了国际社会对香港回归后的信心，而且也进一步加强了 BIS 与人民银行的密切联系。立足亚太代表处，BIS 不断促进与亚太央行的业务合作，将 BIS 的银行业务拓展至亚太地区，并为亚太金融合作提供智力和技术支持。

人民银行一方面推进 BIS 对亚太经济问题的研究，推动 BIS 于 2001 年成立亚洲顾问委员会（ACC），加强亚太央行之间的政策沟通和协调，周小川行长也于 2005 年至 2007 年担任 ACC 主席。另一方面，人民银行协助 BIS 充分发挥其"央行的央行"这一功能，支持发展亚洲债券市场。为配合东亚及太平洋央行行长会议机制（EMEAP），BIS 分别在 2003 年 6 月和 2005 年 4 月启动了亚债基金一期（ABF1）和二期（ABF2）。人民银行深度参与 ABF 设计和筹备等各项工作，如遴选华夏基金担任 ABF2 中国子基金管理人，从需求层面促进亚洲债券市场的发展。此外，人民银行还与 BIS 于 2005 年共同举办债券市场发展国际研讨会，推动发展亚洲债券市场。

四、拓展双边业务往来

随着人民币国际化进程加快，BIS 迅速作出反应，率先推出人民币业务，已成为中国资本市场的重要参与者。

2011 年，BIS 开始在香港离岸人民币市场开展人民币业务，提供离

岸人民币的外汇即期、外汇远期、外汇掉期、现金账户和定期存款服务，便利官方投资者将外汇储备投资于离岸人民币市场。2012 年，BIS 开始进入中国银行间债券市场并委托人民银行代理投资。2014 年，BIS 开始设立投资于中国境内人民币固定收益市场的投资池，为数十家中央银行提供投资服务。2016 年，BIS 进入中国银行间外汇市场，并完成境外央行类机构直接通过外汇交易中心开展的第一笔外汇交易。截至 2017 年 6 月，人民币计价资产在 BIS 第三方资管中占比为 23%，仅次于占比 54% 的美元，居第二位；欧元和韩元占比分列第三位和第四位，占比分别为 14% 和 5%。

在人民币加入 SDR 货币篮子过程中，BIS 提供了重要协助。一是提供数据支持。在人民币加入 SDR 审查之初，迫切需要解决的是人民币可自由使用程度的数据缺口问题。人民银行在 BIS 的帮助下，会同相关部门做了大量基础性工作，借助 BIS 三年一度的外汇和衍生品市场调查，协同证券投资调查和国际银行业统计数据库，提供了相关人民币数据，为人民币加入 SDR 创造了有利的条件。二是制订资产配置方案。2016 年 10 月，人民币加入 SDR 前后，因市场出现增加人民币资产配置需求，可能引发人民币流动性、汇兑风险及资产配置等方面的技术性问题，人民银行提前与 BIS 等国际机构密切接触和配合，制订了资产配置的详细应对方案，而 BIS 也平稳完成资产负债表转换，按新 SDR 篮子中各货币权重调整头寸，增加了人民币计价资产头寸。

随着各国央行持有人民币作为储备货币需求渐增，过去两年间，人民币计价的全球储备资产规模大幅增长了 20%。当前，人民银行积极推进人民币国际化进程，BIS 大力发展人民币业务，双边密切合作、携手共进。为更好地满足客户投资需求，BIS 还拟与人民银行合作，推出定期存款产品，提高各国央行在岸人民币闲置资金的收益率。未来，人民银行将继续密切参与和鼎力支持 BIS 的各项工作，提升 SDR 的地位和作用，推动国际货币体系向多元化发展，为国际金融的稳定与发展作出新的贡献。

第十一章
参与国际金融监管规则制定

国际规则是国际社会各参与方共同遵守的行为规范，反映了国际社会的共同要求以及规则制定参与方的利益诉求。在国际金融规则调整过程中，国际金融监管规则的制定与完善往往起到重要作用。

随着全球化进程不断加深，中国经济发展水平和国际地位不断提升，中国日渐成为国际舞台上举足轻重的一员，中国逐步从被动参与全球经济治理向主动参与转变，而参与国际标准的制定是中国参与全球治理最具合法性、从源头上介入的方式，也是推动国际金融规则调整的有力抓手。在参与 FSB、BCBS 等金融标准制定机构制定标准和规则的同时，中国也积极推动国内标准与国际标准接轨，逐渐走向了国际金融规则制定和调整的前列，全球标准融入了中国元素。

第一节 国际主要金融标准制定组织

国际金融标准制定组织为各国提供了多边交流合作平台，在国际金融规则制定中发挥着关键性的作用，促进了国际金融标准的完善。

一、金融稳定理事会（FSB）

为加强金融监管领域的信息交流与国际合作以促进国际金融稳定，七国集团（G7）① 财长和央行行长于 1999 年发起成立金融稳定论坛（Financial Stability Forum，FSF）。但是随着以中国为代表的新兴市场经济体在全球经济中的地位不断上升，FSF 全部由发达经济体组成的缺陷不断暴露，FSF 难以在全球层面推行金融标准。

2008 年国际金融危机后，发达国家认识到全部由发达经济体组成的 FSF 在进行金融部门改革中缺乏代表性。2008 年 11 月 G20 华盛顿峰会上，各国领导人呼吁 FSF 扩员。2009 年 4 月 G20 伦敦峰会决定，FSF 更名为金融稳定理事会（Financial Stability Board，FSB），并扩员吸纳了中国等新兴市场经济体为成员，使 FSB 真正成为统筹协调全球金融标准制定和金融改革的国际组织。

当前，FSB 成员来自包括中国在内的 24 个国家和地区的财政部、央行（货币当局）和金融监管当局，成员 GDP 总量占全球 GDP 总量的 86%② ，同时还包括 IMF、世界银行、BIS、OECD 等重要的国际金融组织和银行业、证券业、保险业、会计等国际金融标准制定机构（见表 11-1）。为进一步将金融改革业务推介至非成员，FSB 还于 2011 年 4 月成立了美洲、亚洲、独联体、欧洲、中东和北非、撒哈拉以南非洲六个地区工作组，几乎覆盖了全球所有国家和地区。

---

① 包括美国、英国、德国、法国、日本、意大利和加拿大。
② 根据世界银行的 2016 年各国 GDP 数据。

表 11 –1 FSB 全会成员（截至 2017 年 11 月）

阿根廷财政部	阿根廷中央银行	澳大利亚储备银行	澳大利亚财政部
巴西中央银行	巴西证券交易委员会	巴西财政部	加拿大银行
加拿大金融机构监管办公室	加拿大财政部	中国人民银行	中国银监会
中国财政部	法国银行	法国金融市场监管局	法国经济财政部
德意志联邦银行	德意志联邦金融监督管理局	德意志联邦财政部	中国香港金融管理局
印度储备银行	印度证券交易委员会	印度财政部	印度尼西亚财政部
印度尼西亚银行	意大利银行	意大利证券监督管理委员会	意大利经济财政部
日本银行	日本金融服务厅	日本财政部	韩国银行
韩国金融服务委员会	墨西哥银行	墨西哥财政和公共信贷部	荷兰银行
荷兰财政部	俄罗斯联邦中央银行	俄罗斯财政部	沙特阿拉伯货币局
沙特阿拉伯财政部	新加坡金融管理局	南非储备银行	南非财政部
西班牙银行	西班牙经济和竞争力部	瑞士国家银行	瑞士联邦财政部
土耳其中央银行	土耳其财政部	英格兰银行	英国金融市场行为监管局
英国财政部	美联储	美国证券交易委员会	美国财政部
欧洲中央银行	欧盟委员会	国际清算银行	经济合作与发展组织
国际货币基金组织	世界银行	巴塞尔银行监管委员会	国际保险监督官协会
全球金融体系委员会	国际会计准则委员会	支付与市场基础设施委员会	国际证监会组织

资料来源：FSB。

在各成员的支持下，FSB 成为"上至 G20 政治层决议、下达各国际标准制定机构"的"中枢性"国际机构。中国自 FSB 成立之初，即积极参与到 FSB 的相关工作中，推动其制定并实施金融改革。在 FSB 的领导层面，人民银行协调财政部、中国银行业监督管理委员会（以下简称银监会）进入 FSB 最高决策层 FSB 全会，制定总体工作方针，对重大事项予以表决；人民银行也成为 FSB 指导委员会成员，为 FSB 相关会工作提供操作性指导。在具体实施层面，人民银行、财政部和银监会进入了 FSB 的三个常设委员会，分别负责标准制定和执行、脆弱性评估以及监管合作的具体工作。在人民银行、财政部和银监会的协调配合下，中国参与金融标准的制定，积极推动 FSB 协调有关国际金融组织和金融标准制定机构制定和修改金融规则与监管标准，推动 FSB 在危机后维护金融稳定方面起到了重要作用。在各国支持下，FSB 已经完成了主要的金融改革政策制定，正在积极推动全球全面一致迅速地落实既定改革政策，并识别研究潜在风险。

二、巴塞尔银行监管委员会（BCBS）

20 世纪 70 年代，一系列跨国银行的倒闭引起了世界各国政府对国际银行业监管的高度重视。1974 年，为避免跨国银行倒闭可能引发的金融危机风险，十国集团央行行长发起设立了巴塞尔银行监管委员会（Basel Committee on Banking Supervision，BCBS），并逐渐发展成为国际银行业监管标准的主要制定机构。BCBS 旨在加强监管合作并提高全球银行监管质量，为各国监管机构提供了信息交流平台，不断完善国际银行监管技术的有效性并制定最低监管标准，积极维护银行体系稳健。

BCBS 主要由 BIS 成员央行（货币当局）的行长与监管机构代表组成（见表 11-2）。2009 年 3 月，人民银行和银监会代表中国加入 BCBS，全面参与国际银行业监管标准与准则的研究制定工作，并借鉴国际经验稳步提升国内银行业稳健标准。中国加入 BCBS 后，积极推动 BCBS 完善治理，将工作重心转移至强化监管，促进 BCBS 通过金融稳定学院与区域监管组织合作，扩大了 BCBS 的影响力，并通过咨询等非正式安排提高各成员的参与度。

表 11 – 2　　　　　　　　BCBS 成员（截至 2017 年 11 月）

阿根廷中央银行	澳大利亚储备银行	澳大利亚审慎监管局	比利时国家银行
巴西中央银行	加拿大银行	加拿大金融机构监管办公室	中国人民银行
中国银监会	欧洲中央银行	欧洲单一监管机制	法国银行
法国审慎监管处置局	德意志联邦银行	德意志联邦金融监督管理局	中国香港金融管理局
印度储备银行	印度尼西亚银行	印度尼西亚金融服务监管局	意大利银行
日本银行	日本金融服务厅	韩国银行	韩国金融监督院
卢森堡金融监督管理委员会	墨西哥银行	墨西哥银行与证券委员会	荷兰银行
俄罗斯联邦中央银行	沙特阿拉伯货币局	新加坡金融管理局	南非储备银行
西班牙银行	瑞典银行	瑞典金融监管局	瑞士国家银行
瑞士金融市场监管局	土耳其中央银行	土耳其银行监管局	英格兰银行
英格兰审慎监管局	美联储	纽联储	美国货币监理署
美国联邦存款保险公司			
智利中央银行（观察员）	智利银行和金融机构监管局（观察员）	马来西亚中央银行（观察员）	阿联酋中央银行（观察员）

资料来源：BCBS。

同时，中国支持 BCBS 修订在全球金融危机中充分暴露了不足的银行监管规则。自成立以来，BCBS 制定了一系列重要的银行监管规则。1988 年，BCBS 发布《统一资本计量和资本标准的国际协议》，俗称《巴塞尔协议Ⅰ》，确立了以资本充足率为中心的银行业资本监管框架。2004 年，BCBS 对《巴塞尔协议Ⅰ》进行了修订，出台了以最低资本要求、监督检查、市场约束为三大支柱的新资本协议，俗称《巴塞尔协议Ⅱ》（以下简称巴Ⅱ）。2008 年国际金融危机后，BCBS 于 2010 年末发布《增强银行业抗风险能力的全球框架》和《流动性风险计量、标准与监测的国际框架》，2011 年、2013 年和 2014 年，BCBS 又分别发布了若干关于资本、流动性要求和杠杆率的文件。这一系列的监管改革方案被统称为巴Ⅲ，银行业的资本要求和流动性要求大幅提高，抗风险能力大大增强。

巴Ⅲ是全球银行业监管的标杆，首次建立了一套完整的国际通用且加权衡量风险的资本充足率标准，有效地遏制了与银行危机有关的国际风险。巴Ⅲ的出台引发了国际金融监管准则的调整和重组，影响着银行的经营模式和发展战略。

三、支付与市场基础设施委员会（CPMI）

支付与市场基础设施委员会（Committee on Payments and Market Infrastructures，CPMI）是 BIS 的常设委员会，旨在全球范围内强化支付、清算和结算安排的监管、政策和实践，提升安全与效率，从而维护金融稳定并支持更大范围的经济发展。CPMI 的前身是支付结算体系委员会（CPSS），由十国集团中央银行的支付系统专家组于 1990 年设立。CPSS 一直致力于支付结算体系的发展与改革工作，推动建立稳健、高效的支付结算体系，以加强全球金融市场基础设施。2014 年 9 月 1 日，为使委员会的名称及其纲领与其实际活动结合得更加紧密，CPSS 正式更名为 CPMI。

CPMI 的主要工作职责包括以下几个方面。一是监测和分析支付、清算、结算相关安排发展情况，识别相关安排的安全性和有效性相关风险，以及对全球金融体系带来的风险。二是分享与其授权范围内诸多安排、监管职责和提供中央银行服务相关的经验，以提升共识；制定政策建议或中央银行的公共政策。三是对其授权范围内相关安排的监督、管理和实践，建立并推动形成全球标准和建议，并提供解释和实施指导。四是监测 CPMI 标准和建议的实施情况。五是支持合作监督和跨境信息分享，包括跨境危机管理的应急通信和应急预案。六是与非 CPMI 成员的中央银行保持联系，以便分享经验和观点，并在 CPMI 成员之外的司法管辖内直接或通过区域组织推动 CPMI 标准和建议的实施。七是与其他金融部门标准制定者、中央银行和国际金融机构开展合作。

人民银行于 2009 年 7 月加入 CPMI。目前，CPMI 的成员为来自 23 个国家和地区的 25 个中央银行的高级代表（见表 11 - 3）。CPMI 秘书处设在 BIS，每年组织召开 3 次例行会议，为中央银行在政策和运作领域合作提供了交流平台。自成立伊始，CPMI 主席主要由美联储、纽联储、欧央行和英格兰银行承担，从 2010 年 1 月起，CPMI 的主席要向参加全球经济会议（GEM）的行长汇报 CPMI 的工作情况。

表 11 - 3　　　　　　　　CPMI 成员（截至 2017 年 11 月）

澳大利亚储备银行	比利时国家银行	巴西中央银行	加拿大银行
中国人民银行	欧洲中央银行	法国银行	德意志联邦银行
中国香港金融管理局	印度储备银行	意大利银行	日本银行
韩国银行	墨西哥银行	荷兰银行	俄罗斯联邦中央银行
沙特阿拉伯货币局	新加坡金融管理局	南非储备银行	瑞典银行
瑞士国家银行	土耳其中央银行	英格兰银行	美联储
纽联储			

资料来源：CPMI。

四、国际证监会组织（IOSCO）

国际证监会组织（International Organization of Securities Commissions, IOSCO）成立于 1983 年，是证券监管领域的国际标准制定机构，负责推动国际公认证券监管准则的实施，同时积极配合 G20 与 FSB 开展全球金融监管改革方面的工作。

IOSCO 致力于制定国际公认的监管准则和执法标准，并推动其得到一致实施，以保护投资者，维护市场的公平、高效、透明，以及应对系统性风险。同时，IOSCO 为成员在全球和地区层面进行经验交流提供平台，协助全球证券市场发展，推动证券市场基础设施建设，并实施适度监管。

中国证监会于1995年加入IOSCO成为正式会员。上海证券交易所、深圳证券交易所、中国金融期货交易所、中国证券登记结算有限责任公司、中国证券投资者保护基金有限责任公司和中国证券业协会是IOSCO的附属会员。

五、国际保险监督官协会（IAIS）

国际保险监督官协会（International Association of Insurance Supervisors, IAIS）成立于1994年，是负责保险行业审慎监管的国际标准制定机构，也是国际保险监管领域影响最大的国际组织。IAIS的工作主要集中在制定和推行国际保险业的监管准则，同时还发挥着交流平台的作用，供各国保险业的从业人员、监管者和政策制定者分享专业知识和经验。此外，IAIS就保险监管方面的问题进行专业人员培训和提供工作支持。IAIS与BIS加强合作，弥补BIS在保险业监管中的空白，堵塞国际金融监管体系漏洞，防范危及国际金融体系稳定的隐患。

目前，IAIS共有200家以上的相关保险监管机构成员，遍布全球近140个国家。中国保险监督管理委员会（以下简称保监会）于2000年加入IAIS，积极参与IAIS各分委会和工作组的相关工作，并于2008年当选核心决策层执行委员会的成员，加大了参与国际规则制定的力度，提升了中国在国际保险监管领域中的话语权。

第二节　2008年国际金融危机以来
主要国际金融监管改革

2008年国际金融危机后，国际社会深刻认识到金融改革的必要性。

在 G20 的推动下，FSB 牵头其他金融标准机构总结危机教训，识别金融体系脆弱性，制定金融部门改革政策建议，重塑全球金融规则与监管体系，显著提升了全球金融体系的韧性，为经济增长的持续提供了良好的金融环境。

一、制定巴Ⅲ

为增强银行抗风险能力，BCBS 基于微观审慎和宏观审慎兼顾的原则，对巴Ⅱ的三大支柱，即最低资本要求、监督检查和市场约束进行修订。2011 年至 2014 年，BCBS 陆续发布三大核心文件，构成巴Ⅲ的核心框架，即 2011 年 6 月的《巴Ⅲ：构建稳健的银行和银行体系的全球监管框架》，2013 年 1 月的《巴Ⅲ：流动性覆盖比率与流动性监测工具》和 2014 年 10 月的《巴Ⅲ：净稳定融资比率》。

具体而言，在微观审慎层面，要求普通股一级核心资本充足率、一级资本充足率和总资本充足率分别至少为 4.5%、6% 和 8%；引入杠杆率作为基于风险的资本要求的补充，不得低于 3%；引入最低流动性标准，包括短期流动性覆盖比率（LCR）和长期净稳定融资比率（NSFR），前者要求银行持有充足的高质量流动性资产以应对融资压力，不得低于 100%；后者旨在解决银行资产负债表长期结构性流动性错配，激励银行使用稳定的融资来源，不得低于 100%。在宏观审慎层面，引入资本留存缓冲（2.5%），由普通股构成，以限制利润分配；引入逆周期资本缓冲（0～2.5%）和经济上行时期积累资本，以备困难时期使用；同时，引入全球系统重要性银行（G－SIBs）附加资本缓冲（1%～3.5%）。

巴Ⅲ在巴Ⅱ的基础上改动巨大，得来并不容易。尤其是逆周期资本缓冲，其作为银行核心资本要求的补充，能够更好地缓解资本监管的顺周期性，特别是防范信贷过度增长可能带来的系统性风险。因此，部分国家提议各国设定一个统一固定的逆周期资本缓冲，如1%。但是，考虑到在社会经济环境下，判断可能是滞后的，逆周期措施有时也相对滞后，结果反而加剧了亲周期效应。同时，各国经济结构、金融体系存在差异，因此，人民银行建议给予各国一定的自主权，对不同的银行提出不同的资本缓冲要求，不要设置一个固定的逆周期资本缓冲，而是设在0～2.5%的区间内。各方对人民银行建议表示支持，并最终同意了0～2.5%的逆周期资本缓冲方案。

值得注意的是，在计算资本充足率时，巴Ⅲ基本沿用了巴Ⅱ的模式，即允许商业银行或采用标准法，或基于模型的内部评级法计量风险加权资产，即资本充足率计算的分母。2014年BCBS评估发现，标准法过度依赖外部评级且缺乏风险敏感性，但内部评级法的模型设计又极为复杂，导致两者计量结果差异性很大。使用内部评级法计量风险加权资产往往低于标准法计量结果，导致资本充足率虚高。鉴于此，BCBS开始着手修订标准法和内部评级法。

在新标准法下，进一步细化资产类别、增加风险权重档次；在新内部评级法下，进一步改进和优化模型、增加审慎要求。同时，为避免内部评级法计量结果大幅低于标准法，BCBS引入"资本下限"概念，要求内部评级法计量风险加权资产不能低于标准法计量结果的一定比例，具体比例值介于60%和90%之间。2016年下半年以来，BCBS成员利用BCBS例会、ECC会议等场合，就资本下限值展开了多次讨论，最终在2017年9月BCBS例会上，就设置为72.5%基本达成一致。

二、推动有效宏观审慎政策的实践

宏观审慎政策早在20世纪70年代末即被提出，但直到2008年国际金融危机爆发后才引起各方重视。在反思危机教训时，各方认识到货币稳定不等于金融稳定，个体机构的稳健也不等于整体稳健，在传统宏观调控与微观审慎监管之间存在防范系统性风险的空白，原有的金融监管体系主要关注单个金融机构的稳健运营，未能从系统性、逆周期的视角防范风险的积累和传播。

2008 年 G20 华盛顿峰会和 2009 年 G20 伦敦峰会提出，要确保监管当局发现并考虑整个金融体系的宏观审慎风险，限制系统性风险的累积；确保各国监管机构收集所有重要金融机构、市场和工具的相关信息，评估其倒闭或发生严重危机对系统性风险的影响；并监测资产价格的大幅变化及其对宏观经济和金融体系的影响。为在全球层面加强宏观审慎监管的合作，2009 年 G20 伦敦峰会成立 FSB 作为全球金融稳定的宏观审慎监管国际组织，评估不同金融体系的脆弱性，推动不同监管机构之间的协调和信息交换，监测市场发展及其对监管政策的影响并提出建议，对国际监管标准制定机构的标准制定工作进行联合战略评估。2010 年，G20 首尔峰会要求相关国际组织研究宏观审慎工具，为将来出台宏观审慎政策框架设计和实施方面的国际原则或指导性文件提供基础。为响应峰会要求，相关国际组织积极开展研究工作，主要经济体相继改革国内金融监管体制，加强宏观审慎管理。

中国提出研究有效的宏观审慎框架以防范系统性风险，2015 年将差别准备金动态调整机制升级为更加全面的宏观审慎评估体系。2016 年，中国推动在 G20 框架下密切关注宏观审慎政策，提炼宏观审慎政策的核心要素和良好实践。IMF、FSB 和 BIS 向 G20 杭州峰会提交了《有效宏观审慎政策要素：国际经验与教训》报告，全面、系统地总结了各国的经验和教训，为下一步建立有效的宏观审慎政策框架打下了坚实基础。报告指出，宏观审慎政策主要使用审慎性工具来限制时间维度和跨部门维度（或结构性）的系统性风险累积。在宏观审慎政策的组织结构安排方面，报告指出，尽管没有一个"放之四海而皆准"的统一模式，但目前公认，应该将宏观审慎职能明确赋予某一决策机构，确定其政策目标和权力。许多国家经验表明，央行由于具备专业知识、采取政策措施的内在动力和独立性，在宏观审慎政策制定中扮演着重要角色。同时，在央行或宏观审慎政策委员会中设立金融稳定职能部门，负责监测分析系统性风险并对政策制定提出建议，可以为宏观审慎政策实施提供有力支持。2017 年，第五次全国金融工作会议和十九大报告均指出，中国将健全货币政策和宏观审慎政策双支柱调控框架。

三、解决金融机构"大而不倒"问题

2008 年国际金融危机爆发前，部分系统重要性金融机构盲目追求资产规模的扩张，不切实际地采取加杠杆措施，从而在危机中身处破产边缘。这些系统重要性机构规模庞大，结构复杂，关联度和不可替代性高，一旦倒闭，将引发恐慌情绪和风险的传染。为避免给金融体系带来连锁冲击，政府不得不动用大量纳税人资金对部分系统重要性金融机构进行救助，这又增加了金融机构无序扩张的道德风险。

为解决"大而不倒"问题，FSB 连同其他金融标准制定机构，采取了一系列的措施。

首先是识别全球系统重要性金融机构（G - SIFIs）。2011 年 11 月，BCBS 制定并发布了全球系统重要性银行（G - SIBs）评估和监管政策框架，从规模、关联度、可替代性、复杂性和全球活跃度五个维度，评估银行的全球系统重要性。随后，FSB 公布了首批 29 家 G - SIBs 名单，中国银行名列其中。特别值得注意的是，按照 FSB 出台的 G - SIBs 标准，中国银行并未达标。但中国从负责任的大国角度出发，维护全球金融体系稳定，提高中国金融机构稳健性，同时发挥大国的表率作用，推荐中国银行成为 G - SIB。2017 年 11 月 FSB 公布新的 G - SIBs 名单，全球共有 30 家 G - SIBs，中国银行、中国工商银行、中国农业银行和中国建设银行均入选。

表 11 - 4 　　　　　　　　　　　 **2017 年 G - SIBs 名单**

国家/地区	银行名称
美国（8 家）	摩根大通
	花旗银行
	美国银行
	高盛集团
	富国银行
	摩根士丹利
	纽约梅隆银行
	道富银行
英国（4 家）	汇丰银行
	巴克莱银行
	渣打银行
	苏格兰皇家银行
中国（4 家）	中国工商银行
	中国建设银行
	中国银行
	中国农业银行
日本（3 家）	三菱日联金融集团
	瑞穗金融集团
	三井住友银行
法国（3 家）	法巴银行
	法兴银行
	法国农业信贷银行
瑞士（2 家）	瑞信银行
	瑞银集团
德国（1 家）	德意志银行
西班牙（1 家）	桑坦德银行
荷兰（1 家）	ING 银行
意大利（1 家）	裕信银行
加拿大（1 家）	加拿大皇家银行
瑞典（1 家）	北欧联合银行

资料来源：FSB。

2013 年 7 月，IAIS 发布了《全球系统重要性保险机构评估方法》，从规模、全球活跃度、可替代性、非传统非保险业务和关联性五个指标，确认了 9 家全球系统重要性保险机构（G-SIIs）。中国平安保险集团入选，为发展中国家及新兴保险市场中唯一入选的保险机构。2016 年，IAIS 调整了评估方法，非传统非保险业务这一维度为资产清算所替代。目前，全球仍有 9 家 G-SIIs，中国平安保险集团综合得分居首位。此外，FSB 还正在制定认定非银行、非保险机构全球系统重要性金融机构的评估方法。

其次是提高 G-SIFIs 的内部纾困能力，降低道德风险。针对 G-SIBs，FSB 提出了总损失吸收能力（TLAC）要求，在不削弱巴Ⅲ相关资本要求的前提下，进一步增强 G-SIBs 损失吸收能力，要求其拥有充足的资本和合格债务工具，在经营困难时有能力实行自救，而无须由政府纾困。但是，在制定 TLAC 的过程当中，各方存在许多分歧。考虑到当前中国金融市场的发展状态，最初的 TLAC 设计方案对中国银行业不利，对金融市场，尤其是债券市场带来较大的冲击。因此，在 TLAC 讨论提出之际，人民银行和银监会作为 FSB 成员，提出了中国的顾虑，利用各种场合表达中国的不同意见。最终，在 2015 年 G20 安塔利亚峰会前夕，各方敲定了最终的 TLAC 准则，并给总部位于新兴市场经济体的 G-SIBs 6 年的过渡期。

针对 G-SIIs，FSB 和 IAIS 着手组织制定资本要求，提出"三步走"计划。第一步，针对 G-SIIs 所有业务，制定基础资本要求（BCR）；第二步，在 BCR 基础上，主要针对其非传统非保险业务，提出更高损失吸收能力的要求（HLA），主要目标是降低 G-SIIs 破产的可能性及由此引发的对金融体系的影响；第三步，针对国际活跃保险集团（IAIGs，范围比 G-SIIs 更广），制定基于集团风险评估的全球保险资本标准（ICS）。BCR 标准和 HLA 标准分别于 2014 年 10 月和 2015 年 10 月发布，标志着前两步计划已完成。BCR 已于 2015 年开始实施，在预留 3 年测试期后，HLA 预计将于 2019 年实施。届时 G - SIIs 持有的监管要求资本将不低于 BCR 与 HLA 要求资本之和。

最后是推动 G - SIFIs 的有效处置。2011 年 11 月，FSB 发布了《金融机构有效处置核心要素》，明确了 G - SIFIs 处置机制，并于 2014 年 10 月对其进行了修订。《金融机构有效处置核心要素》从适用范围、处置当局、处置权限、早期介入权、处置工具、资金来源、跨境合作法律框架、跨境危机管理工作组、单个机构跨境合作协议、可处置性评估恢复处置计划以及信息共享 12 个方面明确了 G - SIFIs 有效处置机制的基本特征，为 G - SIFIs 处置提供了框架性指导。按照《金融机构有效处置核心要素》要求，大多数的 G - SIBs 和 G - SIIs 都已经成立了危机管理小组，制订了恢复和处置计划，但在跨境处置协调方面仍然进展较缓。

同时，FSB 也注意到 CCP 在金融体系中日益突出的重要性和潜在的脆弱性，联合 BCBS、CPMI 和 IOSCO 制定 CCP 恢复和处置指引，旨在强化 CCP 的稳健性和恢复能力。FSB 总结了现有 CCPs 处置计划的不同机制安排，2017 年 7 月 G20 汉堡峰会前夕，发表了《CCPs 恢复和处置指引》，从处置目标、触发处置的潜在因素、处置计划考虑因素、危机管理小组、跨境合作和信息共享、跨境处置有效性等方面提供指引。

四、加强对影子银行的监管

影子银行是游离于传统银行之外、具有银行功能的金融中介，不仅指单一的金融机构，还涵盖具有银行功能的机构及其活动。FSB 将影子银行定义为"完全或部分在银行体系之外，涉及杠杆率和期限转换的信用中介"。影子银行体系有助于银行将信贷风险转移出资产负债表，减少运作中所需的资本，但其能在不需要银行机构参与的情况下复制银行业的信贷和货币创造功能，制造规模巨大的资产泡沫，较商业银行周期性更强，一旦泡沫破灭将对金融稳定构成严重威胁。

在 2008 年国际金融危机中，影子银行的风险集中爆发，脆弱性凸显，迅速将局部风险传导至整个全球金融体系。金融危机前，由于回购市场融资有助于机构将信贷风险转移出资产负债表，减少运营所需资本金，包括传统商业银行在内的各种金融机构通过回购市场进行短期融资。回购市场杠杆率高，交易量大，缺乏监管和透明度。随着次贷问题浮出水面，影子银行体系挤兑问题爆发，虽然美联储等竭力采取措施解决挤兑问题，但仍然无法阻止雷曼兄弟公司的破产。

金融危机后，各国开发了多种政策工具，积极应对影子银行风险，包括建立系统性风险监测框架、应对银行涉足影子银行业务的风险、减少流动性和期限错配、降低杠杆水平、强化银行资产证券化业务敞口的资本要求等一系列措施。为加强影子银行监管，缓解影子银行风险，应 2010 年 11 月 G20 首尔峰会的要求，FSB 与其他国际标准制定机构合作，制定强化影子银行体系监管的建议。

FSB 和其他国际标准制定机构从五个方面加强影子银行监管政策的制定与执行。一是降低传统银行与影子银行之间的关联性，继续研究扩展银行并表范围，将银行的表内表外业务均纳入审慎监管框架。同时，还就银行对股权基金的投资提出了风险敏感资本要求，并限制银行对单一交易对手方的大额风险敞口。二是进行货币市场基金（MMF）监管改革，稳步推进成员经济体在明确监管范围、限制 MMF 可持有资产种类、估值改革、流动性管理、固定资产净值改革、MMF 行业评级、信息披露、MMF 与回购的关系八大领域落实改革要求。三是改善资产证券化的激励机制。2015 年 6 月，BCBS 和 IOSCO 联合发布了《简单、透明、具有可比性的资产证券化判断标准》，提高资产证券化的标准化水平和信息透明度。四是降低证券融资交易的顺周期性及其他风险。2015 年 11 月，FSB 公布了非集中清算证券融资交易的折扣率监管框架修订版，将原框架的适用范围由银行对非银行业务拓展到非银行实体间的业务，并将框架落实时间延后至 2018 年末。五是开展除货币市场基金外的其他影子银行实体专题同行评估，监测成员经济体落实政策框架的情况。

同时，FSB 还加强对影子银行体系的监测，自 2012 年起每年发布《全球影子银行监测报告》。2017 年 5 月，FSB 基于 2015 年末数据发布《2016 年全球影子银行监测报告》。此次监测报告涵盖了 28 个经济体（全部 24 个 FSB 成员经济体，以及比利时、开曼群岛、智利和爱尔兰）。

经过 FSB 和各国际标准制定机构的努力，引发危机的多种高风险影子银行业务对金融稳定的威胁已经降低。2017 年 7 月，FSB 主席卡尼表示影子银行带来的威胁已经解决。在 2017 年 FSB 的改革落实与效果年报中，FSB 指出，多数影子银行活动已经减少且基本不构成金融稳定风险，货币市场基金和回购市场的脆弱性下降，但投资基金有所增长，未来影子银行可能以新的形式卷土重来。因此，各国应遵守并落实 FSB 发布的高层级影子银行政策框架、影子银行专题同行评估政策建议及其他政策建议，完善影子银行体系监测框架和数据收集体系，加强数据分析，及时捕捉潜在的新风险。

五、促进场外衍生品市场改革

在金融危机中，庞大的场外衍生品市场给国际金融体系带来了系统性风险，包括市场交易对手风险、传染风险和市场流动性骤减风险等，引发了国际社会的广泛关注。2009 年 9 月，G20 匹兹堡峰会对加强场外衍生品监管提出改革目标。2010 年 4 月，为落实 G20 要求，FSB 成立了场外衍生品工作组（ODWG），并于同年 10 月发布了《场外衍生品改革报告》，提出 21 条改革建议，涵盖五方面内容：一是场外衍生品合约应向交易数据库报告；二是所有标准化场外衍生品都应集中清算；三是对非集中清算的场外衍生品合约应适用更高资本要求和最低保证金要求；四是所有标准化场外衍生品都应在交易所或电子平台进行交易；五是促进场外衍生品市场的跨境协调与合作。

为督促各国严格按照共同制定的时间表落实上述各项改革计划，2011 年 1 月起，ODWG 定期发布《场外衍生品市场改革进展情况报告》，更新以上改革计划的进展情况。2017 年 7 月，FSB 发布了第十二份场外衍生品市场改革进展报告。报告指出，场外市场各项改革正在稳步推进。

在向交易数据库报告方面，截至 2017 年 6 月，FSB 的 24 个成员经济体中，19 个成员经济体已落实向交易数据库报告的要求。同时，各成员经济体正就交易数据库涉及的数据协调、法律障碍等问题积极开展工作。

在集中清算方面，截至 2017 年 6 月，已有 17 个 FSB 成员经济体对集中清算标准化场外衍生品实行了监管框架，此类交易涵盖了 90% 以上的场外衍生品交易。全球提供场外衍生品清算的中央对手方已增长至 32 个。仅巴西、加拿大、欧盟、俄罗斯和美国可对利率、外汇、商品、信用和权益这 5 种类别的衍生品实行集中清算。目前，中国实现了对商品、权益、外汇和利率这四类衍生品的集中清算。从产品类别看，集中清算已普遍适用于利率衍生品，信用衍生品集中清算增长迅速，但其他类别衍生品集中清算仍较为受限。

在非集中清算场外衍生品合约实行更高资本要求和最低保证金要求方面，截至 2017 年 6 月，已有 22 个成员经济体对非集中清算场外衍生品采取了更高资本金要求；已有 14 个成员经济体对此实施改革框架；9 个成员经济体未能按既定日程在 2017 年 3 月 1 日前落实变动保证金要求。

在交易所或电子平台交易方面，截至 2017 年 6 月，已有 12 个成员经济体就何时需要通过交易所或电子平台交易实施了监管框架。

在跨境协调与合作方面，监管当局继续保持双边和多边的密切合作，合力解决场外衍生品改革进程中涉及的相关问题，在中央对手方跨境互认和保证金制度方面取得了一定进展。

完善金融市场基础设施（FMI）在场外衍生品市场改革中十分重要。FMI 包括支付系统、中央证券存管、证券结算系统、中央对手和交易数据库等。2008 年金融危机爆发后，国际社会对构建高效、透明、规范、完整的 FMI 十分重视并达成广泛共识。FSB 强烈呼吁加强核心 FMI 的管理。2010 年 2 月，CPMI 和 IOSCO 结合金融危机的教训以及执行现有国际标准的经验，全面启动对《重要支付系统核心原则》、《证券结算系统建议》和《中央对手方建议》等国际准则的评审工作，通过识别和消除国际标准之间的差异、提高最低要求、提供更为详尽的指导、扩展标准范围涵盖新的风险监管领域和新类型 FMI 等措施，支持 FSB 完善核心 FMI 的工作。2012 年 4 月，CPMI 和 IOSCO 正式发布《金融市场基础设施原则》（PFMI），通过 PFMI 全面加强对金融市场基础设施的管理，要求其成员尽快将 PFMI 落实到位，并从 2013 年起定期监测 PFMI 实施情况。PFMI 从法律基础、信用和流动性风险管理、结算、中央证券存管和价值交换结算系统、违约管理、一般业务风险和运行风险管理、准入、效力、透明度等 9 个方面提出 24 条原则，并明确了央行、市场监管者和其他管理部门的 5 项职责，以有效应对 FMI 面临的系统性风险、法律风险、结算风险和运行风险等。

六、评估改革实施效果，识别潜在风险

2008 年国际金融危机爆发近十年来，各国际金融标准制定组织陆续出台了系列金融监管措施。当前，主要的金融改革政策制定接近完成，接下来的工作重点是全面、一致、迅速地落实既定改革政策。为评估改革的落实情况和实施效果，FSB 构建了完备的改革效果评估框架，自 2015 年起，向 G20 峰会递交关于金融改革落实与效果的年度报告，总结改革落实情况，提出改革建议，识别潜在风险。

金融市场发展日新月异，潜在风险层出不穷。FSB 等国际金融标准制定机构密切关注市场发展，紧盯市场形势，及时识别出可能对金融体系造成较大影响的风险，对金融科技、网络安全、不当行为等议题进行了全面深入的研究，提出了相关政策建议。

同时，为充分落实既有改革、加强全球监管合作，在 G20 领导人支持下，FSB 将重点推动以下四项改革：一是调整法律框架，促进监管合作，如加强金融机构处置信息共享、消除向交易数据库报送场外衍生品交易信息和相关信息使用的法律障碍；二是鼓励改革的全面性和一致性以保证公平，杜绝监管套利；三是参与 G20 金融监管改革落实后效果评估；四是寻求推动标准统一和强化合作协调的最佳方案，维护金融体系的开放与完整。

第三节　中国积极推动
金融部门改革措施在国内的落实

作为 FSB 和相关国际金融标准制定机构成员，人民银行和各相关部门密切合作，不仅全面深入参与了国际金融危机后国际金融标准准则制定和修订工作，加强国际社会的政策协调应对危机，还全面、一致、迅速地落实相关改革政策，推动中国金融监管标准与国际接轨，促进改革措施的落实，有力地维护改革效果，提升了中国乃至全球金融体系的韧性。

一、全面一致地推动巴Ⅲ在中国的落实

中国十分重视巴Ⅲ的落实。2012 年 7 月，银监会发布了《商业银行资本管理办法（试行）》，明确正常时期系统重要性银行和非系统重

要性银行的资本充足率要求分别为 11.5% 和 10.5%，这标志着中国版巴Ⅲ的实施。为配合新的资本监管制度实施，银监会又陆续发布了一系列配套监管规则和指导意见。自中国版巴Ⅲ出台以来，中国银行业全面一致地遵守相关规则，资本和流动性状况有很大改观。中国版巴Ⅲ全面采纳巴Ⅲ的元素，并进行适度调整，在核心资本充足率要求等方面更加严格，经 BCBS 评估为完全符合巴Ⅲ。中国的实施促进了巴Ⅲ在全球的落实。

下一步，随着风险加权资产计量框架最终定稿，加上银行信息系统相应调整，中国与其他经济体将继续积极落实巴Ⅲ关于基金股权投资的资本要求、交易对手信贷风险标准化流程、中央对手方敞口资本要求、非集中清算衍生品准备金要求。

二、构建符合中国国情的宏观审慎政策框架

吸取了国际金融危机教训，人民银行从 2009 年即开始研究强化宏观审慎政策措施，2011 年正式引入了差别准备金动态调整制度，将信贷扩张与资本水平相挂钩。从近五年的调控效果看，差别准备金动态调整机制与传统货币政策工具相配合，在保持总量稳定、促进结构优化、提升金融机构稳健性方面发挥了重要作用。

2015 年以来，随着经济形势的发展变化，人民银行进一步完善宏观审慎政策框架，更好地发挥其逆周期调节的作用，目前已初步形成了涵盖广义信贷、房地产市场和跨境资本流动等在内的相对完整的宏观审慎调控框架。一是将差别准备金动态调整机制升级为宏观审慎评估体系，在保持对宏观审慎资本充足率重点关注的基础上，将单一指标拓展为资本和杠杆、资产负债、流动性、定价行为、资产质量、跨境业务风险、信贷政策执行七个方面的十多项指标，兼顾量和价、间接融资和直接融资，由事前引导转为事中监测和事后评估，按季度评估、按月监

测，着力建立更为全面、更有弹性的宏观审慎政策框架，引导金融机构加强自我约束和自律管理，引导广义信贷平稳增长，防范系统性金融风险。二是强化并丰富了房地产市场宏观审慎管理措施。中国是较早引入房地产贷款价值比的经济体之一。在历次房地产市场调控中，人民银行根据房地产市场的现实情况，通过不断丰富房地产市场宏观审慎工具，提高调控的针对性和有效性，合理引导房地产市场走势。三是将外汇流动性和跨境资金流动纳入宏观审慎管理范畴。对远期售汇征收风险准备金。自 2016 年 1 月 25 日起，对境外金融机构在境内金融机构存放执行正常存款准备金率，以防范宏观金融风险，促进金融机构稳健经营。自 2016 年 5 月 3 日起，将本外币一体化的全口径跨境融资宏观审慎管理试点扩大至全国范围内的金融机构和企业。

三、推动中国金融市场基础设施标准与国际接轨

作为 CPMI 成员，中国已承诺实施 PFMI。2013 年以来，人民银行和证监会作为各金融市场基础设施的主要监管部门，全面接受 PFMI，推动 PFMI 在中国落地生根并将其纳入监管框架，获得的授权和资源可以满足对金融市场基础设施的监管。2014 年，人民银行和证监会推动成立了金融市场基础设施领导小组，协调国内金融市场基础设施发展的重大问题，推动 PFMI 实施工作。目前，中国已经明确以 PFMI 为标准监督管理国内的金融市场基础设施。2014 年至 2015 年，在金融市场基础设施领导小组下，人民银行和证监会共同开展了 PFMI 和监管部门评估工作，评估对象包括大额支付系统、中央国债登记结算有限公司、中国证券登记结算有限责任公司、银行间市场清算所股份有限公司、上海期货交易所、大连商品交易所、郑州商品交易所和中国金融期货交易所。评估结果显示，中国 FMI 整体稳健，功能和种类较为完备，符合PFMI 要求，并获得最高评级（第四级）。

此外，在外汇市场，MC 于 2017 年 5 月发布了《全球外汇市场行为准则》，中国作为 MC 成员，积极参与其中。中国在参与的同时，也学习国外经验，成立了中国外汇市场自律机制——中国外汇市场交易委员会，根据《全球外汇市场行为准则》并结合中国情况，出台《中国外汇市场准则》，这对推动中国外汇市场发展、融入全球外汇市场具有十分重要意义。

四、大力推进场外衍生品市场基础设施建设

上海清算所成立于 2009 年 11 月，是落实 G20 提出的标准衍生品强制集中清算要求的务实举措。上海清算所积极落实金融服务实体经济的本质要求，现已建立中国场外金融市场中央对手清算服务体系，包括债券、利率、外汇和汇率、大宗商品衍生品等中央对手清算业务。

2012 年，人民银行完成了中国场外衍生品集中清算方案和实施路线图的顶层设计，上海清算所同步完成了针对国内最为活跃的场外衍生品之一——人民币利率互换交易的集中清算业务规则制定和系统开发。人民币利率互换交易集中清算业务既是场外衍生品全面推行中央对手清算的试金石，也是国际金融机构观察中国银行间市场金融改革的一个重要窗口。2014 年 1 月，上海清算所推出人民币利率互换集中清算业务，以此为起点建立场外金融衍生产品集中清算机制。2014 年 7 月，人民币利率互换强制集中清算如期实行。利率互换集中清算是中国履行 G20 峰会承诺的重要里程碑，也是中国维护金融市场监管主权、促进跨境交流协调的良好开端。目前，中国已实现了对商品、权益、外汇和利率这四类衍生品的集中清算。下一步，将继续向其他标准化的场外衍生品推行集中清算制度，力争早日实现场外衍生品集中清算的全面覆盖。

在向交易信息库报告方面，要求不通过外汇交易中心电子平台进

行的场外利率衍生品交易须及时向外汇交易中心备案，债券远期产品只能通过外汇交易中心电子交易系统进行。不通过外汇交易中心电子平台进行的场外信用衍生品交易须及时向中国银行间市场交易商协会备案。

在电子平台交易方面，中国现有的场外利率衍生品和标准化的信用衍生品都可在外汇交易中心电子交易平台进行交易。对非集中清算场外衍生品采取更高资本金要求和变动保证金要求方面，目前中国尚未出台相关标准。

中国还加强场外衍生品跨境监管合作。在中国的积极推动下，全球中央对手方协会（CCP12）法人实体于 2016 年 6 月 8 日正式在上海落户。CCP12 主要由从事 CCP 清算业务的清算机构、金融市场基础设施和其他国际金融机构自愿结成，是唯一的全球性 CCP 清算机构同业组织。上海清算所 2013 年正式加入 CCP12 成为其会员，并于 2015 年当选其执委会委员。CCP12 落户上海后，上海清算所在该组织内的影响力进一步提升，有利于中国提高在相关国际标准制定方面的话语权。此外，上海清算所正申请获得美国商品期货交易委员会的 CCP 跨境监管豁免，还积极争取欧洲证券和市场监管局的第三国 CCP 认可。

五、提升影子银行监测和监管

在影子银行活动监测方面，从 2011 年起 FSB 负责编制成员经济体影子银行活动的年度报告。人民银行正推进基础性统计框架构建工作，加强国内影子银行监测统计。

在影子银行监管方面，中国针对开展流动性转换的影子银行，建立相应的资本、流动性要求，加强信息披露，提高透明度；加强对理财产品在内的非标准债权资产的管理，隔离影子银行和正规金融体系之间的风险；加强对小额贷款公司、融资性担保公司、典当行的管理，合理控制融资渠道和比例，限制杠杆率，及时纠正违规经营行为。

2016 年起，人民银行开始实施宏观审慎评估，从以往盯住狭义贷款转为对广义信贷实施宏观审慎管理，并于 2017 年第一季度起将表外理财正式纳入广义信贷指标，使借表外理财大肆扩张的影子银行部门无处遁形。此外，银监会于 2017 年 3 月末、4 月初密集发文，先后出台《关于开展银行业"违法、违规、违章"行为专项治理的通知》、《关于银行业风险防控工作的指导意见》、《关于开展银行业专项治理工作的通知》、《关于切实弥补监管短板，提升监管效能的通知》等文件，有效防范和化解了影子银行业务风险。

第十二章
多边开发领域的合作与创新

多边开发银行（Multilateral Development Banks，MDBs）是为发展中国家提供中长期官方资金支持和专业咨询的国际机构。从 1944 年世界银行建立至今，全球已形成多层次、全覆盖的多边开发体系。几十年来，多边开发银行在全球减贫和发展方面承担了重要职责，为促进全球经济和社会发展发挥了巨大作用。特别是 2008 年国际金融危机爆发后，国际贸易融资出现停滞，在 G20 的支持下，多边开发银行大幅增资，为基础设施、能源、农业和社会民生等领域提供了重要的资金来源，发挥了关键的逆周期稳定器作用。据统计，2008—2011 年，全球几家主要的开发银行为所在区域直接提供了总额超过 5 000 亿美元的资金。

自 1980 年中国恢复在世界银行的合法席位后，中国人民银行先后加入非洲开发银行、亚洲开发银行、加勒比开发银行、东南非贸易与开发银行、西非开发银行、泛美开发银行、欧洲复兴开发银行等多家区域和次区域多边开发银行。21 世纪后，中国全面参与了全球多边开发体系的建设和发展，既为中国改革开放引入资金和项目管理经验，又推动中国与多边开发银行所在区域开展经济金融合作，分享发展经验和带动中国金融机构和企业对外投资。中国已成为全球减贫与发展事业的积极参与者、建设者和贡献者。

第一节　中国参与的主要多边开发银行

一、全球多边开发体系的形成

第二次世界大战结束后，全球形成了以布雷顿森林体系为主导的国际经济秩序，建立了三大核心经济组织负责全球货币和贸易事务协调，即 IMF、世界银行集团和关贸总协定（1995 年被 WTO 所取代）。

成立于 1944 年的世界银行集团，包括国际复兴开发银行（IBRD）、国际开发协会（IDA）、国际金融公司（IFC）、多边投资担保机构（MIGA）和国际投资争端解决中心（ICSID）5 个机构，是最早成立也最具有影响力的全球性开发银行。世界银行成立之初的使命是提供中长期贷款，帮助战后经济复苏与重建，后职能演变为向中等和低收入国家提供贷款、促进公平和可持续发展、创造就业、减少贫困、应对全球和区域性问题等。

20 世纪 50 年代末以来，各大洲以世界银行为蓝本建立了区域性和次区域多边开发银行，多层次、全覆盖的国际多边开发体系逐渐形成。

区域性开发银行的宗旨一般为促进本地区的经济增长与合作、帮助发展中国家减贫以及实现区域经济一体化等，目前全球最具代表性的是四家区域性开发银行：1959 年成立的泛美开发银行（Inter – American Development Bank, IDB），总部设于美国华盛顿；1964 年成立的非洲开发银行（African Development Bank, AfDB），总部设于科特迪瓦阿比让；1966 年成立的亚洲开发银行（Asian Development Bank, ADB），总部设于菲律宾马尼拉；1991 年成立的欧洲复兴开发银行（European Bank for Reconstruction and Development，EBRD），总部设于英国伦敦。

次区域开发银行成立的宗旨与区域性开发银行类似，一般为促进区域内经济社会发展和减贫等，但成员覆盖范围较窄。例如，加勒比开发银行（Caribbean Development Bank，CDB）成立于 1970 年，总部设于巴巴多斯；东南非贸易与开发银行（The Eastern and Southern African Trade and Development Bank，TDB，旧称 PTA 银行）成立于 1985 年，总部设于布隆迪首都布琼布拉，后在内罗毕设立业务总部；西非开发银行（West African Development Bank，BOAD）成立于 1973 年，总部设在多哥首都洛美。

二、多边开发银行的职能与运作模式

经过半个多世纪的发展，多边开发银行不断根据现实需要调整职能、组织架构和运营模式。

多边开发银行成立之初的职能主要是向满足条件的成员政府、公共或私营部门提供中长期贷款。近年来，多边开发银行的职能已逐步由单纯提供资金转向了投融资服务、知识分享及政策建议，应对气候变化、提供绿色贷款也成为多边开发银行重要的新业务领域。同时，多边开发银行是国际开发性融资和政策协调的重要平台，在全球资源配置、制定国际规则、引导发展理念等方面具有独特优势。

多边开发银行的组织构架主要包括理事会、执行董事会（或董事会）、管理机构及其内部控制机构等。其中理事会为最高权力部门、最高决策和管理机构，一般由各成员政府高级官员组成；董事会是执行机构，负责监督管理层的工作并对重大事项提供指导意见，一般由各成员派驻代表组成；管理机构是各多边开发银行的常设机构，具体负责银行的日常运作。

多边开发银行的初始资本来自成员的认缴资本，业务不以盈利为目的。大部分多边开发银行都设立了优惠和非优惠两个资金窗口（也称为软贷款和硬贷款）：前者提供优惠贷款及赠款，主要面向低收入国家；后者发放接近市场条件的贷款，面向中等收入发展中国家。多边开发银行还拥有超主权的信用特征，其主权贷款一般都享有优先债权人地位（Preferred Creditor Status），有效地保证了其贷款资金安全。

在国际金融市场上发债筹资是多边开发银行资金的一项重要来源。由于资产质量普遍较好，且拥有较高的资本充足率和审慎的流动性管理制度，全球及区域性多边开发银行基本都拥有 3A 国际信用评级，对降低自身发债成本有很大帮助。

三、中国人民银行代表中国政府加入的主要多边开发银行

自 1980 年中国恢复在世界银行的合法席位以来，中国人民银行代表中国政府先后加入非洲开发银行、亚洲开发银行、泛美开发银行、欧洲复兴开发银行等多家区域性多边开发银行，以及西非开发银行、东南非贸易与开发银行、加勒比开发银行等次区域开发银行，形成了多层次、全领域的开发性金融机构合作体系，全面深入地参与全球多边开发银行业务，为推动全球经济发展和稳定作出了重要贡献（见表 12 -1）。

表 12 -1　　中国人民银行代表中国政府加入的国际开发机构一览

	成立时间	总部地址	加入时间
非洲开发银行	1964 年	科特迪瓦阿比让	1985 年
亚洲开发银行	1966 年	菲律宾马尼拉	1986 年
泛美开发银行	1959 年	美国华盛顿	2009 年
欧洲复兴开发银行	1991 年	英国伦敦	2016 年
加勒比开发银行	1970 年	巴巴多斯	1997 年
东南非贸易与开发银行	1985 年	布隆迪布琼布拉	2000 年
西非开发银行	1973 年	多哥洛美	2004 年

资料来源：根据公开资料整理。

（一）最早加入的区域性多边开发银行——非洲开发银行

非洲开发银行是非洲最大的地区性政府间开发金融机构，主要通过提供中长期贷款和赠款支持非洲国家减贫与发展，成立初期仅面向非洲本地区国家。为积极引进外部援助和资金支持，1982 年该行理事会通过决议，欢迎非洲以外国家加入。随后，该行管理层通过各种多双边渠道和场合邀请中国加入。中国加入非洲开发银行有利于互惠共赢，双方都有较强的合作意愿，加入过程十分顺利。经国务院批准，1984 年 11 月 15 日，时任中国人民银行行长吕培俭向非洲开发银行提交了申请加入的意向书。1985 年 5 月举行的非洲开发银行年会审议通过了中国加入该行的决议，中国正式加入非洲开发银行集团。多年来，中国通过入股、捐资、技援基金、联合融资等多种形式，支持非洲经济发展，中国的金融机构和企业也与该行开展了一系列的深入合作，双方战略伙伴关系不断巩固。截至 2017 年 5 月，中国共认购非洲开发银行股份76 159万 UA①（约合 10.8 亿美元），持股比例为1.177%。

（二）加入本地区开发银行——亚洲开发银行

亚洲开发银行成立于 1966 年，旨在通过贷款和技术援助，促进亚太地区发展中国家的经济与合作。由于历史原因，中国没有能在该行成立时加入，但作为所在区域的第一大开发性银行，亚洲开发银行和中国相互之间的重要性不言而喻。1986 年，经国务院批准，中国正式加入亚洲开发银行，持股比例为 6.44%，是除日本和美国外的第三大股东。加入后，中国成为亚洲开发银行的第二大借款国，该行在帮助中国加快经济建设，特别是发展能源、交通等基础设施及推动中国参与区域和次

---

①　UA 为非洲开发银行计账单位，与 SDR 等值。

区域经济合作方面起到了积极作用。

（三）参与次区域性多边开发银行合作

随着中国与区域性开发银行的合作日益深入，一些次区域开发机构也开始向中国伸出"橄榄枝"，期盼中国的加入能为其带来新的发展和合作良机。在此背景下，本着互利共赢的原则，中国分别于1997年、2000年、2004年加入加勒比开发银行、东南非贸易与开发银行和西非开发银行，多年来双方合作成果显著。次区域开发机构虽然规模较区域性开发机构小，但其对于当地的业务参与程度更加深入，工作方式更加灵活。加入次区域开发机构扩展和丰富了中国参与多边开发银行业务的层次和领域，可以更加有针对性地推动对相关地区的经贸金融合作。

（四）完善布局，加入泛美开发银行

继20世纪80年代加入非洲开发银行、亚洲开发银行两大区域性多边开发银行之后，随着经济增长和对外经济合作交往水平的提高，中国逐步加大了与多边开发银行的合作力度。经过多年谈判磋商和时机等待，2009年，中国正式加入了泛美开发银行集团。泛美开发银行是拉丁美洲和加勒比地区开发性融资的最主要提供机构，在推动当地基础设施建设、能源开发、贸易和投资、私人部门和中小企业发展、减贫和社会发展方面发挥了重要作用。加入之后，中国和泛美开发银行保持密切合作，并利用该行平台积极推动与拉丁美洲地区的经贸金融合作。2015年，泛美开发银行下属的泛美投资公司进行改革，中国成为其第一大区外股东。

（五）扩展合作，加入欧洲复兴开发银行

欧洲复兴开发银行成立于1991年，总部设在英国伦敦，业务范围覆盖中东欧（含俄罗斯）、东南欧、中亚和高加索、中东北非

等广阔区域。截至 2017 年 9 月，该行已累计为 36 个国家和地区的 4 500 多个项目提供了金额总计 1 150 亿欧元的贷款或股权投资，为促进当地经济可持续发展发挥了重要作用。欧洲复兴开发银行业务覆盖地区位处丝绸之路经济带沿线，与"一带一路"倡议重点关注地区高度契合，加入该行有助于推动"一带一路"倡议与欧洲投资计划对接，促进中资企业及金融机构"走出去"，与该行业务国在更宽领域和更深层次开展合作，实现经济增长的互利共赢。2016 年 1 月，中国正式加入欧洲复兴开发银行，认购 2 900 股。加入一年多来，中国与欧洲复兴开发银行保持了良好的合作关系。2016 年 9 月，中国参与投资、该行管理的"股权参与基金"正式成立并已启动多个项目。该行也已与丝路基金、中国工商银行、上海证券交易所等中资金融机构和企业开展了多领域的合作。

至此，中国已经正式成为全球四大区域性多边开发银行的成员，在多边开发体系中的影响力不断提升，参与全球经济金融治理能力不断增强，也为中国金融机构和企业"走出去"提供了有力支持。

第二节 与多边开发银行的合作与创新

中国加入各多边开发机构的时间各有早晚，20 世纪 80 年代加入多边开发机构，更多是利用这些机构的先进发展经验和资金支持来帮助、推动中国经济社会发展和技术进步。21 世纪以后中国加入多边开发机构，在不断学习其发展经验的同时，中国参与的角色已在悄然发生变化，开发银行逐步成为中国与相关地区经贸金融合作的重要平台，双方之间的知识和经验交流也日益密切。特别是在与多边开发机构开展常规合作的同时，中国也根据实际情况，不断推出创新合作举措，引起国际社会的普遍关注。

一、创新开展联合融资

多边开发银行肩负着促进本地区经济和社会发展的重要使命。同时，这些机构了解当地情况和需求，投资项目针对性强并兼顾当地经济和社会发展。中国以联合融资形式与多边开发银行开展共同投资，有利于形成优势互补，实现互利共赢。2013 年，在周小川行长的倡议下，中国出资 30 亿美元与国际金融公司（IFC）设立联合融资安排，支持新兴市场经济体私营部门发展。随后，中国又陆续出资 20 亿美元、20 亿美元和 2.5 亿欧元，与泛美开发银行、非洲开发银行和欧洲复兴开发银行设立联合融资安排，主要用于参与向全球主要新兴市场经济体和发展中国家贷款和股权投资。经过 4 年多的运行，各基金与多边开发银行合作筛选优质项目、降低投资风险、履行社会责任，在支持非洲、拉美等重点区域投资方面发挥了积极作用。

一是借助多边开发银行平台，筛选优质项目。多边开发银行自成立起，即以支持特定区域发展为宗旨，对区内各国国情了解较为深入，并密切跟踪其政治经济形势，拥有丰富的项目风险评估和管理经验，其尽职调查和项目评估可提供许多有价值的信息，联合融资基金一般以小比例跟投方式，实现与多边开发机构利益捆绑，降低了项目筛选成本。

二是依托多边开发机构地位，降低投资风险。首先，多边开发机构具有超主权地位和较高的社会声誉，能够在重大的国际经济事件中起有效协调作用；其次，多边开发机构享有优先债权人地位，在发生债务违约时往往能够享受优先偿还和多种豁免；最后，多边开发机构贷款回收能力较强，损失率通常较低，与其开展联合融资合作有助于保障中国资金安全。

三是履行社会责任，提升影响力和口碑。一方面，中国尊重国际规则，遵循多边开发银行的采购标准和招标条件，有助于中国企业建设性参与国际项目。例如，中国与 IFC 联合融资基金为数个国内水电企业参与的国际项目提供了支持，有效帮助中国企业积累了国际项目融资、评估和管理的先进经验。另一方面，联合融资基金将民生项目作为重点支持领域之一，使当地民众在就业、教育、就医、供水供电等方面感受到了实实在在的便利。例如，与非洲开发银行联合融资基金出资支持的尼日利亚青年就业计划，在农业领域为青年创造了更多就业岗位，有效促进了青年成长、农业发展和社会稳定，对尼日利亚经济多元化建设起到了积极推动作用，实现了良好的社会效益。再如，2017 年 6 月，中国与 IFC 建立的联合融资基金为塞尔维亚风电厂建设项目提供融资支持。欧洲复兴开发银行、IFC 自身都参与了项目投资。该项目是塞尔维亚国内第一个大型风电厂项目，有利于帮助当地解决电力能源紧缺的问题，为当地的经济发展提供必要的能源支持。

二、加强项目、产能和资金合作，实现互利共赢

（一）项目、产能合作

多边开发银行与所在区域各国政府有着长期深入的合作，提供融资支持的项目很多是当地重大的基础设施或民生项目，具有较好的经济和社会效应。多边开发银行往往要求项目按照国际惯例进行采购和招投标，执行较高的施工标准，推动企业承担更多的环境、社会责任。部分多边开发银行，如非洲开发银行、泛美开发银行，还规定只有其成员的企业才能参与该行项目招标。

近年来，中国与世界各国经贸合作加深，中国企业对外投资和产业布局的脚步日益加快，开展项目、产能合作有利于中国与各方的产业升级和互惠共赢。一方面，充分利用多边开发银行平台，借鉴这些机构对于当地的了解和合作经验，与其开展项目合作可以有效地提高中国与

所在区域的合作成效，减少不必要的"弯路"，提高中国对外投资的资金安全。中资企业参与多边开发银行项目招标并中标，还能带来较好的商业回报，树立品牌，提高接受度和美誉度，打入当地市场。另一方面，与欧美等国家相比，中国企业在基础设施工程等类别项目上具有较强的技术、成本和效率优势，中国企业的参与为多边开发银行所在区域的经济发展带来了更多、更好的选择。

2006 年至今，中资企业在非洲开发银行融资项目中的中标金额已累计超过 40 亿美元。2009 年中国加入泛美开发银行后，累计中标金额约 8 亿美元，部分年份中标金额还仅次于区内大国巴西，位列所有成员第二位。中国加入欧洲复兴开发银行后，中资企业也开始在该行诸多项目中大显身手，积极参与招投标。

（二）资金合作

多边开发银行自身的资金有限，强调吸引私人资本流入，撬动商业性金融机构等共同提供融资。中国商业银行的参与为多边开发银行和所在区域带来了宝贵的资金来源。与此同时，中国的商业性金融机构可充分利用多边开发银行广阔的项目渠道、丰富的项目储备，与当地政商界良好的关系和专业的尽职调查及议价能力。

多年来，中资金融机构不断加大与多边开发银行合作力度。例如，国家开发银行与非洲开发银行签署了合作备忘录，双方将加强在项目开发与建设、知识分享等领域的合作。多边开发银行还积极与中国商业银行合作，向其成员项目提供联合融资。2017 年 5 月，欧洲复兴开发银行和中国工商银行共同为土耳其最大的不良贷款处置和资产管理公司提供融资支持，为当地经济发展带来新的融资来源，促进了当地金融部门的创新发展和中小企业融资。泛美开发银行下属的泛美投资公司还与中国工商银行就阿根廷收费公路项目开展了银团贷款合作。

三、分享发展经验

多边开发银行除提供融资外，还对所在地区的经济金融和社会发展具有较深的了解和长期的跟踪。与多边开发银行加强交流，可以有效增进中国对所在地区的了解，为中国金融机构和企业在当地投资和参与项目提供第一手的鲜活资料。

与此同时，随着中国经济社会的快速发展，中国的发展理念和成功经验也受到各方的关注，中国的角色逐步从接受政策知识援助转为分享发展经验和参与区域合作。早期阶段，多边开发银行向中国提供技术援助，带来了先进的经济改革理念、先进的项目管理方法和新技术。后来，随着中国经济的迅速崛起，就经济增长与减贫经验开展合作成为中国与多边开发银行合作的一项重要内容。中国利用多边开发银行对外介绍和宣传改革开放成果和发展经验，供其他国家参考和借鉴。

近年来，中国在普惠金融、经济特区建设和国际产能合作等领域不断积累经验，并取得一定成绩。为此，中国还积极引导多边开发机构关注上述全球热点领域，带动中国理念、经验和专家"走出去"。2008年5月，人民银行与非洲开发银行在莫桑比克马普托年会期间联合举办了"中非在发展农村金融领域的经验"研讨会，共同探讨推动农村金融发展、提高农村金融服务水平的有效措施。2014年5月，人民银行与非洲开发银行在卢旺达年会期间联合发布《中国经济特区经验及对非洲借鉴》研究报告并举办国际研讨会，与非洲国家分享了中国自20世纪80年代起创办经济特区的经验，提高了非洲国家对经济特区建设的认识和参与度，与非洲国家当前探索经济转型与工业化的背景相契合，也对中国发展模式、中资企业、技术和人才"走出去"产生了积极影响和良好的舆论效果。

自加入泛美开发银行以来，人民银行与中国国际贸易促进委员会、泛美开发银行等机构一道，多次共同举办"中国—拉美企业家高峰会"，至 2017 年共举办了十届，成为促进中拉金融机构和企业沟通与合作的重要平台和典范。2016 年 1 月，人民银行与泛美开发银行成功举办了中拉产能合作研讨会，邀请中外专家探讨在中国经济发展进入新常态、拉丁美洲谋求经济转型背景下，中拉双方在国际产能、贸易投资、金融服务和产业园区等领域的合作，为中拉产能合作的进一步深化打下良好基础。2017 年 6 月，中国对外承包工程商会联合国家开发银行、中国进出口银行、泛美开发银行等共同发布了《中国企业境外可持续基础设施项目指引》，是国内首部旨在引导企业投资建设可持续基础设施的行业性标准。此外，中国还多次与泛美开发银行联合举办"中拉政策与知识高端研讨会"，促进了中拉双方在小额信贷、海关、农业、城镇化等多领域交流。

中国加入欧洲复兴开发银行后，中资企业与金融机构已多次受邀出席由欧洲复兴开发银行主办的各类投资论坛与峰会。2017 年 7 月，人民银行与该行联合举办了以在"一带一路"倡议下加强合作为主题的研讨会，各方就如何发挥合力、加强中国与欧洲复兴开发银行的合作、助推"一带一路"建设等议题深入交换了意见。中国还协助欧洲复兴开发银行在京、沪等地举办商业机会研讨会，为双方的交流合作搭建平台、创造机会。

2017 年 3 月，由人民银行与欧洲投资银行共同主办、中国金融学会绿色金融专业委员会承办的"绿色债券—发展绿色金融的综合途径研讨会"在北京举行，会议探讨了中欧绿色债券市场的发展经验、面临挑战和解决方案，并商定就推进中欧绿色债券标准趋同化展开合作研究。

四、深度参与多边开发机构重要会议和活动，促进中国与多边开发银行及所在地区的交流与合作

理事会和董事会是多边开发银行最重要的决策机构，负责讨论该行的战略发展方向和重要项目。理事会年会和董事会通常由各成员国轮流举办，承办这些会议是各国与相关开发机构和地区加强合作的重要平台。多年来，中国日益深度参与各家多边开发银行的各项重要会议和活动，并承办系列会议，为加深双边合作写下了一页页精彩的篇章。2007 年 5 月，非洲开发银行集团理事会年会在上海举行。2009 年 6 月，西非开发银行董事会在上海举行。2015 年 12 月，东南非贸易与开发银行董事会在广州举行，这是该行成立近 30 年来首次在区外国家召开董事会。2019 年，中国将在加入泛美开发银行 10 周年之际承办其理事会年会。中国还利用上述会议举办的机会，与多边开发银行联合举行系列商业机会研讨会，切实推动双边经贸金融合作。承办相关会议体现了中国对全球减贫和发展事业的大力支持，进一步增进了中国与多边开发银行的合作关系，扩大了中国在多边开发银行的影响力，并有效带动了中国与非洲和拉丁美洲地区的多领域合作。

当前，全球发展任务依然艰巨。开发性金融正努力根据全球不断变化的格局作出积极地调整，并凭借其独特的优势在促进全球经济和社会发展中发挥着重要的作用。中国的创新性实践丰富了开发性金融的内涵，是全球开发领域的重要参与力量。下一步，中国将继续结合自身优势，与各国及国际组织密切合作，为世界经济发展作出相应的贡献。

第十三章
亚洲金融合作

新世纪，亚洲金融合作加速发展，在很大程度上源于亚洲金融危机催生的危机防范合作。危机后，清迈倡议、亚洲债券市场倡议、亚洲债券基金等相继登上历史舞台，对维护地区金融稳定、发展区域债券市场起到重要的推动作用。日益密切的亚洲贸易和投资联系为加强本地区的金融合作奠定了坚实的基础并提供了持续的动力，亚洲在全球重要性的提升也对进一步深化地区金融合作提出了要求。同时，亚洲金融合作的发展也推动了全球金融治理的改革与完善。

第一节　新世纪以来亚洲金融合作的背景

一、吸取亚洲金融危机的教训

亚洲金融危机催生了新世纪的区域金融稳定合作。1997 年 6 月，国际资本攻击泰铢，泰铢被迫浮动贬值，引发东南亚国家货币竞争性贬值，危机迅速扩散，并波及韩国和日本。危机的爆发和蔓延有短期投机资本冲击的原因，一些经济体实行钉住美元的汇率制度并完全开放本国资本账户，加剧了危机的冲击和扩散，也引发各方对出口导向型增长模式可持续性的质疑。IMF 在危机救助中的表现也没有满足各国预期。危机发生后，国际社会出现新一轮呼吁 IMF 改革的声音，东亚地区也启动了本地区的金融合作进程。亚洲国家普遍认识到，需通过加强区域金融合作，增进自身风险管理能力，避免危机再次发生，同时更加注重推动区域金融安全网建设，减少对国际组织及发达国家的依赖。

在此背景下，2000 年 5 月，"10 + 3"签署清迈倡议，拉开新世纪亚洲金融合作的序幕，标志着亚洲在维护金融稳定上迈出了重要的第一步。随后，清迈倡议升级为清迈倡议多边化（CMIM），逐步完善自身机制，维护亚洲金融稳定的能力进一步加强。

二、推动亚洲债券市场合作

自 20 世纪 60 年代起，东亚及东南亚国家陆续走上工业化发展道路，但支撑其经济发展的融资结构弊端却日渐明显。从融资结构看，银行间接融资居于主导地位，而直接融资渠道尤其是债券市场规模小，发展相对落后。从融资期限看，大量国外短期资本涌入区内，易诱发泡沫经济，导致市场动荡。亚洲金融危机正是短期投机资金推波助澜的真实体现。从融资来源看，尽管东亚国家积累了大量的外汇储备，但这些储备非但没有起到支持本地经济发展的作用，反而大量投向发达国家。区内发展不得不融入区外尤其是发达国家的相对高成本资金。

在此背景下，亚洲面临着拓展直接融资、完善金融体系以及改善储备结构，增加对本地投资的紧迫要求。为此，发展债券市场在亚洲金融合作日程上逐渐显得更加紧迫和必要。2002 年以来，亚洲各类论坛纷纷提出了推动亚洲债券市场发展的方案，涉及债券发行人和债券工具（供给）、投资人（需求）、基础设施和中介机构等诸多领域。其中 EMEAP 下的亚债基金以及"10 + 3"机制下的亚洲债券市场倡议是两个比较成功的范例。

三、深化贸易和投资联系

贸易联系日益紧密。截至 2016 年，中国已连续 8 年成为东盟第一大贸易伙伴，东盟连续 6 年成为中国第三大贸易伙伴，同时保持为中国第四大出口市场和第二大进口来源地。中国与东盟的双边贸易额从 2001 年的 418 亿美元增加至 2016 年的 4 522 亿美元，增长近 11 倍。服务贸易中的旅游部分表现抢眼，中国已成为东盟第一大境外游客来源地。中国与日本、韩国继续保持紧密的贸易往来。2016 年，中国与日本双边贸易总额达 2 751 亿美元，约是 2001 年的 3 倍；中国与韩国双边贸易总额达 2 550 亿美元，约是 2001 年的 7 倍。

区域内投资额快速增加。近年来中国和东盟双向投资额增长迅速，截至 2017 年 5 月末，双向投资总额已超过 1 830 亿美元，其中东盟对华累计投资 1 080 亿美元，中国对东盟累计投资 750 亿美元。2016 年，日本对华直接投资额达 31.9 亿美元，自 1986 年[①]以来累计对华直接投资达到 1 049.3 亿美元，累计对华投资额在所有国家中最多。2016 年，韩国对华直接投资达 48 亿美元，是 2001 年的 2.23 倍。

---

① 日本对华投资数据最早可追溯至 1986 年。

第二节　中国与亚洲国家开展的双边金融合作

　　中国的发展得益于亚洲稳定的大环境，也给亚洲各国带来了新的发展机遇。中国与亚洲各国积极开展双边金融合作，推动金融支持双边经济发展和贸易往来，通过边贸本币结算、本币互换、互设金融机构、投资各自债券市场等合作方式实现优势互补、互利共赢。

　　2002年以来，为适应边境贸易结算的需求，人民银行先后与越南等8国签署了边贸本币结算协定，允许两国本币（或只是人民币）用于两国边境贸易的结算。银行本币结算服务的开展降低了汇兑成本，促进了边境贸易的发展；同时将原来自发的本币现金结算和地下结算纳入正规的银行结算体系，规范了结算行为和边境地区外汇市场秩序，带动了边境地区的经济发展。但边贸本币结算中还存在清算渠道不畅通、法律空白等问题。

　　2008年国际金融危机以来，美元汇率波动加大致使美元作为结算货币的稳定性受到严重影响。同时，美元回流发达经济体，以及中国对外贸易量稳步上升，推动区域对人民币的需求不断增强。为适应区域经济新局面下市场对人民币的需求，人民银行从金融服务实体经济的角度出发，逐步建立了人民币跨境使用的政策框架，便利人民币在区域内的使用。最初人民币跨境结算试点就是在中国香港、中国澳门和东盟地区。

　　在货币合作方面，人民银行先后与韩国、马来西亚、印度尼西亚、新加坡、新西兰、泰国、澳大利亚等国签署了双边本币互换协议（见表13-1）；人民币与马来西亚林吉特、日元、澳大利亚元、新西兰元、新加坡元、韩元、泰铢（区域间）、柬埔寨瑞尔（区域间）开展了货币直接交易；新加坡、马来西亚、泰国、韩国、澳大利亚等国均有指定人民币清算行，并获得了 RQFII 额度；本地区大部分国家央行或货币当局还投资了中国银行间债券市场和外汇市场；韩国政府于 2015 年 12 月在中国银行间债券市场成功发行了人民币债券；日本、韩国、澳大利亚等16 个亚太国家金融机构间接参与了 CIPS 建设。

表 13 – 1　　　　　　　　中国和亚太国家双边本币互换协议

序号	国别	互换规模
1	韩国	3 600 亿元人民币/64 万亿韩元
2	新加坡	3 000 亿元人民币/640 亿新加坡元
3	新西兰	250 亿元人民币/50 亿新西兰元
4	蒙古国	150 亿元人民币/4.5 万亿蒙古图格里克
5	俄罗斯	1 500 亿元人民币/8 150 亿卢布
6	卡塔尔	350 亿元人民币/208 亿里亚尔
7	哈萨克斯坦	70 亿元人民币/2 000 亿哈萨克斯坦坚戈
8	泰国	700 亿元人民币/3 700 亿泰铢
9	巴基斯坦	100 亿元人民币/1 650 亿巴基斯坦卢比
10	澳大利亚	2 000 亿元人民币/400 亿澳大利亚元
11	马来西亚	1 800 亿元人民币/900 亿马来西亚林吉特
12	塔吉克斯坦	30 亿元人民币/30 亿索莫尼
13	阿联酋	350 亿元人民币/200 亿阿联酋迪拉姆

注：考虑到澳大利亚及新西兰深度参与了亚太区域金融合作，包括参与东亚及太平洋中央银行行长会议组织（EMEAP），本表统计也包括了中国与澳大利亚、新西兰签订的双边本币互换协议情况。

资料来源：根据公开资料整理。

与本地区国家开展的货币合作，一方面显示了中国维护区域金融稳定的姿态，提升了中国在地区的影响力，另一方面也推动了人民币"走出去"，有利于推动本地区贸易和投资的发展。以本币互换为例，2008 年国际金融危机爆发以后，本地区部分国家对人民币需求增大。为顺应这种需求，2008 年末人民银行与韩国签署首份本币互换协议（框架），随后与亚太十余个国家签署本币互换协议，其他国家顺势跟上。这不但展现了中国负责任大国的形象，同时也从侧面推动了 CMIM

的谈判。

第三节　"10＋3"机制下的金融合作

1997 年 12 月，东盟国家领导人非正式会议在马来西亚吉隆坡举行，中日韩领导人首次应邀参会，"10＋3"合作框架初步形成。此后，"10＋3"由中日韩的一个国家和一个东盟国家每年轮流担任联合主席（原则按字母顺序轮流）。"10＋3"金融合作机制则由各成员财政和央行共同主导，从最初的财政央行副手会和财长会，发展为目前三个层次的框架。一是财长和央行行长会议，每年 5 月在亚洲开发银行年会期间召开一次，主要讨论本地区经济金融形势，审议副手会提出的区域金融合作建议，并对外发布公报。二是财政央行副手会，一般每年于 4 月和 11 月举行两次，主要讨论本地区经济形势，研究并向财长和央行行长会提交区域金融合作进展报告和下一步工作建议。三是工作组会议，每年举行若干次，主要讨论区域金融合作的各项议题，为副手会决策提供建议。

"10＋3"金融合作机制在引领区域金融合作、提高本区域应对金融冲击能力方面作出了突出贡献，也为国际上建设区域金融安全网提供了重要先例。"10＋3"先在 21 世纪初建立了清迈倡议（CMI），后将其扩大为清迈倡议多边化（CMIM）。

一、参与清迈倡议多边化（CMIM）进程

2000 年 5 月，"10＋3"在泰国清迈财长会上通过了清迈倡议，扩大东盟原有货币互换规模，鼓励"10＋3"根据自愿原则建立双边货币互换网络，以防范短期流动性不足引发的国际收支问题。资金不实缴，

只通过签署双边货币互换协议作出名义承诺。

在清迈倡议框架下，申请方动用资金时，一部分资金须获得 IMF 贷款项目才可动用，即与 IMF 贷款项目挂钩；另一部分资金由 "10 + 3" 自行决定，与 IMF 贷款项目脱钩。最初设计的与 IMF 贷款项目的脱钩比例为 10%。2005 年双边互换规模翻番，同时与 IMF 贷款项目的脱钩比例提高至 20%。

中国积极参与了清迈倡议框架下的双边货币互换工作。自 2001 年以来，人民银行陆续与泰国、日本、韩国、马来西亚、印度尼西亚等六国央行签订互换协议，为维护区域金融市场稳定作出了重要贡献。

为解决清迈倡议资金规模不足以应对潜在危机的问题，2003 年 10 月，中国在 "10 + 3" 领导人会议上提出 "逐步实现双边货币互换网络的多边化" 的倡议，得到了各方积极响应。然而，清迈倡议多边化从提出到落地并不是一蹴而就。经历了数年讨论，"10 + 3" 各成员在 2009 年才就储备库规模、出资结构、融资方式等主要要素达成一致。

CMIM 协议于 2010 年 3 月正式生效，储备库规模为 1 200 亿美元，中国（含香港）、日本、韩国和东盟出资占比分别为 32%、32%、16% 及 20%。其中香港出资占比为 3.5%。2012 年，"10 + 3" 再次决定将 CMIM 资金规模扩大一倍至 2 400 亿美元，各方出资规模不变，同时将与 IMF 贷款工具的脱钩比例进一步提升至 30%。修改后的 CMIM 协议于 2014 年 7 月正式生效。中国（含香港）最大承诺出资金额为 768 亿美元。

二、发展亚洲债券市场倡议（ABMI）

为发展本地区债券市场、促进亚洲储蓄投资于本地区，以提高维护金融稳定的能力，更好地促进本地区经济发展，"10 + 3" 在 2003 年 8 月的第六次财长会上通过了 ABMI，从供给层面和市场基础设施的角度来推动债券市场建设。

2008 年，"10＋3"通过了 ABMI 路线图，并设立了四个工作组，进一步促进本币债券的发行、需求、监管及市场基础设施建设。一是在 2010 年建立了区域担保与投资机构（CGIF），出资方为"10＋3"成员和亚洲开发银行，为区内公司发行本币债券提供担保，以促进公司本币债市发展。CGIF 初始规模 7 亿美元，将于 2019 年 5 月完成增资至 12 亿美元的工作。二是完善了债市信息发布渠道，建立了亚洲债券在线（Asian Bonds Online）网站。三是促进区域债券市场标准统一和监管框架完善，会同各成员设计了"单一申请表格"（Single Submission Form）以统一不同市场的发债申请。2017 年底，工作组将完成发布债券市场指引相关工作。四是研究改进债券市场基础设施有关问题，设立了"10＋3"债券市场论坛、跨境结算基础设施论坛和亚洲优级担保品论坛。

总体来看，ABMI 在促进债券品种和投资主体多元化、加强监管合作、完善债券市场基础设施等方面发挥了积极作用。但相比欧美成熟债券市场而言，亚洲债券市场建设任重道远。首先，各国债券市场发展阶段不同，开放程度需进一步提高，法律、制度融合还需进一步推进，才能逐步形成一体化程度较高的亚洲债券市场。其次，统一债券市场面临的定值货币、信用评级、交易清算、税收安排等技术性障碍需要花大力气逐步克服。最后，除依靠政府主导推动外，未来要积极推动私人部门参与，共同推进亚洲债券市场向纵深方向发展。

第四节　EMEAP 机制下的央行合作

EMEAP 成立于 1991 年 2 月，是东亚及太平洋地区最重要的中央银行/货币当局合作组织，在全球也具有重要影响力①。人民银行于1992年正式加入。EMEAP每年举行一次行长会，两次副手会，并设立了副手级的货币与金融稳定委员会以及银行监管、金融市场和支付结算三个工作组和科技局长会，每年举行若干次工作组会议，会议主席由各成员轮流担任。此外，EMEAP还每3年与欧元体系成员央行举行一次行长会交流看法。

21世纪以来，EMEAP在发展金融市场、维护金融稳定等方面均有斩获，主要包括：一是成立亚洲债券基金，推动本地债券市场发展；二是成立货币与金融稳定委员会，并制定危机管理和处置框架，在维护金融稳定方面发挥积极作用；三是在银行监管领域深化合作，推动本地区监管合作；四是在支付结算领域推动金融基础设施发展。

一、设立亚洲债券基金

2002年6月，EMEAP金融市场工作组主席香港金融管理局联合BIS提出亚洲债券基金（以下简称亚债基金）的设想，即EMEAP成员各自拿出一定比例的外汇储备构建被动式管理指数基金，投资EMEAP成员市场发行的债券，以促进储备回流，改善本地区债券市场的流动性，推动市场基础设施发展。

EMEAP先后发起了两期亚债基金。其中，亚债基金一期（ABF1）成立于2003年6月，投资于8个EMEAP成员（中国、中国香港、韩国、印度尼西亚、马来西亚、菲律宾、新加坡、泰国）发行的主权与准主权美元债，初始总规模为10亿美元。

2004年12月，EMEAP又发行了亚债基金二期（ABF2），投资于上

---

① EMEAP目前包括11个成员：中国人民银行、澳大利亚储备银行、香港金融管理局、印度尼西亚银行、日本银行、韩国银行、马来西亚国民银行、新西兰储备银行、菲律宾中央银行、新加坡金融管理局、泰国银行。

述 8 个成员发行的主权与准主权本币债券，初始规模为 20 亿美元。在 ABF2 下，EMEAP 还设立了泛亚债券指数基金（PAIF）和 8 个单一市场基金，均为跟踪指数的被动式债券基金。PAIF 初始规模为 10 亿美元，全面投资于 8 个成员的主权与准主权的本币债券，8 个单一市场基金初始总规模为 10 亿美元，只投资于各自的主权与准主权本币债券。ABF1 仅限于 EMEAP 成员投资，而 ABF2 在基金运作一段时间后可向公众投资者开放。

人民银行积极参与了亚洲债券基金的发行和管理工作。PAIF 于 2005 年 4 月成为首个获准进入中国银行间债券市场的境外机构投资者，这也是中国银行间债券市场对外开放的重要一步。同时，参与亚债基金也推动了中国债券市场产品创新，完善了国内债券市场基础设施。可以说，亚债基金在一定程度推动了中国银行间债券市场的开放，也真正体现了其设立的重要目的，即培育市场基础设施、完善市场机制，为亚洲债券市场发展提供长期动力。

截至 2017 年 4 月，ABF2 运行良好，总资产达到 72.5 亿美元，其中包括非 EMEAP 成员持有 15.7 亿美元。2017 年第一季度，ABF2 收益率为 1.86%，资产净值为 56.81 亿美元；PAIF 收益率为 1.84%，8 个单一市场基金中收益率最高的达 5.34%。

二、成立货币与金融稳定委员会

2006 年 11 月，在澳大利亚悉尼举行的 EMEAP 非正式行长会上，各方提出加强 EMEAP 合作的 27 条建议，核心是建议成立新的副手级货币与金融稳定委员会（MFSC），统领各工作组的工作；并扩展现有三个工作组的职能，按监督与风险管理、危机管理与处置、金融基础设施建设与金融一体化、能力建设、分享信息和资源以及区域代表性等领域对各工作组未来合作提出具体建议。由于中国在亚洲金融合作特别工作组中作出的重要贡献，2007 年各方同意由中国担任 MFSC 首任主席。MFSC 在经济监测、危机管理等领域取得了重要进展。

一是增强对本地区经济金融形势的监测，维护区域金融稳定。根据 MFSC 的要求，在中国、马来西亚的牵头下，香港金融管理局负责编制宏观经济监测报告，并与各成员经过多轮讨论形成大纲和附属数据模板。该经济监测报告每半年发布一次，关注全球及地区经济金融风险并提出政策建议。

二是逐步构建区域危机管理和处置框架，加强危机沟通演练。MF-SC 成立后，中国作为主席即着手区域危机管理和处置框架（CMRF）的搭建工作。经过两年讨论，各方于 2009 年 7 月在香港举行的第 14 届 EMEAP 行长会上通过了 CMRF 基本框架，即由高层组、MFSC（由危机联系小组支持）以及工作层（含三个工作组）组成。2010 年以后，马来西亚央行负责区域危机管理和处置框架的制定工作，于 2013 年完成。CMRF 旨在促进成员间交流与合作，预防、控制和管理系统性风险。近年来，EMEAP 成员每年都举行危机沟通演练，测试危机管理和处置框架的沟通路径。

三是通过发表联合声明、联合致函等方式稳定市场信心或表达本区域关切。2008 年 10 月，MFSC 在中国牵头下发布联合声明，向外界传达了 EMEAP 应对金融危机、加强合作的意愿，得到了国际市场及媒体的关注。2013—2015 年，EMEAP 成员还就沃尔克规则、场外衍生品改革等向欧美监管当局和国际机构联合发函，表达亚洲经济体的关切。

三、加强金融监管合作

EMEAP 下设银行监管工作组，每年召开两次工作组会议，此外还建立了亚太银行监管高层会议，每年召开一次，由各成员央行副行长和监管机构副手参加，就银行监管工作组最新进展、金融市场最新发展、银行监管动态等议题进行讨论。

银行监管工作组主要开展以下几方面研究。一是就美国沃尔克规则和单一交易对手信贷额度（SCCL）等监管政策进行研究。二是宏观审慎分析，以美国、英国、法国、德国及 EMEAP 成员的数据研究国际金融周期向 EMEAP 地区的传导机制。三是国际财务报告准则第 9 号（IFRS9）金融工具预期贷款损失准备，主要研究成员经济体贷款损失准备实践以及 IFRS9 实施的影响。四是主权风险，包括研究银行体系中主权风险的来源和传播渠道。

此外，银行监管工作组还计划制定通用数据模板，增加成员间数据透明度和可比性，通过增进区域监管合作来应对系统性风险。银行监管工作组的另一项重要职能是在 EMEAP 危机管理和处置框架下，负责对金融机构困境临界状态的监测和预警，为下一步危机应对和纾困工作作准备。

四、分享支付结算经验

EMEAP 下设支付结算工作组，人民银行于 2010—2014 年担任了支付结算工作组主席。在该工作组下，各成员在零售支付领域、大额支付系统、证券结算等各方面已建立了广泛的合作关系，并且主要就以下几方面开展了研究。一是标准与最优实践，研究区域网络韧性指引合作及跨境交易的网络安全问题。二是跨境合作与发展，研究信用卡、借记卡跨境支付费率等。三是风险管理，跟进区域内成员快速支付系统建立情况及相关风险。四是监督管理，研究如何完善非金融机构和跨境支付服务的监管框架。此外，为促进成员内支付结算体系相关信息的共享与交流，支付结算工作组定期更新 EMEAP "红皮书"，介绍本地区近年来支付结算体系的发展情况。

第五节 其他央行合作机制

人民银行还积极参与其他区域性的金融合作机制和平台，进一步密切与区内主要央行/货币当局的沟通和交流，为深化双边金融合作、维护区域金融稳定创造了条件。

一、参与中日韩三国央行行长会议机制

中国、日本和韩国三国是东北亚主要经济体，是区域和全球经济金融合作的重要参与者。三国之间的经济金融交流密切，其中三国央行的交流自 20 世纪 90 年代就已开始。自 1996 年起，中日韩三国央行行长开始利用共同出席国际会议的机会举行年度会议。随着国际和区域经济金融合作的密切，三国央行均意识到需进一步深化交流。2008 年 12 月，三国央行发布联合声明，宣布正式建立中日韩央行行长会议机制，作为当月在日本福冈举行的中日韩领导人会议的成果。

中日韩三国央行行长会议每年举办一次，首次会议于 2009 年 7 月在中国深圳举行，截至 2017 年 9 月共举行了九次会议。中日韩央行行长会议主要就三国宏观经济金融形势以及国际和区域金融合作等共同关心的问题交换意见，为增进三国央行间的政策对话与交流发挥了重要作用。

二、参与东南亚中央银行组织

东南亚中央银行组织（SEACEN）是一个由区内各经济体中央银行和货币当局参加的次区域金融组织，旨在推动东南亚地区中央银行或

货币当局的交流和人员培训。SEACEN 起源于 1966 年泰国、老挝、马来西亚、新加坡、斯里兰卡、泰国和越南 7 个经济体中央银行或货币当局举办的非正式行长会议。1972 年，SEACEN 研究与培训中心在马来西亚吉隆坡成立。人民银行于 2011 年 1 月正式加入 SEACEN，成为该组织第 17 个成员。此外，人民银行还积极支持香港金融管理局于 2014 年底加入 SEACEN。目前，SEACEN 共有 20 个成员，主要为东南亚、南亚和太平洋地区经济体的中央银行或货币当局。

三、参与东南亚—新西兰—澳大利亚中央银行组织

东南亚—新西兰—澳大利亚中央银行组织（SEANZA）是亚太地区部分中央银行组成的较松散的区域合作组织，成立于 1956 年，宗旨是促进成员央行间的友好合作与交流，共 20 个成员（包括香港金融管理局和澳门金融管理局），人民银行于 1987 年 10 月正式加入。

通过全方位参与区域金融合作平台，人民银行进一步加强了与周边国家的政策沟通与协调，强化了双边和多边的金融合作，以更好的金融服务推动了地区经济联系和贸易投资便利化，持续推进"一带一路"建设和区域经济长期稳定和发展。

第十四章
金融开放中的数据透明度

数据透明度对于准确把握宏观经济发展现状和制定宏观经济政策至关重要。在经济全球化背景下，数据不透明、不确定本身就是经济发展的风险因素。国际金融危机的教训也表明，数据透明不一定能消除金融风险，但不透明一定会加大金融风险。中国在金融开放过程中，一直都在结合自身的国情不断提升数据透明度，向国际高标准看齐。特别是在人民币加入 SDR 的过程中，中国进一步提升数据透明度，国际社会和市场反应良好。

第一节　关于数据透明度的国际标准和倡议

一、国际货币基金组织（IMF）有关数据透明度的标准

20 世纪90 年代，世界部分地区金融危机频繁爆发，特别是1994 年

末，墨西哥发生了严重的金融危机，导致国际金融市场剧烈动荡。墨西哥金融危机凸显了信息缺失可能对市场产生推波助澜的影响，国际社会认识到数据透明度在应对全球挑战和风险以及降低金融危机爆发可能性方面的重要作用。1997 年，亚洲金融危机爆发，并迅速波及亚洲其他国家乃至整个世界，使国际社会再次认识到，经济缺乏透明度也是新兴市场经济体发生金融危机的重要原因，只有在信息充分、制度健全、执法严格的情况下，市场经济才能更好地运作。

为此，在总结经验教训的基础上，IMF 制定了旨在提高成员宏观经济统计数据透明度的数据公布标准，并积极在各成员推广使用。IMF 同时也意识到，各成员发展不平衡，一些成员的现实条件还不足以实现很高的发布要求。因此，IMF 将制定的数据发布标准分为两个层次。

第一层是为那些已经参与或正在谋求参与国际金融市场的国家（包括多数工业化国家和一些新兴市场经济体）制定的标准，即 SDDS。1995 年 4 月，IMF 部长级临时委员会（后更名为国际货币与金融委员会）提出要制定一整套标准，以指导 IMF 成员公布经济和金融统计数据。IMF 执董会在就经济和金融数据公布的最佳做法及金融界各类数据使用者的需求与各国统计机构进行广泛磋商后，于 1996 年 3 月通过了数据公布特殊标准（SDDS，详见专栏 2：SDDS 的主要内容）。该标准主要涉及实体经济、财政、金融、对外和社会人口五个方面的统计指标。为提高宏观经济表现和政策的透明度，接受 SDDS 的国家有义务按照具体的覆盖范围、频率和时效性要求来公布规定类别的数据，也有义务向公众和市场参与者提供便利、平等的数据获得渠道，还要保证数据的真实性，通过公布与统计数据来源编制方法及来源有关的文件来帮助数据使用者评估数据质量。这些要求在一定程度上为各成员提升数据透明度提供了指引，同时也确保了全球范围内经济金融数据统计的标准化和完整性。

第二层为所有尚未达到 SDDS 要求的成员制定的另外一套标准，称之为"数据公布通用系统"（GDDS）。该标准在 1997 年 12 月颁布，也涵盖了实体经济、财政、金融、对外和社会人口五个方面的统计指标，只是在实行的标准方面，比如对数据范围、公布频率和公布时效的要求低于 SDDS 的要求。这是在考虑各国现实条件的情况下作出的安排，对于提高新兴市场经济体的数据透明度有很大的帮助。2008 年国际金融危机爆发后，IMF 进一步总结经验教训，于 2012 年 10 月在 SDDS 的基础上制订了 SDDS – plus，其标准较 SDDS 又有所提高。

截至 2017 年 9 月，IMF 共有 110 个成员加入 GDDS，74 个成员加入 SDDS，13 个成员加入 SDDS – plus。分区域看，欧洲地区国家加入 SDDS、SDDS – plus 的比例较高，非洲地区国家加入 SDDS、SDDS – plus 的比例较低。

二、G20 有关数据透明度的倡议

2008 年国际金融危机爆发后，国际社会普遍注意到，部分经济金融信息和数据的缺失是造成未能及时识别有关风险的重要原因，因此对数据披露问题的重视程度进一步加强。2009 年 11 月，IMF 和 FSB 向 G20 财长和央行行长会提交了《金融危机与信息缺口报告》，指出信息和数据的缺失是金融危机暴露出的问题之一，并提出了数据缺口倡议（DGI）的 20 条建议（详见专栏 3：数据缺口倡议），主要是为了弥补金融领域的数据缺口，包括银行业、证券业、各国国际投资头寸、公共部门债务等多方面的数据，使国际社会能够更好地了解全球经济金融领域存在的风险。这些建议最终在 G20 财长和央行行长会上获得通过。

为切实推动 DGI 工作，IMF、FSB、BIS、欧央行、欧洲统计局、OECD、联合国和世界银行等七家机构组成跨机构工作组（IAG），与各国就 DGI 的战略及执行情况进行磋商。IMF 和 FSB 通过双边会谈、区域和技术会议、年度高级官员会议研讨相关议题，推进各国统计方法的改进以及国际统计标准的实施，并每年向 G20 财长和央行行长报告关于完善数据缺口工作的进展情况、工作计划和时间表。

2015 年 6 月，IMF 和 FSB 先后在东京、华盛顿联合举办会议，总结了 DGI 第一阶段工作成果，并讨论了第二阶段工作目标和计划。根据 IMF 和 FSB 的评估报告，各国落实 DGI - I 国别层面的 10 条数据要求取得了一定进展，但情况不一。2015 年 9 月，G20 部长会总结了 DGI 第一阶段的进展情况，批准了第二阶段新的 20 条建议。第二阶段（DGI - II）与第一阶段相比，侧重于提高数据质量和研究数据应用，对数据报送的要求更加细化，更加注重对影子银行、衍生工具数据的收集和报送工作，对证券统计、银行业统计和国际投资头寸等数据的报送提出了更高的要求。根据计划安排，新建议从 2016 年开始，预计到 2020 年完成。

第二节　中国提升数据透明度的积极意义

一、符合中国经济社会发展和进一步改革开放的需要

2001 年加入 WTO 后，中国改革开放水平不断深化，经济社会发展速度较快，宏观经济政策制定和社会管理的难度也在不断增加。完善统计制度，提高数据透明度，不仅可以更好地摸清中国宏观经济运行状况，为宏观经济政策制定提供依据，同时也可以更好地防范与化解经济风险，维护经济金融稳定。

同时，提高数据透明度，有助于推动中国改革和开放向更高层次发展。在经济全球化的大背景下，中国经济和金融市场也越来越受其他国

家的影响，与其他国家的可比性变得日益迫切，数据质量和透明度的提升不仅有助于提高中国宏观经济数据的可靠性和国际可比性，而且也有助于国际社会加深对中国经济社会发展的了解，增强国际社会和公众对中国经济发展的信心，为中国的进一步改革开放创造更好的外部环境。

二、有助于中国更广泛地参与全球经济金融治理

随着中国综合国力的不断提升，以及在推动自身改革和对外开放等方面取得的积极进展，中国的国际影响力不断提升，在全球经济金融治理方面参与的深度和广度都在不断增加。与此同时，世界各国对数据透明度标准的认识不断增强，采用更高标准提升数据透明度的国家也不断增多，中国周边的一些新兴市场经济体，如印度尼西亚、泰国、马来西亚和菲律宾等均加入了 SDDS。为了更好地为全球其他经济体作出积极表率，提升中国在全球经济金融治理中的话语权，中国需要不断改进统计数据编制和发布制度，提升数据透明度。

三、有助于维护中国负责任大国的国际形象

作为全球最重要的经济体之一，中国经济运行状况对全球经济金融稳定有着重大影响。提升数据透明度，也是中国履行国际义务的重要内容之一。同时，提高数据质量和透明度一直是国际社会的重要议程之一。美国、欧洲等多数 G20 成员在不同场合均对中国提高数据透明度表达过关切。中国主动向国际社会展现开放的态度，积极提升本国数据统计的质量和透明度，不仅有利于满足中国自身发展和决策的需要，也有利于提升中国负责任大国的形象。

第三节　中国提高数据透明度取得的进展

一、主动加入 GDDS 和 SDDS

21 世纪以来，经国务院批准，中国成立了由人民银行牵头，国家计划委员会、国家经济贸易委员会、财政部、国家统计局、证监会、保监会等单位组成的跨部委的专题研究小组，针对国际上日益受到关注的透明度问题进行了较为深入的研究。经过充分准备，2002 年 1 月 1 日，中国政府向 IMF 通报了中国愿意参加 GDDS 的决定。2002 年 4 月 19 日，在 IMF/世界银行年会上，中国正式加入 GDDS，开始按照国际标准完善统计系统和提高数据透明度。

随着中国经济社会的快速发展，社会公众对数据质量和数据透明度的要求进一步提升。同时，由于中国经济体量增长较快，与国际社会的联系日益紧密，国际社会对中国提升数据透明度也有了更高的期待。在此背景下，中国从自身现实条件出发，主动提升经济金融领域的数据透明度。2013 年举行的第五次中美战略与经济对话中，中国政府明确表示"中国正在积极考虑加入数据公布特殊标准（SDDS）"。此后，人民银行会同相关部委加紧工作，对 SDDS 相关报表和数据要求进行认真研究，梳理填报过程中可能面临的问题和存在的差距。同时，人民银行还主动邀请 IMF 统计部专家来华对中国相关部门工作人员进行培训。

2014 年 11 月，习近平主席在 G20 布里斯班峰会上郑重承诺，中国将采纳 SDDS 标准。IMF 总裁拉加德随即发表声明，对中国提出加入 SDDS 表示欢迎，赞赏中国完善数据发布的承诺，认为中国加入 SDDS、从 GDDS 升级到 SDDS 将大幅提高中国经济金融数据的及时性和完整性。此后，人民银行会同相关部委继续开展工作。最终，各部门通力合作，完成了在 IMF 官方网站上公布的各相关部门数据发布日程表和统计数据诠释文件、在国家统计局官方网站推出的国家主要数据页、在人民银行官方网站公开的国际储备和外汇流动性模板，以及在相关部门官方网站公布的本部门主要数据。

加入 SDDS 的过程使中国数据透明度得到了大幅提升。比如，实体部门方面，中国开始公布单独按季度核算的国内生产总值数据。在财政部门方面，中国广义政府运营数据时滞缩短至 SDDS 要求的 6 个月。在金融部门方面，人民银行公布的央行概览数据的时滞从原先的四周也缩短至标准要求的两周。在对外部门方面，人民币外债数据最终被纳入外债数据统计范围内，人民银行公布官方储备资产数据的频率从季度变为月度，公布时滞也从两周缩短至一周。对于统计数据前后的变化，相关部门也做了大量的前期准备工作和舆论引导。总体而言，加入 SDDS 的过程平稳有序，各部门通过这一过程也解决了本部门统计工作中长期存在的问题，大大推动了中国统计事业的发展。

2015 年 10 月 6 日，人民银行行长周小川以 IMF 中国理事身份致函 IMF 总裁拉加德，正式通报中国采纳 SDDS 的决定。这标志着中国已完成采纳 SDDS 的全部程序，将按照 SDDS 标准公布相关统计数据。2015 年 10 月 7 日，人民银行副行长易纲和 IMF 第一副总裁利普顿在利马共同出席了在 IMF/世界银行年会期间举行的中国采纳 SDDS 的仪式。通过采纳 SDDS，中国经济数据公布的频次更高，内容更细致，数据的透明度、可靠性和国际可比性进一步提高，国际经济合作的水平进一步提升。

中国加入 SDDS 后，国际社会反响积极。IMF 第一副总裁利普顿表示，中国采用 SDDS 表明使用国际标准提高数据透明度的强烈意愿，是中国和 IMF 重要合作进程中的又一个里程碑。

二、积极参与 G20 数据缺口倡议（DGI）

中国不仅积极参与 G20 数据透明度准则制定，而且认真落实数据缺口倡议的各条建议。根据 IMF 和 FSB 的有关评估结果，除国际银行业统计（IBS）、政府财政统计、金融稳健指标外，中国全部达到 DGI 第一阶段工作要求，数据透明度程度大幅提升。

对于 DGI 第二阶段新提出的 20 条建议，中国政府积极参与相关工作，一是主动利用中国 2016 年担任 G20 主席国的身份，与其他 G20 经济体密切磋商，积极推动数据透明度标准的提高，确保达成务实成果，参与讨论确定 DGI 第二阶段行动方案，并将 DGI 第二阶段第一次进展报告列入杭州峰会成果文件；二是积极参与数据缺口工作组会议，人民银行与 IMF 积极沟通，推荐国家统计局派员代表中国参加数据缺口第 20 条建议"数据分享"非正式工作组，一方面可以与世界其他国家交流提升数据透明度的经验，另一方面也把中国的有关经验和好的做法提供给其他国家，供其他统计"发展中"国家学习和借鉴。

通过落实 G20 数据缺口倡议（DGI），中国在债券、国际收支头寸、公共部门债务、房地产价格等方面的统计制度进一步完善，在金融稳定指标制定、发布频率方面取得了显著进展。特别是在落实 DGI 第二阶段的过程中，中国数据报送的质量得到了进一步提升，各项统计指标在概念、范围、分类和计值上的一致性与协调性都得到了较大改善，得到了国际社会的肯定。

值得一提的是，2015 年恰逢 IMF 新一轮 SDR 审查，为了更好地推动人民币加入 SDR 货币篮子，在 G20 数据缺口倡议下，人民银行重点推进了协同证券投资调查（CPIS）和 IBS 等工作。

CPIS 是 IMF 负责统计的一国对外证券投资情况，是计算衡量货币"可自由使用"指标——"国际债务证券"的基础，是跟踪全球资金流向、识别系统性风险和研究金融渠道溢出效应不可或缺的数据库。作为全球重要的资金流入国和流出国，中国从 2015 年开始参与 CPIS 调查，进一步提升了该数据库的完整性，同时也为中国自身决策提供了有益参考。

BIS 于 1977 年开始全面编撰 IBS，搜集国际活跃银行的资产负债情况。IBS 包括本地银行业统计和并表银行业统计两部分。IBS 统计的一国银行业的对外资产负债情况是计算衡量货币"可自由使用"指标——"国际银行业负债"的基础。截至 2015 年，在 29 家全球系统重要性银行中，中国银行业占据 4 席，在全球银行业体系中占有重要地位。为此，人民银行和国家外汇管理局协力配合，自 2015 年开始参加 IBS 数据报送。BIS 也已于 2016 年末宣布中国正式加入 IBS 的本地银行业统计，并在其官网上发布中国数据。参加 IBS 调查不仅可以向外界展示中国开放和负责任的态度，也进一步提高了中国金融数据的质量和透明度，更有利于中国及时全面掌握银行业对外资产负债情况，提高宏观经济管理和决策的针对性和有效性，也为进一步提升人民币国际化创造了更加有利的条件。

同时，随着人民币加入 SDR 篮子货币以及人民币国际化进程步伐的加快，国际社会期待中国能够在外汇储备方面进一步提高报送标准，增强数据透明度。官方外汇储备货币构成（COFER）调查主要统计各种货币在官方储备中的占比，是对国际储备货币的权威调查。"货币在官方储备中的占比"也是衡量 SDR 篮子货币"可自由使用"标准的关键指标之一。COFER 数据库中此前并没有单列的人民币数据。2015 年，为配合对人民币加入 SDR 篮子的审查，IMF 开展了 COFER 的特别调查，动员各国广泛参与该调查，以补充人民币的数据源。在此情形下，中国参与该调查成为应有之义。人民银行和国家外汇管理局协同配合，积极参与 COFER 调查工作，既满足了为 SDR 审查提供数据的需要，也有利于中国根据国际标准完善自身宏观经济统计，为宏观经济决策和防范经济金融风险提供参考。

2016 年 10 月 1 日，人民币纳入 SDR 货币篮子正式生效，IMF 统计部相应修改了 COFER 统计报表，除原有的美元、欧元、日元、英镑、瑞士法郎、澳大利亚元和加拿大元外，纳入并单独列出人民币。2016 年 12 月底的 COFER 数据开始使用纳入人民币后的新 COFER 报表。

当然，在实际推动数据透明度工作的过程中，也曾出现过一些问题，如统计理念和统计技术还存在一定差距，有人还担心提高数据透明度、向社会发布某些数据，会导致国内市场混乱，从而增加政府宏观经济政策操作难度，部分地区甚至还曾出现瞒报经济数据的现象。通过一系列努力，国内相关部门和公众对提高数据透明度的接受程度已不断提高，对提高数据透明度会带来风险的担忧不断减轻，各部门对提高数据透明度所带来好处的认同也不断增加，从此前担心和反对，逐步转变到现在的接受和认可。

提高数据透明度，是中国推动改革开放、积极融入世界经济金融开放大格局的又一具体措施，体现了中国经济的市场化、规范化和国际化。随着中国经济体系改革深化和各项制度的完善，中国进一步提升数据透明度还有较大的空间。展望未来，在新的时代条件下，中国有必要进一步完善统计制度、提升数据透明度，促进经济金融稳定健康发展。

▼ 专栏2

SDDS 的主要内容

SDDS 主要涉及实体经济、财政、金融、对外和社会人口五类统计部门，具体内容包括数据覆盖范围、频率和时效性，公众可得性，数据真实性，数据质量四个部分。

1. 数据覆盖范围、频率和时效性。为提高宏观经济表现和政策的透明度，接受 SDDS 的国家有义务按照具体的覆盖范围、频率和时效性要求来公布规定类别的数据，即实体部门、财政部门、金融部门、对外部门、社会人口五大类别数据。其中，实体部门规定的数据项目包括国民账户、生产指数、就业率（相关）、失业率（相关）、工资收入（相关）、消费物价指数、生产物价指数；财政部门规定的数据项目包括广义政府运营或公共政府运营、中央政府运营、中央政府债务；金融部门规定的数据项目包括存款类公司概览、中央银行概览、利率及股票市场的价格指数；对外部门规定的数据项目包括国际收支、官方储备资产、国际储备和外币流动性、商品贸易、国际投资头寸、外债及汇率；社会人口数据也需按规定予以公布。

上述所规定的数据覆盖范围仅是 SDDS 的最低要求。IMF 同时还鼓励接受国公布可能提高其经济运行和政策透明度的补充数据，如广义政府债务总量数据、按剩余期限分类的外债数据等。

2. 公众可得性。为确保官方统计数据的公共属性，SDDS 要求接受国向公众和市场参与者提供便利、平等的数据获取渠道，履行提前公布数据发布日程并向全部利益相关方同时发布的义务。

3. 数据真实性。为提高公众对数据生成机构客观性和专业性的信任度，促进官方统计数据的客观性，SDDS 要求接受国公布官方统计数据生成所依据的法规，包括与个体可识别信息的保密性相关的条款和条件；确认政府内部在数据发布前获取数据的渠道；确认发布统计数据时的部委意见；提供有关数据修订的信息，并就统计方法的重大变更提前发出通知。

4. 数据质量。为帮助数据使用者评估数据质量，SDDS 要求接受国公布与统计数据来源编制方法及来源有关的文件，包括列出与国际通行统计方法不一致之处，鼓励各国每 7~10 年编写并发布一份标准与准则遵守情况报告或其他质量评估报告；公布分项的详细信息、与相关数据协调情况、支持统计交叉检验并确保合理性的统计框架。

▼ 专栏3

数据缺口倡议

第一阶段的 20 条建议

建议 1：鼓励促进国际组织和世界各国（特别是 G20 国家）积极有效落实应对信息缺口的各项具体建议，要求 IMF 和 FSB 联合工作组拟订具体行动计划，并在 2010 年 6 月前提交 G20 财长和央行行长会议审议。

建议 2：IMF 应继续督促更多国家报送金融稳健指标，同时改进金融稳健指标的数据质量。

建议 3：在征求各国监管当局意见和吸收《金融稳定编制指南》经验的基础上，IMF 应着力探索、建立和推广一套标准测度方法，以提供更多关于尾部风险、方差分布和波动率等方面的信息。

建议 4：国际社会应共同探索建立对金融体系层面宏观审慎风险的测度方法。BIS 和 IMF 应尽快研究设计金融体系整体杠杆率和期限错配的测度方法。

建议 5：全球金融体系委员会（CGFS）和 BIS 应加强对信用违约掉期（CDS）市场的统计工作，以更好地了解这一市场的风险传递机制。

建议 6：国际证监会组织（IOSCO）应会同各国证监会监管机构探索如何完善对复杂结构性产品的信息披露要求以及其他必要的改进建议。

建议 7：各国（特别是 G20 国家）中央银行和统计部门应积极参与 BIS 的证券统计数据采集工作，并大力支持《证券统计手册》的编制和完善。

建议 8：FSB 应研究能够通过监管机构合作和信息交流等手段，

完善单家机构关联性数据的采集和共享。

建议 9：FSB 应与 IMF 密切合作，召集各国央行、监管当局以及其他国际金融组织，共同制订一套全球系统重要性金融机构通用报送模板的草案，以便更好地监测其对不同金融部门和不同国家金融市场的风险暴露。

建议 10：所有的 G20 国家应积极参与 IMF 的协同证券投资调查（CPIS）和 BIS 的国际银行业统计（IBS）工作。

建议 11：BIS 和 CGFS 应考虑用并表的银行数据和其他需要的信息来单独识别非银行金融机构相关信息，以更好地追踪全球金融体系中的融资模式。IMF 应与其国际收支统计委员会协商，着力加强 CPIS 数据发布的频度和时效性，同时研究其他的改进措施。

建议 12：IMF 应继续督促更多国家报送国际投资头寸（IIP）数据（包括 IIP 季度数据）。G20 国家应尽快落实《国际收支和国际投资头寸》（第 6 版）提出的关于 IIP 的改进措施。

建议 13：经济金融统计跨部门工作组（IAG）应研究加强对非金融性公司和金融性公司跨境（包括外汇衍生品）风险暴露的监测和评估。

建议 14：IAG 应和 IMF 合作，吸收 BIS 国际银行业统计、现存和在建的其他数据库的经验，研究出台大型非金融机构风险暴露统一报送模板的可能性。

建议 15：IAG 应继续推进更为全面的资产负债方法、资金流动和部门账户数据的编制和发布，首先从 G20 国家开始。非银行金融机构的数据应优先解决。中期来看，采用数据公布特殊标准（SDDS）分类的部门资产负债数据应予以考虑。

建议 16：随着数据源和分类标准的改进，统计专家开始寻求在编制整体数据的同时采集分布信息。各方还希望 IAG 能够以更高频度和更好时效性采集和发布上述数据。

建议 17：IMF 应鼓励各国采用《政府财政统计手册 2001》作为标准，更及时地发布跨国的、可比的政府财政统计数据。

建议 18：世界银行应和 IMF 合作，在 2010 年建成公共部门债务数据库。

建议 19：价格统计专项工作组应尽快完成房地产价格指数手册的编制工作。BIS 和其成员央行研究在 BIS 网站发布房地产价格相关数据。IAG 考虑将房地产价格（住宅和商用）纳入全球主要指标（PGI）中发布。

建议 20：G20 国家应尽力提供本国相关数据，以完善 PGI 网站，以消除这些国家数据在可得性上的缺口。IAG 应考虑提供更长时序数据。

第二阶段的 20 条建议

建议 1：数据缺口倡议的任务。G20 经济体应按照国际标准定期编制可比较的、高质量的经济和金融统计数据，并及时发布相关数据。机构间经济和金融统计小组负责协调和监督数据缺口倡议中各项建议的执行情况，推动全球主要指标网站成为全球参考数据库。FSB 和 IMF 的工作人员应向 G20 财长和央行行长提供最新的年度进展情况。

监测金融部门的风险

建议 2：金融稳健指标。G20 经济体应按照 SDDS – Plus 增强版对遵守国的要求按季度报送七项金融稳健指标。鼓励 G20 经济体报送金融稳健指标的核心和扩展指标清单，尤其要关注其他（非银行）金融公司。IMF 负责协调此项工作并进行进度监测。

建议 3：集中和分布测量指标。IMF 应调查研究定期收集金融稳健指标的集中和分布测量指标的可行性。G20 经济体应支持 IMF 的工作。

建议 4：全球系统重要性金融机构的数据。G20 经济体应支持 BIS 的国际数据中心，以确保全球系统重要性银行数据的定期收集和适当共享。此外，FSB 应与 IMF 和相关监管主体密切协商，调查研究建立一个针对系统重要性非银行金融机构的通用数据模板的可能性，可以从保险公司开始。这项工作应充分考虑保密性及法律问题。

建议 5：影子银行。G20 经济体应加强对影子银行系统的数据收集，支持 FSB 的监测程序，包括提供部门账户数据。FSB 应致力于进一步改进概念框架和开发标准及程序，以收集汇总全球层面的一致性数据。

建议 6：衍生工具。BIS 应审查国际银行业统计和半年场外衍生工具统计调查收集的衍生工具数据，FBS 应开发一套机制，在全球层面汇总和共享来自交易资料储存库的场外衍生工具数据。G20 经济体应对这项工作给予恰当的支持。

建议 7：证券统计。G20 经济体应按照《证券统计手册》的指导按季度向 BIS 提供债务证券发行数据，可从部门、币种、利率类型、初始期限等指标开始，如果可行，还应包括发行市场这一指标。更为长期的目标是让 SDDS – Plus 的遵守国报送债务证券持有情况和部门数据（从哪个部门到哪个部门）。BIS 应在证券数据库工作组的协助下监测债务证券数据的定期收集和数据一致性。

缺口、相互关联和溢出效应

建议 8：部门账户。G20 经济体应按季度和年度编制和发布部门账户流量和资产负债数据，包括其他（非银行）金融公司部门的数据，数据的编制和发布应以国际社会公认的模板为基础；G20 经济体还应开发从一个部门到另一个部门的交易及存量的矩阵数据，以支持资产负债表分析。机构间经济和金融统计小组应与秘书处间国民账户工作组合作，鼓励和监测 G20 经济体的进展。

建议9：住户收入分配信息。机构间经济和金融统计小组应与G20经济体密切协作，鼓励生产和发布住户部门的收入、消费、储蓄和财富的分布信息。OECD应与欧盟统计局和欧央行开展密切合作，共同协调此项工作。

建议10：国际投资头寸。G20经济体应按照《国际收支和国际投资头寸手册》（第六版）的指导向IMF提供季度国际投资头寸数据，包括该手册中包含的增强版数据要求，如币种构成和其他（非银行）金融公司的单独确认。IMF应与其国际收支统计委员会合作，监测国际投资头寸数据的报送及其一致性，并考虑单独确认非金融公司。

建议11：国际银行业统计（IBS）。G20经济体应提供增强版BIS国际银行业统计数据。BIS应与所有的报送国共同努力，消除IBS数据报送的缺口，审议提高IBS数据和监管数据之间的一致性的各项措施，支持提高数据可获得性的各项努力。

建议12：协同证券投资调查（CPIS）。G20经济体应按照半年的频率向IMF的CPIS提供数据，包括持有者所属部门表，最好还包括非居民发行者所属部门表。IMF应监测数据的定期报送情况和一致性，持续提高重要金融中心的覆盖面，调查研究实现季度报送的可能性。

建议13：协同直接投资调查。G20经济体应参与IMF的协同直接投资调查，并改进数据报送情况，调查内容既包括内向直接投资，也包括外向直接投资。IMF负责进程监测。

建议14：非银行公司的跨境风险暴露。机构间经济和金融统计小组应提高非银行公司跨境风险暴露数据的一致性，促进相关数据的发布，包括通过外国子公司和集团内部融资引起的风险暴露，以更好地分析此类敞口（包括货币错配）带来的风险和脆弱性。这项工作需利用BIS和IMF现有的数据收集体系，还依赖于OECD外商直接投资框架的开发。G20 经济体应支持机构间经济体和金融统计小组的工作。

建议 15：政府财政统计。G20 经济体应按照《2014 年政府财政统计手册》的指导按季度发布广义政府数据。鼓励 G20 经济体在政府财政统计中采用权责发生制。IMF 应监测 G20 经济体定期报送和发布及时、可比、高质量的政府财政数据。

建议 16：公共部门债务统计。G20 经济体应向世界银行/IMF/OECD 公共部门债务数据库提供全面的广义政府债务数据，数据应覆盖尽可能多的债务工具类型。世界银行负责此项工作的协调。

建议 17：住宅房地产价格。G20 经济体应按照《住宅房地产价格指数手册》的指导公布住宅房地产价格指数，并将这些数据提供给相关国际组织，包括 BIS、欧盟统计局和 OECD。机构间经济和金融统计小组应与秘书处间价格统计工作组合作，致力于一系列常见的热门住宅房地产价格指数的统计；鼓励编制较长时间序列的数据；开发一系列其他与住宅相关的指标；通过全球主要指标网站发布热门住宅房地产价格数据。

建议 18：商业房地产价格。机构间经济和金融统计小组应与秘书处间价格统计工作组合作，加强对商业房地产价格指数编制的方法指导，鼓励通过 BIS 网站发布商业房地产价格数据。

官方数据交流

建议 19：国际数据合作与交流。机构间经济和金融统计小组应促进国际组织之间的国际数据合作，支持按照共同议定的格式［如 SDMX（统计数据与元数据交换）格式］及时交换标准化的数据，以减少报送经济体的负担，扩大使用者范围。机构间经济和金融统计小组应持续与 G20 经济体开展合作，在全球主要指标网站和相关国际组织的网站上公布及时、一致的国别数据。

建议 20：促进数据共享。机构间经济和金融统计小组及 G20 经济体应促进和鼓励 G20 经济体之间以及与国际组织之间交换统计数据和元数据，以提高数据质量（如一致性），提高数据在政策使用方面的可获得性。也鼓励 G20 经济体增加细分数据的共享，提高相关数据的可获得性，如有必要，可修改现有的保密性限制。

附录
词汇表

东南亚国家联盟与中国、日本和韩国（东盟与中日韩），Association of Southeast Asian Nations plus China, Japan and Korea, 10 + 3 (ASEAN + 3)

亚洲债券基金，Asian Bond Fund，ABF

亚洲债券基金一期（亚债基金一期），Asian Bond Fund 1，ABF1

亚洲债券基金二期（亚债基金二期），Asian Bond Fund 2，ABF2

亚洲债券市场倡议，Asian Bond Markets Initiative，ABMI

亚洲顾问委员会，Asian Consultative Council，ACC

亚洲货币单位，Asian Currency Unit，ACU

亚洲开发银行，Asian Development Bank，ADB

非洲开发银行，African Development Bank，AfDB

东盟与中日韩宏观经济研究办公室，ASEAN + 3 Macroeconomic Research Office，AMRO

亚太反洗钱组织，Asia/Pacific Group on Money Laundering，APG

金砖国家本币债券基金，BRICS Local Currency Bond Fund，BBF

巴塞尔银行监管委员会，Basel Committee on Banking Supervision，BCBS

国际清算银行，Bank for International Settlements，BIS

国际清算银行投资池，BIS's Investment Pool，BISIP

双边投资协定，Bilateral Investment Treaty，BIT

金砖国家，BRICS

集体行动条款，Collective Action Clauses，CACs

中央交易对手方，Central Counterparties，CCP

加勒比开发银行，Caribbean Development Bank，CDB

关于建立更紧密经贸关系的安排，Closer Economic Partnership Arrangement，CEPA

全球金融体系委员会，Committee on the Global Financial System，CGFS

担保与投资机构，Credit Guarantee and Investment Facility，CGIF

人民币跨境支付系统，Cross – border Interbank Payment System，CIPS

清迈倡议多边化，Chiang Mai Initiative Multilateralization，CMIM

危机管理和处置框架，Crisis Management and Resolution Framework，CMRF

香港离岸人民币同业拆借市场利率，CNH Hong Kong Interbank Offered Rate，CNH HIBOR

官方外汇储备货币构成，Composition of Foreign Exchange Reserves，COFER

协同证券投资调查，Coordinated Portfolio Investment Survey，CPIS

支付与市场基础设施委员会，Committee on Payments and Market Infrastructures，CPMI

金砖国家应急储备安排，Contingent Reserve Arrangement，CRA

切尔诺贝利防护基金，Chernobyl Shelter Fund，CSF

外汇指定银行，Do – Mestic Banking Unit，DBU

数据缺口倡议，Data Gap Initiative，DGI

数据缺口倡议第二阶段，Data Gap Initiative II，DGI – II

欧洲复兴开发银行，European Bank for Reconstruction and Development，EBRD

经济顾问委员会，Economic Consultative Committee，ECC

经济合作框架协议，Economic Cooperation Framework Agreement，ECFA

东亚及太平洋中央银行行长会议组织，Executives' Meeting of Asia – Pacific Central Banks，EMEAP

交易型开放式指数基金，Exchange Traded Funds，ETF

金融行动特别工作组，Financial Action Task Force，FATF

灵活信贷额度，Flexible Credit Line，FCL

金融稳定理事会，Financial Stability Board，FSB

金融稳定论坛，Financial Stability Forum，FSF

自由贸易协定，Free Trade Agreement，FTA

七国集团，Group of Seven，G7

二十国集团，Group of Twenty，G20

服务贸易总协定，General Agreement on Trade in Services，GATS

数据公布通用系统，General Data Dissemination Standard，GDDS

全球基础设施中心，Global Infrastructure Hub，GIH

全球系统重要性银行，Global Systemically Important Banks，G – SIBs

全球系统重要性保险机构，Global Systemically Important Insurers，G – SIIs

国际保险监督官协会，International Association of Insurance Supervisors，IAIS

国际复兴开发银行，International Bank for Reconstruction and Development，IBRD

国际银行业统计，International Banking Statistics，IBS

国际货币单位，International Currency Unit，ICU

国际开发协会，International Development Association，IDA

泛美开发银行，Inter – American Development Bank，IDB

国际金融架构，International Financial Architecture，IFA

国际金融公司，International Finance Corporation，IFC

基建融资促进办公室，Infrastructure Financing Facilitation Office，IFFO

国际财务报告准则第9号，International Financial Reporting Standards 9，IFRS9

国际货币基金组织，International Monetary Fund，IMF

国际证监会组织，International Organization of Securities Commissions，IOSCO

首次公开募股，Initial Public Offering，IPO

市场委员会，Markets Committee，MC

多边开发银行，Multilateral Development Banks，MDBs

货币与金融稳定委员会，Monetary & Financial Stability Committee，MFSC

新开发银行，New Development Bank，NDB

国际金融业务分行，Off – shore Banking Unit，OBU

经济合作与发展组织，Organization for Economic Cooperation and Development，OECD

泛亚债券指数基金（泛亚基金），Pan Asia Bond Index Fund，PAIF

预防信贷额度，Precautionary Credit Line，PCL

金融市场基础设施原则，Principles for Financial Market Infrastructures，PFMI

合格境内机构投资者，Qualified Domestic Institutional Investor，QDII

合格境内个人投资者，Qualified Domestic Individual Investors，QDII2

合格境外机构投资者，Qualified Foreign Institutional Investor，QFII

区域全面经济伙伴关系协定，Regional Comprehensive Economic Partnership，RCEP

人民币国际化指数，RMB Internationalization Index，RII

人民币合格境外机构投资者，RMB Qualified Foreign Institutional Investor，RQFII

严重急性呼吸道症候群，俗称非典型肺炎，Severe Acute Respiratory Syndrome，SARS

单一交易对手信贷额度，Single Counter – party Credit Limits，SCCL

数据公布特殊标准，Special Data Dissemination Standard，SDDS

数据公布特殊标准升级版，Special Data Dissemination Standard – Plus，SDDS – Plus

特别提款权，Special Drawing Right，SDR

东南亚中央银行组织，South East Asian Central Banks，SEACEN

东南亚—新西兰—澳大利亚中央银行组织，South East Asia，New Zealand，Australia，SEANZA

环球银行金融电信协会，Society for Worldwide Interbank Financial Telecommunication，SWIFT

东南非贸易与开发银行，Eastern and Southern African Trade and Development Bank，TDB

服务贸易协定，Trade in Services Agreement，TISA

总损失吸收能力，Total Loss – Absorbing Capacity，TLAC

跨太平洋伙伴关系协定，Trans – Pacific Partnership，TPP

世界贸易组织，World Trade Organization，WTO